圖說天下

# 圖說

◎主編 龔書鐸 劉德麟

# 元朝

# 圖說天下

# 前言

以史為鑑，可以思接千載，視通萬里，可以把握中國社會治亂興替的內在規律，可以洞悉修齊治平的永恆智慧。然而，讓人們全面深入地瞭解中國歷史，掌握中國歷史中所蘊含的深層價值，並不是一件容易的事。

上下五千年之中，人物多，事件多，神話與傳說並存，正史與野史交錯，頭緒繁多，內容龐雜。政治、經濟、軍事、中外交往、思想、文學、藝術等各方面的內容，如果未經梳理就雜亂無章地堆積在一起，那麼往往會使讀者一頭霧水。除了典籍史料所承載的歷史之外，文物、遺址、古蹟、藝術作品等等，也同樣反映著歷史的真實性。如何把這些組織在一起，讓讀者能夠清晰明白地去瞭解歷史，感受歷史的真實，無疑成為了編輯出版《圖說天下》的緣起。

《圖說天下》，按照不同的歷史分期，通過新的體例、模式來整合講述中國歷史，涵蓋政治、經濟、軍事、中外交往、藝術、思想、科技、社會生活等方面，以時間為經，以人物和事件為緯，經緯交織，全面反映每一朝代治亂興衰的全部過程。每一個故事都蘊含了或高亢激昂或哀婉悲痛的場景，讓人們重溫那一段歷史，不斷喚起人們內心塵封已久的記憶，與中國歷史再次進行親密接觸，深入地尋繹歷史中所蘊藏的民族智慧，感悟民族精神。隨機穿插的知識花絮、專題和附錄，緊密結合內文，讓知識訊息更為密集，從而營造出一種接近真實的歷史鏡像。

通過文字，可以感受歷史鏡像，而通過圖片，則可以閱讀圖片中的歷史。圖片與文字相互映襯，可以立體反映中國歷史，展示中國歷史文化的源遠流長、博大精深。通過這種結合，使得文字訊息更為生動，更為多彩，使讀者深刻感受中國文化的底蘊，從而產生一種閱讀上的震撼。

在中華民族偉大復興的時刻，在討論榮與辱的時候，閱讀歷史，瞭解歷史，把握歷史，其意義是顯而易見的：歷史是民族復興的內在動力之所在，是榮與恥的感性事例的集中呈現，和理性判斷的一個標準。在不遠的將來，閱讀歷史，瞭解歷史，會成為一種時尚，人們透過歷史，可以感受到真正實現自我價值，尋找到寄托心靈的精神殿堂。

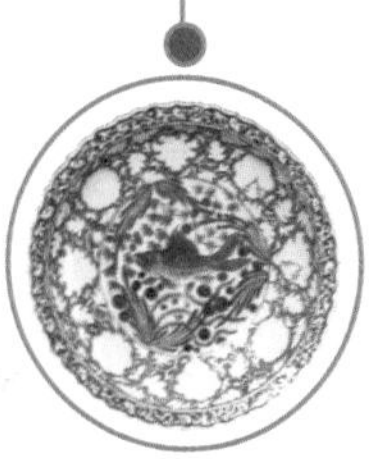

# 元朝

目次

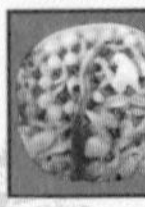

## 元朝・6

中國社會科學院近代史研究所■韓志遠教授

# 西元一二七一～一三六八年

# 元朝

元朝是中國歷史上蒙古族統治者建立的王朝，建都大都（今北京），創建者為元世祖忽必烈。

蒙古族的祖先很早就生活在大興安嶺北段、額爾古納河以東地區。唐代蒙古之名始見於史籍。蒙古族後來西遷至蒙古高原，從事游牧畜牧業。南宋嘉泰四年（一二〇四年），蒙古族領袖鐵木真統一了蒙古高原各部。

開禧二年（一二〇六年），鐵木真尊號成吉思汗，建國於漠北，國號大蒙古。蒙古國建立後，不斷向外擴張。至蒙哥汗時，已先後滅亡西遼、西夏、金、大理，並多次攻伐南宋。

蒙哥（元憲宗）死後，南宋景定元年（元中統元年，一二六〇年），忽必烈在開平（今內蒙古正藍旗東）即位。隨後戰勝了爭奪汗位的阿里不哥（忽必烈之弟），平息了漢人李璮叛亂，鞏固了統治。

咸淳七年（至元八年，一二七一年），取《易經》「大哉乾元」之義，正式改國號為大元。次年，建都於大都。自成吉思汗（元太祖）建國起，歷史上泛稱為元朝。

景炎元年（至元十三年，一二七六年），元軍攻陷臨安（今浙江杭州），俘虜南宋恭帝趙㬎及謝太后。祥興二年（至元十六年，一二七九年），元軍在厓山海戰中消滅了南宋流亡官員和宋軍殘部所重建的新朝，南宋滅亡。

元朝自忽必烈定國號起，歷十一帝，凡九十八年。從成吉思汗建國算起，凡十五帝，一百六十三年。元朝統一全國後的疆域是：北到西伯利亞，南到南海，西南包括今西藏、雲南，西北至今新疆，東北至鄂霍次克海。

元朝的軍、政體制與前代相比是較為健全的。中央政府的軍、政統治機構，主要由中書省、樞密院、御史臺構成。中書省領六部，主持全國政務，樞密院執掌軍事，御史臺負責督察。

地方行政機構，分別為行省、路、府、州、縣。行省是朝廷委派重臣到各地署事，行使中書省職權的簡稱。以後行省由中央臨時派出機構轉為地方常設的最高行政機構。除中書省直轄的腹

裡（河北、山東、山西）和宣政院管理吐蕃以外，元朝在全國設有嶺北、遼陽、河南、陝西、四川、雲南、甘肅、江浙、江西、湖廣等十個行省。行省握有很大權限，統轄路、府、州、縣的政務、錢糧、兵甲、屯種、漕運、軍事等等。元代行省制度是自秦漢以來中央集權制度的一個重大發展。

元朝軍事制度是蒙古舊制和中原王朝軍制的結合體。忽必烈建國後，保留了成吉思汗創立的四怯薛輪番入侍宿衛制度。元朝宿衛軍隊一般在萬人以上，由皇帝或親信大臣直接節制。擔任京城（大都和上都）防衛的軍隊是侍衛親軍，到元末曾先後設置三十餘衛，衛設都指揮使或率使，隸屬於樞密院。鎮守全國各地的是鎮戍軍。軍隊有蒙古軍、探馬赤軍、漢軍、新附軍等。

元朝統一中國，結束了長期南北對峙的局面，加強了國內各地區、各民族間的相互聯繫，促進全國社會經濟的發展。元朝的經濟仍以農業經濟為主，但生產技術、墾田面積、糧食產量、水利興修以及棉花的廣泛種植等都超過了前代。元朝畜牧業的發展表現在牧地的擴大、牧養設施的改進等方面。元朝的手工業生產除官辦作坊外，民間手工業比較發達，行業種類超過前代。特別是新興棉紡業、氈業都已達到相當高的水準，瓷器、印刷業也有較大進步。

由於驛傳制度的完善和海運的開通，國內外交通空前發展，商業比唐、宋時代有了很大的發展。城市繁榮，盛況空前，出現大都、杭州、泉州、廣州等聞名世界的大都市。

元朝的國際貿易交往，東到高麗、日本，南到印度和南洋各地，西南通阿拉伯、地中海東部，西面遠達非洲。元朝政府先後在泉州、慶元（今浙江寧波）、上海、澉浦（今浙江海鹽南）、溫州、廣州、杭州等地設立市舶司，專門管理對外貿易。

元朝的文化藝術和科學技術有很高的成就。其中天文學居於當時世界最先進地位，數學、醫學也都在世界先進之列。戲曲與小說創作繁榮，元曲成為與唐詩、宋詞並稱的優秀文學遺產。

至正二十八年（一三六八年）八月，明軍攻陷大都，元順帝北逃，元亡。以後，在漠北的元君臣仍沿用元朝國號，史稱北元。

# 【蒙古部落的興起】

●時間：西元十二～十三世紀
●人物：鐵木真

對於「蒙古」一詞的涵義，有學者說是「銀」的意思，又有學者說是「勇士」的意思，而最能為人接受的解釋則是「永恆的河」。這「永恆的河」，即今天長達四千三百七十公里的黑龍江，如此之長，且哺育了一個強悍的民族，實在配得上「永恆」的讚譽。

## ⊙古老的民族

蒙古最早以「失韋」之名見諸《魏書》，唐代稱其為蒙兀室韋，遼、金時則稱萌古、蒙古里、黑韃靼等。

最初，蒙古人以部落的形式散居於今貝加爾湖東南和黑龍江上游一帶。十二世紀時，蒙古部落開始分化，形成草原游牧部落和森林狩獵部落兩大集團，前者人數多，文化水準較高，畜養大批馬、羊和牛群，以肉類和馬乳為主要食物，不事耕植。後者人數少，文化較前者落後，生活來源以狩獵和捕魚為主，某些森林部落則馴養馴鹿，使搬運物品，常以毛皮換取草原游牧民的畜牧產品。

## ⊙氏族制度的漸衰

十二世紀，蒙古部落的社會制度開始表現出氏族制的特徵，依照血緣關係結成大大小小的氏族，幾個氏族組成一個部落。較大的部落有塔塔兒部（斡孛黑）、泰赤烏部、克烈部、乃蠻部和蔑兒乞部。

這時，蒙古人的生產力有了新的提高，生產已有某種程度的分工，出現了「鐵匠」和「木匠」等具有專門手藝的人。蒙古人常以牲畜、毛皮等物與漢族等其他民族交換生活所需品，通過這些接觸，蒙古人吸收漢族的先進技術，加速了蒙古社會經濟的發展。

十二世紀後期，集體游牧（古列延）方式逐漸被個體游牧（阿寅勒）代替，每戶都擁有自己的畜群和帳幕，父親的財產由幼子繼承，幼子因此被尊稱為家主（額氈）。

財產的積聚，導致了貧富分化，促使部落中顯貴家族的出現，這些貴族稱為「那顏」（意為官人、軍事領主），利用優越的地位，掌握著牧場和水源的支配權。「那顏」周圍並聚集了一批「那可兒」（意為親兵、戰友），為「那顏」服役，「那顏」供給衣食，並分給戰利品。自由的部落成員是主要的放牧者，少數奴隸充當家僕或放馬人。

隨著社會的發展，伴隨著流血與動盪，蒙古氏族制度逐漸趨向解體。各部落為了掠奪牧場和財富，經常互相殘殺，生產遭到破壞，各部落間的物品交換也不再如往日那樣繁榮通暢。同時，女真族建立的金政權正處於強盛時期，不斷掠奪殺戮蒙古部落。內憂外患，蒙古人承受著空前的痛苦。

「那顏」為了鞏固統治地位，便

## 歷史詞典

### 《元朝祕史》

《元朝祕史》是十三世紀大蒙古國官修的史書。蒙古文讀音是《忙豁侖·紐察·脫卜·察安》，用畏兀兒體蒙文寫成。《元朝祕史》原本已佚失，現存唯一的完本是明初漢字音譯本。一九八七年，中國學者亦鄰真完成了該書的畏兀兒體蒙文復原工作。

《元朝祕史》主要記載了成吉思汗的祖先的譜系、成吉思汗的生平功績以及窩闊台汗統治時期的歷史，也有個別地方的內容涉及到窩闊台汗以後的事件。書中突出描述了成吉思汗早年的艱難經歷和戰亂中不斷擴張自己的勢力，最終建立大蒙古國的過程，並記載了蒙古軍南征金、西夏，收服畏兀兒，進軍中亞，遠征歐洲的過程。

這部書含有十二、十三世紀蒙古社會狀況的豐富資料，是一部重要的蒙古史典籍。《元朝祕史》中並保留了大量古代蒙古語的詞彙和語法，是十三世紀蒙古語的典範作品。該書用韻文和文學化描寫手法寫成，也是蒙古族的文學經典作品。

蒙古草原

有建立蒙古政權的要求，這個歷史重任便落在了成吉思汗的肩膀上。

## ⊙成吉思汗統一蒙古

成吉思汗（一一六二～一二二七年），原名鐵木真（意爲鋼鐵），出身「那顏」。其父（額赤格）也速該是大多數蒙古部落的首領，領有許多屬民和「那可兒」，曾獲得「把那禿兒」（意爲英雄、勇士）的稱號，共有五個兒子，鐵木真是長子。

也速該在一次外出途中被塔塔兒人毒死，當時鐵木真才十三歲。鐵木真依靠親兵的支持，首先樹立在本部落的威信，然後打敗了塔塔兒部、克烈部、乃蠻部，終於結束了各主要部落長期分裂的局面。

開禧二年（一二〇六年），蒙古貴族在斡難河（今鄂嫩河）畔舉行「忽里勒台」（部落議事會）大會，公推鐵木真為全蒙古的大汗，並上尊號為成吉思汗（「成吉思」，蒙古語，意爲「如鋼鐵般堅硬」。「汗」，蒙古語，意

遼河上游的農田

為「皇帝或國王」）。

成吉思汗建立政權後，首先建立了軍政合一的行政機構。將蒙古人按萬戶（土綿）、千戶（敏罕）、百戶（札溫）、十戶（阿兒班）等單位編制一起，一有需要，這些單位就變成了萬人、千人、百人和十人的軍隊。

氏族首領都封為萬戶長、千戶長或百戶長，這些職銜皆是世襲，成吉思汗共封千戶（那顏）九十五人，同時對各級「那顏」給予面積不等的封地。蒙古平民分別歸於某一千戶長管理，隨意從某一「那顏」轉至另一「那顏」的平民都要受罰。

其次，從「那顏」或自由民的子弟中選拔勇士，組織護衛軍（怯薛），他們不僅是成吉思汗的親兵，而且是一支常備軍，成吉思汗依靠他們對蒙古人民實施軍事統治。

第三，制定法律。為了保護正在形成中的貴族階層的利益，成吉思汗頒布新的法律（札撒），規定殺人、竊盜、收留逃奴、決鬥中偏助一人者處以死刑。成吉思汗任命了一個最高「法官」，負責全國刑事和民事案件的審理工作。

成吉思汗並著手創立本民族的文字，設立管理宗教事務的機構「別乞」，對各種宗教採取兼容政策。

蒙古各部落統一後，為了奪取財富，蒙古貴族很快走上了擴張的道路。開禧元年（一二〇五年），成吉思汗率軍進攻西夏。嘉定二年（一二〇九年），蒙古軍侵入西夏都城中興府（今寧夏銀川），西夏被迫求和。三年（一二一〇年），蒙古伐金，八年（一二一五年）攻陷金中都（今北京）。十一年（一二一八年），蒙古軍隊轉而侵入西遼故地，蒙古國境與中亞大國花剌子模接壤。

在伐金的戰役中，成吉思汗不僅獲得大量的金銀、綢緞和牲畜，並俘虜了漢族各種工匠、技師，其中部分人會製造火砲。於是，火藥武器傳入蒙古，大大加強了蒙古軍的戰鬥力。

**匈奴人狩獵岩畫**

這幅岩畫發現於陰山西段的狼山中。狩獵對游牧民族來說也是一項生產活動。在陰山岩畫中，表示狩獵的場面不少，且有騎射圍獵的。這幅狩獵圖，畫了許多類動物，兩人正操弓射中間的一匹野馬，旁邊另畫有協助的人，應是準備捉野馬的。匈奴人善於騎射，又有優良的馬匹，馬匹來源應與直接馴化野生馬有關。

# 【孤兒寡母】

●時間：西元十二世紀六〇年代
●人物：也速該　訶額侖　鐵木真

歷史上，合不勒可汗曾經統治過蒙古部族。他的弟弟病了，請塔塔兒人的巫醫來醫治，沒有效果，合不勒可汗舅舅家的人就把巫醫殺了。塔塔兒人的首領木禿兒帶兵前來復仇，被合不勒可汗打敗殺死。塔塔兒人因此和蒙古部族結下了深仇。

## ⊙英雄出世

蒙古可汗合不勒死後，姪兒俺巴孩被推選為可汗。俺巴孩與塔塔兒部結親，為女兒送嫁途中，被塔塔兒部的主因人俘虜，送給了金熙宗。金熙宗將俺巴孩釘死在木驢上。

合不勒之子忽圖刺繼而當選為可汗，率部向塔塔兒人發動復仇的戰爭，然而前後十三次開戰，也未能替俺巴孩可汗報仇。

紹興三十二年（一一六二年），忽圖刺的姪兒，乞顏部的也速該帶領部眾攻打塔塔兒人，取得了勝利，並且活捉了塔塔兒人豁里·不花與鐵木真·兀格。鐵木真·兀格是一位勇士，也速該心存敬仰，便把他放了。

當也速該返回斡難河邊的營地時，夫人訶額侖生下一個男孩，也速該十分高興，索性將孩子取名為鐵木真，這便是日後的蒙古大汗——成吉思汗。

## ⊙幼年失父

因為蒙古各部之間常年互相攻戰，所以鐵木真的童年和青年時代都是在戰亂中度過的。鐵木真九歲那年，也速該想為他物色一個妻子，於是將他帶至他母親的親戚處。途中，也速該遇到了弘吉刺部的特薛禪，特薛禪得知也速該父子之行的目的後，便將十歲的女兒孛兒帖許給了鐵木真，並留鐵木真在家裡長住，也速該欣然應允。

也速該辭別特薛禪回家，途經扯克扯兒的「黃色曠野」時遇見一群塔塔兒人正在歡宴。因又渴又餓，也速該下馬走上前去，塔塔兒人認出是仇人也速該，便在飯菜中下了毒藥。也速該三天後到家，時已毒發，疼痛難忍，便請人到特薛禪處把鐵木真接回來，還未等派遣的人出發，也速該便氣絕身亡。

鐵木真回家後，帶著寡母與三個同胞弟弟、一個妹妹和兩個同父異母的弟弟，過著十分艱苦的生活，各種打擊接踵而至。先是被俺巴孩的一房本家撇棄，也速該原來的屬部和武士看到乞顏部的勢力漸漸衰落，也都紛紛離去，泰赤烏部並將若干「收集來的百姓」裹挾而去。然而，母親訶額侖的膽識和勇氣支撐了乞顏部的殘局。

延伸知識

## 蒙古薩滿教

薩滿教是古代蒙古民族所信仰的原始宗教。薩滿教的信仰認為世界萬物都有神靈，所以，古代的蒙古人對日月、水火、山川土地等一律崇敬，在進食以前（特別是早晨），把食物和飲料首先供獻，在蒙古人中間，宇宙萬物至高無上的主宰就是頭頂上的「長生天」。

薩滿教的巫師稱為薩滿，一般人的心目中，他們具有能夠和神靈溝通的超自然力，而普通人的意願要通過薩滿傳達給長生天，或者通過薩滿的占卜來暸解天意。開禧二年（一二〇六年），當鐵木真在斡難河源大會諸王群臣時，就是由大薩滿帖卜騰格里向眾人宣示天意，讓鐵木真採用了「成吉思汗」的稱號。

一般來說，薩滿能夠觀測天象，預言日蝕、月蝕的時間，宣布行事吉、凶的日子，為新生兒預言將來的命運，因此薩滿在當時的蒙古社會中有很大的影響力。在一般的蒙古人中，薩滿處於受敬畏的地位，以宗教首領的形式在軍事和政治事務中發揮作用，對由薩滿之口所宣示的天意，都要絕對遵從。

蒙古騎兵用的箭袋　元

蒙古騎兵通常要隨身攜帶二～三張長弓和三個裝滿箭的箭袋。這個箭袋裝飾華麗，當為蒙古貴族之物。

鐵木真兄妹六人中除了最小的兩個，其餘四人常在一起釣魚、射獵，然而，因為不是同母所生，四人漸漸有了分歧。鐵木真和合撒兒是一派，異母所生的別克帖兒與別勒古台則是另一派。兩派最終發生武力衝突，鐵木真和合撒兒射死了別克帖兒。訶額崙知道後痛罵了兩人，卻也無可奈何。

## ⊙逃脫災難

此時，泰赤烏部成了蒙古的領袖部落，族長塔兒忽台擔心鐵木真長大後會來報仇，便突襲了訶額崙母子住處。別勒古台不記前怨，幫助鐵木真逃跑。鐵木真在森林裡躲了九天，因找不到食物，只好現身束手就擒。

塔兒忽台將鐵木真戴上木枷，押解到各個村營示眾。幾天之後的一個晚上，鐵木真乘泰赤烏部舉行宴會之機，用枷鎖打昏看守者逃出，他跳進斡難河，藉著木枷的浮力順流而下，最後跑到了鎖兒罕·失剌家。

鎖兒罕·失剌與其兒女卸下木枷，將鐵木真藏在裝羊毛的車子裡。三天後塔兒忽台派人搜查，見來人要查看裝羊毛的車子，鎖兒罕·失剌忙說：「這麼熱的天，躲在羊毛裡怎麼受得了呢？」於是，鐵木真又躲過了一劫。

鎖兒罕·失剌父子四人成了鐵木真的救命恩人，鐵木真當了可汗後，封鎖兒罕·失剌為千戶侯，失剌的小兒子赤老溫是「四傑」之一，女兒合答安則做了鐵木真的妃子。

鐵木真脫險後回到家中，卻不見母親與弟弟妹妹，找了很久，終於在斡難河支流旁邊的小山裡找到了。為了防備再遭襲擊，他把全家遷到黑錐山下。不久，鐵木真和孛兒帖成親，取得了弘吉剌部的支持，鐵木真的勢力終於開始慢慢上升。

# 搶婚的風俗

●時間：西元十二世紀中葉
●人物：也速該　也客赤列都　訶額崙

古代很多草原民族都有搶婚的風俗，被搶者固然羞憤惱恨，搶劫者卻並不因此受到社會道德的譴責，相反，人們只會責怪被搶者過於懦弱，竟然連自己的妻女都無法保護。稱霸歐亞大陸的蒙古帝國的故事，就是從搶親開始的。

## ⊙搶來的妻子

十二世紀中葉，蒙古乞顏部的可汗忽圖剌有一姪子，名叫也速該，是著名的「把阿禿兒」（勇士），也速該靠搶親娶了妻子，其長子便是後來聲威赫赫的成吉思汗鐵木真。

成吉思汗像

有一次，也速該在斡難河邊放鷹打獵，忽然看見蔑兒乞部的也客赤列都騎著馬，帶著新娶的妻子路過。也速該受這位新婦的姿色迷住，馬上回家叫來了哥哥捏坤太石和弟弟答里台。看到三條大漢如狼似虎地撲來，也客赤列都不禁心中發慌，急忙撥馬向附近的小山逃去，也速該兄弟三人催馬緊緊追趕。

圍著小山跑了一圈後，也客赤列都回到妻子訶額崙乘坐的車前，說明情形。訶額崙對丈夫說：「我看那三人的面色不善，一定想取你性命，趕緊逃走吧，你保住性命，就如同我也保住性命。日後如果想念我，你便讓再娶的婦人也換成我的名字吧！」說完，脫下衣衫給也客赤列都留作紀念。

也客赤列都剛接過衣衫，也速該兄弟便衝了過來，他匆忙撥馬，逆著斡難河逃走。

## ⊙鐵木真的誕生

也速該兄弟追了一程，沒能趕上也客赤列都，便回來搶走了訶額崙。也速該牽著車子，捏坤太石引路，答里台伴隨保護，歡天喜地回到部落。

訶額崙一路放聲痛哭：「我的丈夫頭髮不曾被風吹散，不曾在野地裡受過飢寒，如今逃去，不知路途上會如何艱難啊！」據說哭聲使斡難河水湧起浪濤，森林為之嗚咽。

答里台勸道：「妳丈夫山嶺過得多了，水也渡得多了，妳就算再哭，他也不會回頭，連蹤跡都很難尋見。妳還是別再哭了吧！」

搶親在草原上是常事，訶額崙哭了一陣，也只好認命，做了也速該的新娘，不久便懷上了身孕。

此時忽圖刺可汗率部攻打塔塔兒人，也速該奮勇作戰，活捉了塔塔兒人的首領鐵木真．兀格。班師途中，也速該聽說妻子生了兒子，十分高興，按照習俗，用俘虜鐵木真的名字為兒子取名，以作紀念。據說鐵木真出生時手握一塊凝血，形狀彷彿髀石，是個吉兆。

## ⊙也速該命喪喜宴

鐵木真九歲時，也速該帶著到舅舅家擇妻，路遇弘吉剌部的特薛禪。特薛禪說：「也速該親家，我看你這個兒子眼睛明亮，臉上有光。昨晚我做了個夢，夢見一隻白色的鷹攫著日月，飛來站在我的手上。今天你帶著兒子來，遇見我，正好應了這個夢，是吉兆啊！我弘吉剌氏從來不與他人爭鬥，族中只要有長得漂亮的女子，一定送到你們可汗家中做后妃。大凡結親，男孩就看出身，女孩就看長相，也速該親家，你不妨去我家，看看我的女兒吧！」

也速該來到特薛禪家中，看到他的女兒孛兒帖，長鐵木真一歲，美麗大方，聰明伶俐，心中非常歡喜。第二天便開口提親，特薛禪滿口答應。於是，也速該照習俗將兒子暫時留在丈人家，還留下一匹馬作為定禮，然後撥馬離去。

也速該在回家的途中，遇到有人辦喜宴，便按習俗前去參加。沒想到對方竟是仇家塔塔兒人，對方也認出了也速該，在酒菜中下毒。

也速該喝了毒酒，剛到家便倒下了，他關照朋友蒙力克說：「我估計好不了了，我的妻子請你多幫忙照看，還有，快去把我的兒子鐵木真找回來。」說罷便嚥了氣。

## ⊙新婦被擄

鐵木真被蒙力克接回家中，從此開始了艱難困苦的成長歷程。乞顏部的貴族嫌棄訶額崙寡婦孤兒，紛紛離去。訶額崙獨自撐持整個家庭，養育鐵木真等幾個年幼的孩子。

鐵木真長大成人後，特薛禪送孛兒帖前來完婚。新娘子帶來不少禮

延伸知識

### 蒙古族禁忌

作為游牧民族，蒙古族非常敬天，由此衍生出許多關於天的禁忌：

為了防止觸怒天神，蒙古人在春夏兩季不能在白天下水洗澡，也不能在河裡洗手，不能用金銀器打水，也不能在原野上曬洗衣服，違犯禁忌的人要遭到鞭打和驅逐。

此外，蒙古人認為不能把奶或任何一種飲料和食物倒在地上，否則會招來雷擊。遭到雷擊的牲畜和帳幕都被拋棄，有人遭到雷擊時，全家人都要從被雷擊的地方遷走，並且在三年內不能進入大汗的斡耳朵。

火的禁忌也很重要，在草原上，拿小刀插入火中或者接觸火，用小刀到大鍋裡取肉，在火旁用斧子砍東西都是禁忌。

另外，在進入蒙古人的帳幕時，不能用腳接觸門檻，也不能碰摸繩索。在帳幕裡面，如果吃東西嚥不下去而吐出來或者是口鼻流血都是觸犯主人的行為，要受到嚴厲的懲罰。

對於不是故意觸犯禁忌的人，就要出錢給占卜者，舉行連人帶物從火中走過的淨罪儀式，以祛除不祥。

物，其中有一件黑貂鼠皮襖，非常珍貴。鐵木真想找一股可以依靠的勢力，對孛兒帖說：「從前我的父親也速該和克烈部的王罕情投意合，結為安答（異姓兄弟），王罕就如同我的父親一般，如今他住在土兀剌河邊的黑林裡，我不如把這件皮襖送給他。」

王罕的意思是王汗、汗中之汗，王罕又稱脫斡鄰勒汗，克烈部的首領。鐵木真前去求見王罕，說：「我新娶了妻子，她帶來送給公婆的禮物，而我父早亡，您就像我的父親一般，因此我把禮物轉送給您。」

螭虎紋玉璧　元

璧由青玉雕成，呈扁平圓形，中間有對鑽圓孔。一面分內外兩圈，內圈刻谷紋，外圈刻龍紋。另一面鏤雕一大一小兩隻對峙的螭虎，作扭身拖尾、側首相望狀，充分利用了圓璧的回轉造型。

王罕非常高興，許諾道：「你離去的百姓，我幫你收拾；散漫的百姓，我幫你完聚。我心裡會好好記著這件事。」

從王罕處回來後不久，某日清晨，侍候訶額侖的老婦人豁阿黑臣突然叫醒主人，說：「您快起來，我聽到田地顫動的聲音，莫不是經常來騷擾傷害咱們的泰亦赤兀兄弟又來了？」

鐵木真一家迅速離開營地，各自躲藏。鐵木真騎一匹馬，牽一匹馬，妻子孛兒帖無馬可騎，由豁阿黑臣駕著牛車逃往林中。

由於逃得太匆忙，牛車的車軸不幸折斷，被追者趕上。對方問道：「車裡是甚麼人？」豁阿黑臣驚慌答道：「只是一車羊毛。」對方不信，扯開車門，見是一個年輕的婦人，便拖下車來。原來他們不是泰亦赤兀人，而是蔑兒乞人，為報當年也速該搶走也客赤列都的妻子之仇，他們連人帶車都擄了去。捉到仇人的妻子，這群人也不再搜尋鐵木真，歡天喜地回部落去了。

## ⊙奪回孛兒帖

鐵木真在不兒罕山裡躲藏了三宿，才敢出來尋找家人，他捶胸頓足發誓道：「因為豁阿黑臣老人如黃鼠狼般能聽，如銀鼠般能見，我才能躲過劫難。我的小命是不兒罕山所救，以後我要時常祭祀此山，我的子子孫

太乙壁畫　元

孫也會祭祀。」

聽說妻子與異母兄弟別勒古台的生母被擄，鐵木真帶著兄弟前往投靠王罕。王罕安慰道：「去年你送來貂鼠皮襖，我曾答應幫你收聚離散的百姓，此事常在我心間。如今我履行我的承諾，前去滅掉蔑兒乞人，拯救你的妻子孛兒帖。你先去告訴札木合兄弟，我這裡出兵兩萬作你右手，札木合出兵兩萬為左手，約定會合的日子吧！」

札木合年幼時曾和鐵木真結為安答，此時已是札答闌部的首領，得訊後，果然點起兵馬前來救應。雙方在斡難河的源頭會師，札木合對王罕說：「約定的日子，雖有風雨，也必將到來。男子漢答應的事，便如發誓一般，若不遵守，同伴也不相容。」王罕說：「根據約會的日期，我後到了三日，札木合，我任你處置吧！」誤約之事，談笑了之。

會合後的大軍一路殺向蔑兒乞部，蔑兒乞首領脫黑脫阿兵敗逃走，族人連夜渡過順薛涼格河，四散奔逃。在後追趕的鐵木真不停呼喚著妻子孛兒帖的名字，孛兒帖聽到丈夫的聲音，與豁阿黑臣匆忙跳下車子，一起跑來，扯住鐵木真的轡繩——夫妻終於重逢。

也客赤列都是脫黑脫阿的兄弟，脫黑脫阿搶來孛兒帖，賞給另外一個兄弟赤勒格兒為妻，兩人已經生活了一段時間。鐵木真搶回妻子後，赤勒格兒非常害怕，說：「我如同一個黑老鴉般，命裡只能吃殘皮，卻想要吃大雁，因此才會惹到孛兒帖夫人。如今蔑兒乞百姓遭了災禍，這災禍也將落到我的頭上，只有一個人孤身逃亡了，鑽到黑暗狹窄處，希望可以保得性命。」說罷，匆忙逃走。

別勒古台前去尋找母親，其母也早許配給蔑兒乞人為妻，聽說兒子將至，慚愧說：「我聽得兒子做了王子，我在這裡卻嫁給了歹人，怎麼還有臉見兒子呢？」

別勒古台從右邊入帳，母親從左邊出帳，躲入密林中不見影蹤。別勒古台找不到母親，遷怒於蔑兒乞人，將曾劫掠孛兒帖等人的三百餘人全部射死，將死者的妻女當作妻子和奴婢。

孛兒帖被劫時已經有孕，回來不久，便生下一個兒子。當時有謠言說，這孩子不是鐵木真的兒子，而是蔑兒乞人的，鐵木真聽了也心中生疑，於是為兒子取名為「朮赤」，意思是「尊貴的客人」。

**龍泉窯纏枝牡丹紋瓶** 元
瓷瓶通體施天青色釉，光潔潤澤，腹部飾纏枝牡丹圖案，是元代龍泉窯瓷器中的上品。

# 兄弟反目

●時間：西元十二世紀
●人物：鐵木真　札木合

鐵木真與札木合是草原上的「安答」——結拜兄弟。如果要追溯起來，鐵木真與札木合還算是遠房本家，雖然在血緣上他們並無關係。但鐵木真的遠祖孛斷察兒曾劫來一婦人做老婆，而這位婦人被劫時已經懷有小孩，這個生下的小孩即是札木合的遠祖。

## ⊙一語生隙，分道揚鑣

鐵木真與札木合在草原上有各自的勢力範圍，互相幫助，在草原上形成一股強大的勢力。札木合的家境比鐵木真好，其部族在當地也頗具勢力與影響，札木合為人也很講義氣，作戰也極為內行。

鐵木真的妻子孛兒帖被蔑兒乞首領脫黑脫阿搶去後，札木合動員了兩萬多人前往助陣，替鐵木真報了奪妻之仇。札木合還說，這兩萬人中的一半原是也速該的「舊部」，也速該死後遷到北方，散居於札木合的領土之中。這些人最後重歸鐵木真部下。

共同打敗蔑兒乞人，搶回妻子孛兒帖後，鐵木真與王罕、札木合歡聚暢飲。回師途中，鐵木真、札木合來到豁兒豁納黑主不兒，當年結拜為「安答」（異姓兄弟）之處。

當時，鐵木真十一歲，札木合也十多歲，在王罕家初次相遇，札木合與王罕也是「安答」，而王罕與鐵木真卻有父子情誼，札木合與鐵木真一見如故，竟然也成了「安答」。在豁兒豁納黑主不兒，札木合送了一個狍子髀石給鐵木真，鐵木真還送了一個銅灌的髀石。一年後的春天，兩人再次結拜，互贈牛角和柏木的弓。

回想起往事，鐵木真對札木合說：「聽老人說，但凡做安答，就如同共有一條命，不相捨棄，要用自己的生命來救護對方，相親相愛到永遠。如今咱們再結拜一次吧！」

於是，二人第三次結拜，鐵木真把從蔑兒乞人處搶來的金腰帶為札木合繫上，又相贈一匹好馬，札木合也還以同樣的禮物。

然而，就是這樣一對龍兄虎弟，後來竟鬧得不歡而散，最後反目成仇，大動干戈。

三次結拜的鐵木真與札木合商定駐紮在一處，共同打獵放牧，相處了一年多。

有一天，札木合突然說：「咱們來個約定：挨著山下，放馬的就有帳房住；挨著澗下，放羊的就有食物吃。」

鐵木真聞言愣住了，回家後向母親訶額侖轉述札木合的話，說：「我不明白他的意思，也不好回應。」訶額侖還沒回答，孛兒帖搶過話說：「人們都說札木合安答喜新厭舊，如今區分放馬的、放羊的，分明是厭倦了和咱們在一起，說不定還想圖謀咱們的財產。咱們還是連夜離開吧，不要落入他的算計。」

孛兒帖所言並非無中生有，鐵木真也感覺到札木合的態度日漸冷淡。原因是多方面的：一方面，鐵木真在王罕的庇護下收攏乞顏和其他蒙古部眾，實力日益強大。另一方面，鐵木真在部族內進行一系列改革，集中了權力，也消除了很多舊的部族傳統，這兩點都是札木合所不願看到的。

鐵木真聽取妻子的建議，連夜率眾離開，前往跟隨的各蒙古部落絡繹不絕，札木合倒也沒有如孛兒帖所擔心的派人來追。這對兄弟就這樣分道揚鑣，草原上除王罕之外的兩大勢力，開始正式對立。

## ⊙三次交戰，終分勝負

離開札木合後，鐵木真四處搜羅人才，許多部落首領率部來歸，加上札木合召集的一萬也速該舊部，鐵木真的勢力逐漸壯大。此時，札木合對鐵木真的變化似乎並沒甚麼大的反應，直到一個原屬札木合的氏族歸附了鐵木真，才把札木合惹怒了。

更讓札木合無法容忍的是，鐵木真事先沒有與札木合商量的情況下，接受眾人擁戴，在淳熙十六年（一一八九年）稱起了「蒙古汗」。

次年，札木合的弟弟給察兒帶人盜走鐵木真屬部札剌亦兒人拙赤答爾馬剌的馬群，拙赤答爾馬剌在追趕時將給察兒射死，這件事成了兄弟倆反目的導火索，終於爆發了著名的十三翼之戰，從此，兩人徹底決裂。

鐵木真不斷擴大實力，開創統一蒙古草原的大業，札木合則四處飄零，輾轉於蒙古草原各部落之間，聯合不同的人與鐵木真作對，直至最後，身邊只剩下五個隨從。

有一天，五個隨從將札木合綁送給鐵木真邀功，鐵木真卻將五人殺掉，寬恕了札木合，並希望能和札木合重歸於好。

札木合則說：「少年時咱們是安答，曾經同吃不能消化的飯，同說不可忘記的話，因他人離間而分離。我想起以前說過的話，羞愧得不敢和你相見，然而該相聚時不得相聚，如今你將百姓收了，大位定了，想留下我相伴已不可能。你若不殺我，好似衣領上的蝨，被窩裡的刺一般，反使你日間心不安，夜間睡不穩。」

札木合要求死不見血，並且要鐵木真照料族人。鐵木真無奈，只得照辦，兄弟倆的恩怨也就此消散。

成吉思汗陵內供奉的金馬鞍

馬鞍具共有三套，相傳為成吉思汗曾使用過的征戰馬鞍、生活馬鞍及狩獵馬鞍。

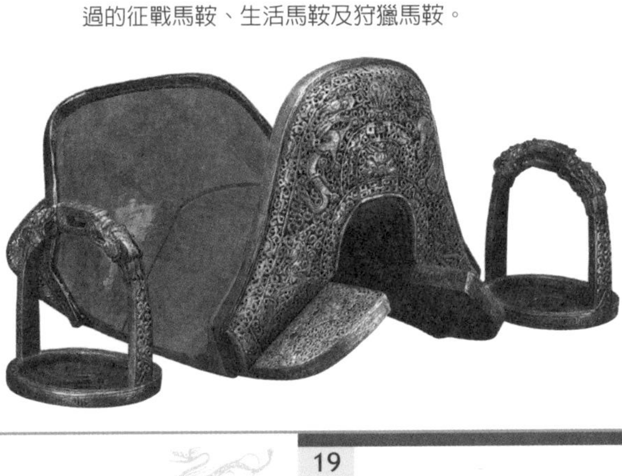

# 義父成為敵手

●時間：西元十二世紀
●人物：鐵木真　王汗

鐵木真的父親也速該曾幫助王汗復汗位，後來王汗將鐵木真收為義子，但部族之間錯綜複雜的恩怨情仇最終讓這對義父子成為敵手。

## ⊙義父相助

王罕（也稱王汗）與鐵木真父親也速該關係十分密切。王罕有四十個兄弟，排行老大，繼承了父親的汗位，成為客列亦惕人的君主。即位後，排斥弟弟的勢力，並殺了兩個，攆走一個。對汗位覬覦已久的叔父以此為藉口，率兵攻打王罕，將其擊潰。

王罕帶著剩下的一百人，沿著色楞格河逃往蔑兒乞部，為了尋求保護，把女兒送給了脫黑脫阿。後來，王罕又投奔也速該，也速該助他擊敗了他的叔父，將其趕到西夏，王罕得以復汗位。王罕後來受金朝封為王，「王汗」的稱謂便由此而來。

也速該對王罕有再造之恩，王罕自然不會忘記。當十一歲的鐵木真到他家時，王罕即視為己出，十分寵愛，並把鐵木真收為義子。當鐵木真受到脫黑脫阿欺辱，妻子孛兒帖被搶時，王罕毫不猶豫出兵兩萬，會同札木合攻打脫黑脫阿，幫鐵木真搶回妻子。即使在札木合與鐵木真反目以後，鐵木真到王罕那兒尋求庇護，王汗依然多次幫忙攻打札木合。

## ⊙父子交惡

然而，這對義父子最終大動干戈，原因有二：一是王罕與鐵木真打敗蔑兒乞人後，王罕瞞著鐵木真獨自將蔑兒乞部的人口、牲畜和牧地完全奪去。二是與鐵木真攻打札木合時，在沒有徵得鐵木真同意的情況下，王罕單獨接受札木合的投降。這些在二人之間埋下禍根。同時，札木合又不斷挑撥王罕和鐵木真的關係，而王罕也為鐵木真日益壯大的勢力感到不安。

面對王罕的這些舉動，鐵木真雖然心中不快，但還是忍氣吞聲，而且，為了鞏固與王罕的關係，還建議王罕把孫女嫁給自己兒子，把女兒嫁給王罕之孫。但是，這一建議遭到王罕的拒絕，兩家的友誼從此一落千丈。

此時，正在王罕父子身邊的札木合又挑撥道：鐵木真暗中勾結南部乃蠻的太陽汗，準備對王罕有所圖謀。更令事情雪上加霜的是，鐵木真的幾個本家背叛了他，帶著各自的部落投奔王罕，並且挑唆王罕與鐵木真交惡。

也許還念及當年也速該的恩情，王罕本人並沒有要和鐵木真開戰的意思。倒是鐵木真的這些本家以及王罕之子亦勒合・桑昆，想與鐵木真較量一番。他們合計後，派人告訴鐵木真，聲稱王罕已答應結親之事，請鐵木真前去喝「許婚酒」。

鐵木真帶了十個隨從前往，走到半路，隨從蒙力克提醒他事情可能有詐，鐵木真立即掉轉馬頭，只派了兩個隨從代表前去。

桑昆藉機詆毀鐵木真，慫恿王罕對鐵木真動武。王罕聽信讒言，突然襲擊鐵木真。鐵木真猝不及防，敗退。

## ⊙宴會突襲

鐵木真帶著僅存的兩三千人馬，四處逃難。退至班朱泥河（蒙語，沼澤的意思）停駐，此處沒有人煙，無法覓食，只得喝渾水止渴，射野馬為食。這段時間是鐵木真在統一全蒙古過程中最艱苦的日子，所以，當統一蒙古之後，將「同飲班朱泥河水」之人都封為功臣。

之後，鐵木真又退到貝爾湖以東地區，一面向王罕求和，一面利用喘息時機收集潰軍。不久，他的軍事實力又逐漸恢復。驕傲麻痺的王罕，卻在駐地歡慶勝利。鐵木真又暗中派人向札木合與王罕的部族散布消息，成功離間彼此的關係。不久，王罕內部發生了分裂。

看到時機成熟，鐵木真暗中包圍王罕的駐地，突然發起進攻，王罕與兒子桑昆倉皇逃走。鐵木真與王罕忠勇的大將合答勇激戰三天三夜後，最終占領了王罕的金帳。王罕的部眾一部分歸附鐵木真，一部分逃到了南部乃蠻太陽汗處。

王罕在侍衛的保護下逃到鄂爾渾河畔，躲過鐵木真的追擊。不料，驚魂未定的王罕逃至乃蠻部境內時，卻被當作強盜殺死。桑昆見父親被殺，也不敢搭救，掉頭逃往西夏，後被西夏人驅逐，又逃往他處，最終被別的部族所殺。

鐵木真在短短不到一年的時間裡徹底擊敗王罕，將王罕父子遺留的地盤與人口都歸入旗下，統一蒙古又邁進了一步。

延伸知識

### 元代服飾

元代民族眾多，各民族的服飾也不盡相同。由於蒙古統治者的一些強制規定，各民族的服飾也有很多趨於一致的地方。

蒙古男子的髮式是將頭頂四周一彎頭髮剃去，留一綹在額前，另外將兩旁頭髮梳成辮子，垂在肩膀上。蒙古的男子都戴耳環。元初時，曾有過要漢人剃髮的命令，但沒有強制推行。

蒙古族的莊重服飾是「質孫」，也稱「只孫」，入關後定為天子百官的朝服、祭服，是蒙古族的主要服飾。

元代一般婦女都穿著襖或衣裙。在蒙古族婦女的服飾中，以姑姑冠最有特色。姑姑冠按照《黑韃事略》記載，主要是用木頭作為骨架，再包上紅絹金帛之類的裝飾品。冠的頂上用柳條或銀汀包上青氈，身分較高的人用翠花或五彩帛作為裝飾，普通人則用野雞毛裝飾。也有說用鐵絲結成，竹篾樺皮為骨，這恐怕是用材不同。姑姑冠主要是后妃及大臣之妻佩戴的。姑姑冠的高度大抵以高二尺許為標準，如果在頂上加上羽毛，就可能高達三尺以上。

蒙古婦女並喜用黃粉塗額。婦女髮髻式樣，雲髻高梳乃為元代婦女的主要髮式之一。

# 【吞併乃蠻】

●時間：西元一二〇四～一二一八年
●人物：鐵木真　太陽汗　不亦魯汗　屈出律

鐵木真擊敗王罕後，面前的敵人只剩下乃蠻和塔塔兒人，一個是強大的草原部落，另一個則是與他有著殺父之仇的部落。

## ⊙出其不意攻乃蠻

乃蠻部大汗亦難察死後，兩個兒子因為爭奪他的小老婆古兒別速而分家，哥哥爭得古兒別速，割據南方，稱太陽汗。弟弟割據北方，稱不亦魯汗。從此，乃蠻部分為南北兩部。當時，蒙古各部族之間紛爭不已，南北乃蠻都曾和鐵木真結過仇，交過手。但直到鐵木真擊敗王罕，王罕逃至太陽汗的邊界，死在戍將豁里．速別赤之手時，太陽汗才真正感到鐵木真已經構成威脅，準備討伐鐵木真。

不料，鐵木真不等太陽汗動手，便先發制人。嘉泰四年（一二〇四）春，鐵木真在帖麥該川（今內蒙古哈拉哈河南）召開部落大會，商討征伐乃蠻部。

大多數將領認為，正值春天，馬匹瘦弱，糧草不足，不適合發動戰爭。但鐵木真的弟弟斡赤斤和斡勒兀台卻認為應該攻其不備，以奇制勝，說：「馬瘦只是個理由罷了，我們怎麼可以讓太陽汗來抓我們呢？我們應該前去抓他。如果攻其不備，肯定可以成功！」鐵木真聽取了意見，發兵攻打乃蠻。

蒙古騎兵押送戰俘圖
這幅具有西域特色的古畫，描繪了蒙古軍隊在西征中用木枷押送戰俘的場面。該畫是波斯史學家拉施特(Rashid al-Din Fadl Allah)《史集》(*Jāmi' al-Tawārikh*)中的插圖。

## ⊙太陽汗戰死沙場

太陽汗見鐵木真長途奔襲，馬匹又多瘦弱，想採取誘敵深入的辦法，先拖垮鐵木真的軍隊，再發動進攻。可是猛將豁里．速別赤卻堅決反對，

蒙古軍攻擊圖

並以太陽汗父親的勇猛刺激他。太陽汗不願顯示懦弱，決定出兵。在阿爾泰山聚集部眾，渡過鄂爾渾河，在納忽山崖列陣迎敵。

鐵木真親自率領先鋒軍出戰。馬匹雖然瘦弱，但軍心統一，軍容嚴整，在氣勢上已勝過乃蠻人。雙方剛一交戰，太陽汗的部隊便開始退卻和逃跑，太陽汗一退再退，最後被鐵木真軍隊圍在山嶺上。

此時已是夜裡，雙方廝殺，乃蠻人自然不是對手。乃蠻的軍隊被鐵木真擊潰後，士兵慌不擇路，掉下陡峭的山崖。混戰中，太陽汗也身受重傷，昏迷不醒，部眾拚死將他帶到山坡上。

豁里・速別赤見太陽汗已奄奄一息，對身旁的戰士說：「與其看著死去，還不如讓我們在他的面前戰鬥，讓他看到我們戰死！」於是帶領士兵衝下山坡激戰。鐵木真欽佩他們的堅貞，原想活捉，但直至戰死也無一人投降。

經此一役，鐵木真征服了太陽汗所屬的乃蠻部。

## ⊙屈出律亡走他鄉

戰鬥結束後，太陽汗之子屈出律投奔叔父不亦魯汗處，而蒙古許多部落紛紛臣服鐵木真。

嘉定元年（一二〇八年）秋，鐵木真親征，準備剿滅最後一批「反叛者」。征途中，接受了斡亦剌惕部首領忽都花別吉的投降，並作為嚮導。屈出律很快便被擊潰，南北乃蠻都被鐵木真完全消滅。

僥倖走脫的屈出律逃到了西遼，成了西遼駙馬。屈出律在西遼暗中建立勢力，勾結外援，陰謀篡奪西遼帝位。

嘉定四年（一二一一年），屈出律趁西遼皇帝直魯古外出，奪取了西遼帝位。屈出律在西遼當了七年皇帝。十一年（一二一八年），鐵木真派大將軍哲別攻打西遼，屈出律最終沒能倖免，死在哲別的手中。

# 十三翼之戰

●時間：西元一一八九～一二〇六年
●人物：鐵木真

十三翼之戰是鐵木真統一蒙古草原過程中的重要戰役。鐵木真和札木合兩兄弟由親密無間到嫌隙和衝突，正好揭示了龐大的蒙古帝國得以產生的重要根源。而十三翼之戰正是這個歷史的序幕。

## ⊙札木合糾兵

這次戰爭的根本原因在於鐵木真與札木合兄弟之間地位和勢力的變化。

淳熙十六年（一一八九年），鐵木真被眾多部族擁為可汗，札木合心中不滿，兩人之間開始出現裂痕。而後，札木合弟弟給察兒因盜走鐵木真屬部札剌亦兒人的馬群而被追殺。札木合終於找到藉口。

紹熙元年（一一九〇年），札木合以為弟弟報仇為名，糾集了泰赤兀等十三個部族，總兵力約三萬，準備突襲鐵木真。

不料，札木合部下有個想投靠鐵木真的亦乞列思人得知消息，馬上報告了鐵木真。鐵木真得訊後，立即組織部眾準備迎戰。同時，重賞了亦乞列思人。儘管此時面臨大敵，他也不會忘記回報對他釋出善意的人。

佛教壁畫 元

## ⊙鐵木真潰敗

札木合的三萬兵力對鐵木真是個嚴峻的考驗，雖然早已對這場戰爭的結局有一定的心理準備，但心頭仍然不免沉甸甸的。

鐵木真召集親信將領博兒朮、木華黎、速不台、忽必來、赤老溫等以及四個弟弟商量對策。他們選擇哲列谷作為迎戰地點，此谷是一處沼澤，敵方騎兵不容易衝擊，同時也可以防止背後受襲。

鐵木真也佈署了三萬兵力，分成

**青花纏枝牡丹大玉壺春瓶 元**
高四十九．五公分，酒器。喇叭口，長頸，溜肩。頸及上腹部飾青花牡丹，下繪卷草紋、蓮瓣紋，足脛繪變形回紋。此器高大，非常少見，青花採用蘇麻離青繪製，青翠豔麗，是元青花的代表作之一。

延伸知識

## 畏兀兒歸附蒙古

畏兀兒人的主體是唐代回鶻人的後代。回鶻汗國滅亡以後，餘部中的一支遷居到今天的天山東麓地區定居，宋代稱為高昌回鶻或西州回鶻，這就是後來畏兀兒人的前身，君主稱為「亦都護」。

在金滅遼以後，遼的宗室耶律大石率部遷到中亞地區，建立了西遼，畏兀兒從此成為西遼的屬部，西遼在畏兀兒地區設立「少監」進行監治。西遼末年，畏兀兒亦都護月仙帖木兒去世，兒子巴而朮阿而忒的斤年幼，由西遼的少監監國，對畏兀兒人進行殘酷統治。

成吉思汗建立大蒙古國後，巴而朮亦都護決定依靠蒙古反抗西遼，於是在嘉定二年（一二〇九年）殺掉少監，並派遣使者向成吉思汗表示降服。

嘉定四年（一二一一年），巴而朮應召攜貢物到達漠北，成吉思汗把皇女也立安敦嫁給他，保留了亦都護家族對畏兀兒人的世襲統治權，對亦都護和畏兀兒人加以籠絡。在畏兀兒成為蒙古屬部後，除了亦都護要向汗廷進貢珍寶方物、派遣貴族弟子入質以外，成吉思汗並在畏兀兒的部分城市設置達魯花赤，直接管轄。

供養菩薩　元

壁畫，甘肅敦煌莫高窟第四六五窟。

十三翼（蒙語古列延，也可譯作圈子），其中只有那可兒和怯薛是鐵木真直屬部眾，其餘大部分是與孛兒只斤氏乞顏部有血緣關係的部落或氏族。鐵木真和札木合在哲列谷的答蘭版朱思（今蒙古溫都爾罕西北）遭遇，一場惡戰之後，鐵木真潰敗。這便是歷史上著名的「十三翼之戰」。

鐵木真失敗後，西奔三百餘里，逃到斡難河上游的狹地。札木合得勝後，大洩私憤，將親近鐵木真的部族族長捉來活煮，據說煮了七十多口大鍋。這一暴行引起了許多部族的不滿，很多札木合的人都不約而同紛紛離開，投效鐵木真。鐵木真雖然戰敗，卻贏得民心，壯大了力量，轉禍為福。

札木合不但沒有因此感覺到危機，反而集中十一個部族，自稱「古兒汗」（即菊兒汗，意為眾汗之汗）。札木合的這些舉動和驕傲自大的個性，是日後失敗的根源。對鐵木真而言，這是親自面對的第一場戰役，儘管大敗，卻得了民心，離他獲得天下的日子也就不遠了。

**成吉思汗騎射圖**

成吉思汗，名鐵木真，蒙古乞顏部人，出生於孛兒只斤貴族世家。一生戎馬倥傯，叱咤風雲，在中國乃至世界歷史上留下了重重的一筆。

# 【鐵木真稱汗】

●時間：西元一二〇六年
●人物：鐵木真　脫斡里勒

挫折和災難磨練了鐵木真的意志，他決心恢復父親的事業。他懂得單憑自己的力量是不能戰勝敵人的，只有利用蒙古各部之間的矛盾，取得一些部落奴隸主的支持，才能壯大自己的力量，打敗敵人。

## ⊙統一東部蒙古

鐵木真依靠王罕和札木合的力量，逐漸恢復勢力，許多舊部又紛紛回來。鐵木真對部族進行改革，加強了控制，將權力牢牢掌握在手中。淳熙十六年（一一八九年），鐵木真被擁戴為汗（古代北方少數民族最高統治者的稱號）。

鐵木真的強大引起了札木合的不快，最終兄弟反目，發生了歷史上著名的「十三翼之戰」。後來，鐵木真經過一系列對札木合的戰爭，不斷取得勝利。

在札木合的挑唆下，加上鐵木真與義父王罕之間的嫌隙，王罕對一天天壯大的鐵木真處處提防，鐵木真與王罕之間的戰爭勢所難免。最終，鐵木真打敗了王罕，奪取了王罕所屬的土地和部族。

## ⊙大會斡難河

鐵木真擊敗王罕後，仍然面臨著兩個敵人：一個是乃蠻部，強大的草原部落，必需消滅的對手。一個是塔塔兒部，有殺父之仇，消滅是勢在必行。

嘉泰二年（一二〇二年），鐵木真全殲殘餘的塔塔兒部。四年（一二〇四年），消滅乃蠻部太陽汗的斡魯朵。

鐵木真逐一擊潰強敵，最終統一了蒙古草原上的游牧部落，成為蒙古最高的統治者。從此，鐵木真的威名震動蒙古草原，其他部落再也不敢與他爭鋒。這樣，鐵木真基本統一了全蒙古。

銅權　元

銅權高十一公分，底長五．五公分，底寬三．三公分。權上刻有「元貞元年大都路造」銘文。

成吉思汗統一漠北圖

延伸知識

## 鐵木眞創立制度

成吉思汗統一全蒙古以後，在軍事、行政、法律、文化等各方面，都開創了一套新的制度。

把全體蒙古牧民編為十户、百户、千户和萬户，任命大大小小的奴隸主為十户長、百户長、千户長和萬户長，凡是十五歲以上、七十歲以下的男子，都編為士兵，平時生產，戰時打仗。任命失吉忽禿忽為「札魯忽赤」（斷事官），把民事和刑事案例編成「札撒黑」（習慣法）。並委派兀孫老人掌管宗教事務。命令畏兀兒（就是現在的維吾爾族）人塔塔統阿用畏兀兒文字書寫蒙古語，讓奴隸主子弟學習使用，使蒙古人第一次有了文字。

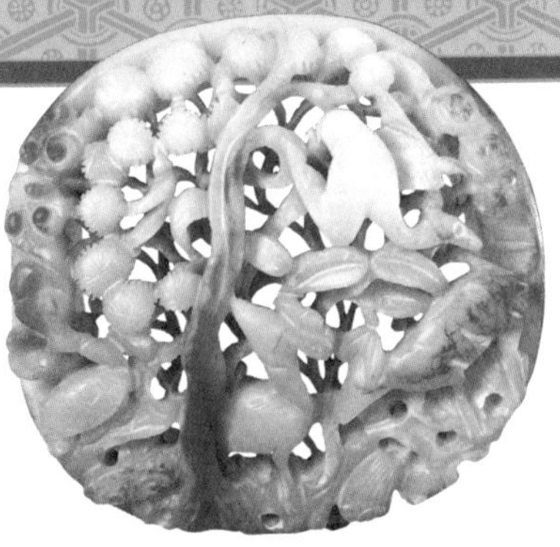

玉「鶴鹿同春」飾　元

青玉，局部有深褐色沁斑。器正面弧凸，用多層鏤雕和陽線紋法琢製鶴鹿同春圖，背面中間凹凸，外邊有一粗寬邊環。環外兩側各有一小圓孔，可供較粗的繩索或帶穿結用。

開禧二年（一二〇六年）春，蒙古各部落首領聚集在斡難河源頭，召開忽里勒台（蒙語，大聚會之意），一致推舉鐵木真為全蒙古的大汗。巫師進言：「如今地上稱為古兒汗的各國君主都被你征服，其領土都歸你治下，因此你也應該有普天下之汗的尊號。上天旨意，你的稱號應為成吉思汗。」這一年，鐵木真四十四歲。

蒙語「成吉思」的意思有不同解釋，有的說是「天賜」之意，有的說是「堅強有力」。近人多採用伯希和的說法，認為源於突厥語的「海」，是大海的意思。

# 「四獒」之首速不台

●時間：西元一一七六～一二四八年
●人物：速不台

速不台，又作雪不台、速別台、速別額台等，蒙古國名將，蒙古兀良哈部人。驍勇善戰，有「把阿禿兒」（勇士）之稱，與折里麥、哲別、虎必來並稱「四獒」。跟隨成吉思汗滅克烈、并乃蠻，統一漠北諸部，戰功卓著。王惲所撰《兀良氏先廟碑銘》稱：「公深沉有謀略，善於用兵，勇敢無前，臨大事有斷。」

## ⊙「把阿禿兒」速不台

速不台（一一七六～一二四八年），蒙古大將，與折里麥、哲別、虎必來並稱「四獒」，以質子身分效力於鐵木真，以勇猛著稱，被稱為「把阿禿兒」（意為勇士），在鐵木真統一蒙古各部的戰爭中作為「四獒」之首而聞名漠北草原。

起初，速不台任百戶長。開禧二年（一二〇六年），大蒙古國建立，成吉思汗封他為千戶長。嘉定四年至八年間（一二一一～一二一五年），他是伐金主將。嘉定五年（一二一二年）進攻桓州城時，他率先登城獲捷，成吉思汗因此賜他一車金帛。

嘉定十年（一二一七年），速不台主動請兵討伐蔑兒乞餘部，得到成吉思汗嘉許，賜他鐵輪車。速不台有勇有謀，命兵士扮作攜家逃難的百姓，蔑兒乞人信以為真，不加防備。待速不台大軍進至垂河（今中亞楚河）後，一舉將蔑兒乞部消滅。

根據古波斯歷史學家拉施特撰寫的《史集》記載，速不台滅蔑兒乞部後，花剌子模摩訶末已進軍至錫爾河以東，成吉思汗曾傳令速不台，如遇花剌子模的軍隊，不要與之交戰。當速不台遭到摩訶末的進攻時，被迫應戰，結果幾乎把摩訶末俘獲。速不台的驍勇善戰由此可見一斑。

## ⊙西征之役

嘉定十二年（一二一九年），速不台隨成吉思汗西征。第二年春，蒙古大軍進攻摩訶末所在的撒麻耳干城（今烏茲別克撒馬爾罕之東），曾是速不台手下敗將的摩訶末棄城而逃。成吉思汗令速不台與哲別等繼續追擊。

他們渡過阿姆河，一路猛追窮

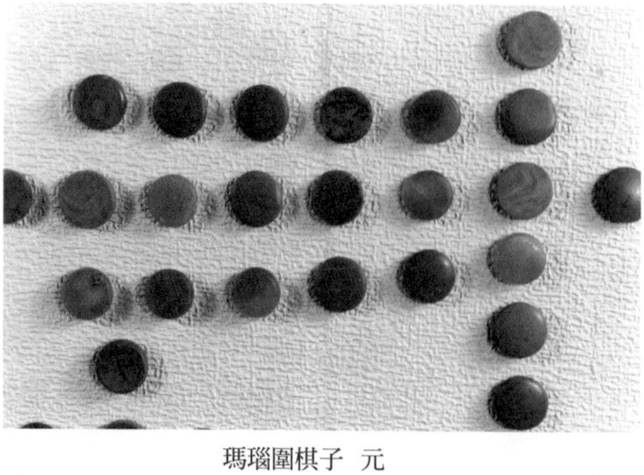

瑪瑙圍棋子　元

趕，摩訶末最後逃到寬田吉思海（今裡海）的小島上，不久病死。速不台與哲別率軍攻掠波斯境內的許多城池，一路勢如破竹，取得了輝煌的軍事勝利。

速不台在西征之役中立下赫赫戰功，成吉思汗為此表彰：「速不台枕干（盾牌）血戰，為我家宣勞，朕甚嘉之。」並賜給他大量的珠寶和銀罌。

隨後，速不台向成吉思汗奏請滅除里吉、乃蠻、怯烈、杭斤、欽察等諸部千戶，統一軍令，得到成吉思汗允許。

寶慶二年（一二二六年），速不台跟隨成吉思汗出征西夏，一舉攻下撒里畏兀兒等部，並攻取金臨洮路和鳳翔路部分州縣。次年，聞知成吉思汗的死訊，速不台自西征途中返回蒙古。

延伸知識

## 里格尼茨之戰

長子西征開始後，蒙古騎兵勢不可擋。淳祐元年（一二四一年），蒙古軍隊攻入西里西亞境內。為了自保，西里西亞的諸侯組成聯軍，抗擊蒙古軍隊。雙方在里格尼茨（今波蘭西部）展開激戰。裝備落後，指揮又不統一的歐洲聯軍不是蒙古騎兵的對手，很快就被蒙古軍擊潰。

里格尼茨之戰使歐洲各國十分震驚，感受到來自蒙古入侵的巨大威脅。當時，教皇和德皇之間嫌隙日深，歐洲人根本無法採取一致對策來對抗蒙古大軍，因此蒙古大軍一直進攻到多瑙河畔。淳祐二年（一二四二年），窩闊台汗的死訊傳來，拔都率軍東還，才解除了蒙古入侵歐洲的威脅。

弈棋壁畫　元

**捶丸圖　元**

此圖為山西洪洞縣廣勝寺水神廟內元代壁畫（局部），畫面的捶丸場所設在風景秀麗的山野，兩位身著紅袍的官員神態專注，賽意正濃，另有兩個手持器械的隨從。

## ⊙滅金功臣

紹定二年（一二二九年），窩闊台即汗位，將禿滅干公主下嫁給速不台。不久，窩闊台開始南下伐金，速不台自然成為軍中主將。

次年進攻潼關時，速不台失利，遭到窩闊台責備。拖雷出面為速不台求情，給速不台立功補過的機會。從此，速不台便為拖雷效力。

拖雷命速不台為右翼大軍主將，速不台率先攻克陝西寶雞，進入大散關。爾後一路輾轉作戰，繞道南宋境內的鳳州（今陝西鳳縣東北）、興元（今陝西漢中）、洋州（今陝西洋縣）、金州（今陝西安康）等地，最後渡漢水北進，兵鋒直指金都汴京（今河南開封）。駐守潼關的金將完顏合達竭力想堵截拖雷的右翼攻擊，但無法阻擋速不台的攻勢。

拖雷與速不台成功完成右翼的戰略迂迴後，紹定五年（一二三二年）正月，窩闊台親率中軍渡過黃河，開始東下鄭州，與右翼軍對汴京形成鉗形攻勢。汴京告急，正在阻擋速不台的完顏合達又轉向東北援救。

當蒙古軍隊進至鈞州（今河南禹州）西北的三峰山時，遭到金兵的包圍，蒙古軍隊處境危急。速不台向拖雷獻計道：「居住在城中之人耐不住勞苦，我們不斷地向他們挑戰，使他們疲憊不堪，便可一舉戰勝。」

這時上天突然變臉，風雪大作，蒙古軍乘機進攻，幾乎全殲了金軍三十五萬精銳部隊，大獲全勝。

經過三峰山之役，金軍已無任何力量抵禦蒙古軍隊的攻勢，蒙古軍迅速攻占了河南大部分地區。

三月，窩闊台與拖雷先期北返，留下速不台的三萬軍隊圍攻汴京，統轄河南。速不台隨即統率所部圍攻汴京，要求金軍投降。金哀宗完顏守緒派使者議和，但金國卻將蒙古的使者殺死，和談破裂。蒙古軍隊開始進攻，金都汴京陷入混亂。

十二月，完顏守緒逃離都城，開

始了流亡生活。汴京西面守城元帥崔立投降，速不台很快攻下汴京。

次年四月，崔立前往青城，向速不台獻送金朝后妃、宗室和寶器。速不台將金朝的宗室近臣盡數殺死，后妃與寶器遣送給窩闊台。速不台進入汴京後，企圖屠城。當時汴京已十分蕭索，饑人相食，耶律楚材直言不可，速不台接受了，下令允許城內居民北渡黃河，自尋活路。

此時，金哀宗逃奔至蔡州（今河南汝南）。端平元年（一二三四年）正月，蒙古軍與宋軍聯合夾攻蔡州，城破後，金哀宗自縊身死，金朝滅亡。

## ⊙速不台二度西征

端平二年（一二三五年），窩闊台決定再度西征。速不台識兵機，有膽略，選為西征先鋒。端平三年至嘉熙元年（一二三六～一二三七年）冬天，蒙古軍隊駐紮在哈班河谷，速不台先率軍進攻不里阿耳和阿蘭，不久，後繼主力部隊也紛紛出軍。

在隨後的進軍途中，先鋒速不台一路攻下斡羅思人的梁贊公國、弗拉基米爾公國和基輔公國，以及阿蘭、欽察、不兒塔、莫爾多瓦諸部。

淳祐元年（一二四一年），蒙古軍隊進攻馬扎兒部（今匈牙利）。速不台又出奇計，先將馬扎兒軍隊誘至寧河（今匈牙利東部的索約河），然後分兵從下流水深處結筏潛渡，繞至敵後，其餘人馬從上流水淺有橋處過河作戰。

渡河後，因對方勢眾，部分蒙古王公主張不要進攻。速不台說：「你們想回就回去，我不到禿納河馬茶城（今布達佩斯）是不會回去的。」最終，速不台進軍至馬茶城，攻下馬扎兒。

淳祐二年（一二四二年），窩闊台去世，消息傳至西征前線後，速不台隨西征大軍返回蒙古。

淳祐六年（一二四六年），速不台返回禿剌河（今蒙古土拉河）的營地。兩年後，在禿剌河去世，時年七十三歲。元朝建立後，封河南王，謚號忠定。

**蹴鞠圖　元　錢選**

此圖是元代畫家錢選臨摹。原圖為宋代名畫家蘇漢臣所繪，錢選在臨摹之後題字：「蹴鞠圖舊藏祕府，今摹圖之。若非天人革命，應莫觀之，言何畫哉。」

# 【名將木華黎】

●時間：？～西元一二二三年
●人物：木華黎

木華黎，姓札剌兒氏，家族世代居住在斡難河水的東岸。父親孔溫窟哇，效力於成吉思汗麾下，平定篾里吉，征討乃蠻部，屢立戰功。後來乃蠻部再次叛亂，成吉思汗與手下六個騎士逃走，半路上沒有東西吃，孔溫窟哇抓來一頭駱駝殺了，烤熟後獻給成吉思汗。追兵眼看就到了，而成吉思汗的坐騎倒斃，其餘五個騎士面面相覷，驚愕不已，孔溫窟哇把坐騎讓給成吉思汗使其離去，孔溫窟哇則隻身抵擋追兵而戰死，成吉思汗得以倖免於難。

## ⊙忠心事主

木華黎（？～一二二三年），父親孔溫窟哇有五子，排行第三。據說，木華黎出生時有白氣瀰漫在帳中，神巫非常驚異，說：「這是一個非同尋常的孩子。」成年後的木華黎性格沉穩堅毅，足智多謀，有一雙猿猴般的長臂，擅長射箭，能挽二石的強弓。

南宋慶元三年（一一九七年），孔溫窟哇將木華黎與另一個兒子不合送給鐵木真做「梯己奴隸」。

鐵木真曾經作戰失利，正遇上天降大雪，找不到軍帳所在地，夜裡只得躲在草叢中休息，木華黎與博爾朮站立在雪地中，張開毛氈，為鐵木真遮蔽風雪，直到天亮，始終一動不動。

一天，成吉思汗率三十餘名騎兵行走在山谷之間，回頭對木華黎說：「此地如果遇到強盜，應當怎麼辦？」木華黎答道：「請讓我用身體來擋住他們。」

不一會兒，果然有強盜從樹林中殺出，箭如雨下，木華黎彎弓搭箭，三箭射中三人。強盜首領高聲問道：「你是誰？」回答道：「木華黎。」木華黎慢慢解下馬鞍持在手中，護衛著鐵木真衝出樹林。

克烈王可汗與乃蠻部交戰不敵，向鐵木真求援，鐵木真派木華黎與博爾朮等前去援救，木華黎殺死全部乃蠻人馬，繳獲甲仗、馬牛而還。

不久，克烈王陰謀襲擊鐵木真，部下拔台向鐵木真告密。鐵木真又派出木華黎，率精銳騎兵夜襲克烈王營地，克烈王在逃亡途中被殺，各部落頭領聞風而降。

開禧二年（一二〇六年），鐵木真稱成吉思汗後，第一件事便是封木華

紅漆菱花飾盤　元

黎、博爾朮為左右萬戶長。成吉思汗說：「國內得以平定，你們出力最多。我同你們就好像車有轅、身體有胳膊一樣，你們一定要深切體會這一點，不要改變當初的意念。」

金朝投降的人都說金朝的皇帝殺戮宗室姻親，荒淫無道且日甚一日。成吉思汗說：「我出兵有正當的名義了。」

嘉定四年（一二一一年），木華黎跟從成吉思汗討伐金國，直逼宣德，攻克德興。次年，進攻雲中、九原諸郡，一一攻克。

進軍撫州時，雙方在野狐嶺（今河北萬全北）之北相遇，金兵號稱四十萬，擺好陣勢以待。木華黎說道：「對方人多我軍人少，不拚力死戰，便無法擊敗他們。」率領敢死隊員躍馬橫槍，大聲呼叫著衝入敵陣。成吉思汗指揮各軍一起進攻，大敗金兵，追殺至澮河，長達一百里的道路上佈滿了敵軍屍體。

六年（一二一三年），木華黎率軍攻打居庸關，因城牆堅固，無法攻入，轉而直奔紫荊口。金國左監軍高琪領兵拒敵，卻不戰而逃，蒙軍拔下涿州。接著，又分兵攻克益都、濱、棣等城，進駐霸州，史天倪、蕭勃迭率部投降，在木華黎的保舉下，成吉思汗封史、蕭二人為萬戶長。

## ⊙統領攻金

嘉定十年（一二一七年）八月，成吉思汗下詔，封木華黎為太師、國王、都行省承制行事，賜予誓券、黃金印。對他說：「你的封國由子孫相傳，世世代代永不斷絕。」

又將弘吉剌、亦乞烈思、兀魯兀、忙兀等十支部隊以及吾也而的契丹、蕃、漢等部隊，一併歸他指揮。並且告訴他說：「太行山北面，我自己籌劃治理，太行山以南，你好自為之吧！」

成吉思汗又把出行時車駕所用的九大旗賜給木華黎，並告知諸將道：「木華黎建此旗發出的號令，就像我親臨到場時發出的號令一樣。」

隨後，木華黎在雲、燕建立行省，以此為中心，籌劃進取中原。從燕州南端出發，進攻遂城及蠡州諸城，逐一攻破。這年冬天，攻克大名府（今河北大名），在東面平定了益都、淄、登、萊、濰、密等州。

### 歷史詞典

### 兩部《西遊》

《西遊錄》，耶律楚材撰，上、下卷。嘉定十二年（一二一九年），耶律楚材隨成吉思汗大軍西征，在西域的時間達七年之久。回到燕京後，撰寫了《西遊錄》，介紹西域的情況。本書上卷專門記載耶律楚材從燕京出發以後所經歷的情形以及西域各城的情況，下卷則專門抨擊長春真人邱處機。耶律楚材信奉佛教，當時佛、道兩教的衝突之激烈，躍然紙上。

《長春真人西遊記》，李志常撰，共九卷。李志常是邱處機的弟子，後成為全真教掌教。曾隨邱處機前往西域覲見成吉思汗。邱處機死後，李志常撰成《長春真人西遊記》一書，記述所經過地區的山川道里和沿途的風俗人情，同時介紹了邱處機的生平。

這兩部書都是記述天山以北和楚河、錫爾河、阿姆河之間歷史地理最早最重要的書籍，是研究十三世紀該地區歷史的重要資料。

填漆花鳥紋革皮箱　元

十一年（一二一八年），木華黎率軍從西京出發，經由太和嶺進入河東，攻打太原、忻、代、澤、潞、汾、霍等州，諸州全部降服。蒙軍攻占平陽，金國守臣棄城逃走，木華黎任命前鋒拓拔按察兒鎮守該城，任命義州監軍李廷植之弟李守忠代理河東南路帥府事。

第二年，木華黎命蕭特末兒等率部出雲州、朔州，攻克岢嵐火山軍。又任命谷里夾打為元帥達魯花赤，攻占了石、隰、絳州。

十三年（一二二〇年），木華黎率軍再次從燕州進軍趙州（今河北趙州），進駐滿城（今屬河北），武仙率真定府投降。

代理河北西路兵馬事的史天倪進言道：「目前，中原已大致平定，但我軍所到之處，無不縱兵搶掠，這不是君主撫慰人民的本意。」木華黎認為有理，便下令嚴禁搶劫掠奪，所俘獲的男女老少，一律遣還故里，軍中從此肅然有序，各地官民都拍手稱讚。

蒙軍進至滏陽，金國邢州節度使武貴投降，隨後又攻克天平寨。與此同時，蒙古不花一部攻下河北的衛、懷、孟州，進入濟南，嚴實帶著所屬的三十萬軍民，前來投降。

當時，屯守在黃陵岡的金兵號稱有二十萬，派出步兵二萬人襲擊濟南。木華黎率輕裝士兵五百便將其擊退，於是會合大部隊，順勢迫近黃陵岡。金兵在黃河南岸佈下陣勢，以示決一死戰。

木華黎說：「這次戰鬥不能使用長武器，應當用短小的武器才能取勝。」下令騎兵下馬，把弓拉滿一齊放箭，自己也下馬督戰，果然大敗敵軍。

蒙軍接著進攻楚丘。楚丘城雖小卻十分堅固，四面都是水，木華黎命各軍用草木填塞壕溝，直抵城下。嚴實率部首先登上城牆，攻克了該城。接著攻下單州，包圍東平。

木華黎任嚴實代理山東西路行省，自己北還進攻洺州（今河北曲周西南等地），臨行前告誡道：「東平城中的糧食耗盡，敵軍一定棄城逃走，待他們離去，立即進城安撫百姓，千萬不要令郡縣受苦，以免壞了大事。」同時留下梭魯忽禿率三千人屯守。

十四年（一二二一年）四月，東平糧盡，金國行省長官忙古逃奔汴京，半路上遭到梭魯忽禿的狙擊，斬首七千餘級，忙古僅率數百名騎兵逃走。嚴實進入東平城，建置行省，安撫百姓。

十五年（一二二二年），木華黎攻拔榮州（今河津西南），占領河中府，命石天應駐守。接著，大軍渡河西進，直趨長安。

當時，中條山的盜賊侯七等人聚眾十餘萬，探知木華黎的大部隊已經西進，便陰謀襲擊河中。

石天應派別將吳權府率五百士兵夜出東門，埋伏在兩條山谷之間，並且約定：「等賊軍過去一半，趕緊出擊，我在前面抵擋，你在後面進攻，便可擊敗他們。」

然而，吳權府喝醉了，沒有按時到達，石天應戰死，河中府被攻陷，賊軍燒毀屋舍，殺戮搶掠百姓，後退回中條山。先鋒按察兒在途中阻擊賊軍，斬首數萬級，侯七逃走。木華黎命石天應之子斡可繼領其父部眾。

## ⊙壯志未酬

嘉定十六年（一二二三年）春，蒙軍北返，在黃河上建浮橋。橋尚未建成時，木華黎對眾將領說：「橋還沒有完工，難道就這樣坐著等待嗎？」於是，又率部攻下十餘個河西一帶的堡寨。

三月，木華黎渡過黃河回到聞喜縣（今屬山西），病情嚴重，對弟弟帶孫說：「我為國家建立了偉大的功業，身穿鎧甲、手執武器將近四十年，東征西討，沒有甚麼可遺恨的，只恨汴京還未攻下！你要努力啊！」說完便溘然長逝，終年五十四歲。

後來，成吉思汗親自攻打鳳翔時對諸將說：「要是木華黎在世，我就用不著親臨此地了！」

元英宗至治元年（一三二一年），皇帝下詔封孔溫窟哇為推忠效節保大佐運功臣、太師、開府儀同三司、上柱國、魯國王，謚號忠宣，封木華黎為體仁開國輔世佐命功臣、太師、開府儀同三司、上柱國、魯國王，謚號忠武。

**秋郊飲馬圖　元　趙孟頫**

這是趙孟頫人物鞍馬畫代表作。畫秋郊平原與水澤，一紅衣奚官驅策溜馬，近處雙馬如嘶如鬧，遠處雙馬追逐騰躍，餘者皆入澤飲水。人物、馬匹形態生動。岸上林木稀疏，樹葉錯落，設色豔麗，具有濃郁的情致和意趣。畫面剪裁看似平淡，好像是信手拈來之作，卻顯示出作者駕馭畫面的非凡本領。

# 「箭簇」哲別

●時間：？～西元一二二八年
●人物：哲別

成吉思汗有四員大將，異常凶悍，號稱「四獒」，分別是哲別、折里麥、虎必來、速不台。哲別原名只兒豁阿歹，是成吉思汗的死對頭札木合的部下。

## ⊙大將來降

南宋嘉泰元年（一二〇一年），札木合組織聯軍向鐵木真大舉進攻，鐵木真集中優勢兵力將其擊敗。札木合的部隊潰不成軍，士兵四處逃散，其中只兒豁阿歹箭法出眾，作戰時曾射死鐵木真的幾名戰將，與眾人遁入密林。

狩獵出行圖　元　佚名

鐵木真將坐騎給大將博爾朮，命他入林搜索。博爾朮發現只兒豁阿歹後，窮追不捨，眼看就要趕上，不料只兒豁阿歹回身一箭，正中馬的項脊，那馬應聲而斃，只兒豁阿歹趁機迅速逃逸。

那馬全身棕黃，嘴唇雪白，日行千里，深得鐵木真喜愛。見愛馬死於箭下，鐵木真十分心痛，命令部下包圍密林。林中逃兵彈盡糧絕，只得出降，只兒豁阿歹也在其中。

鐵木真對著俘虜咆哮：「是誰射死了我的戰馬！」只兒豁阿歹站出來，面無懼色答道：「是我。如果大汗要處死我，報一箭之仇，也不過弄髒你眼前巴掌大的地方。如果你不計前嫌，赦我一死，我將為你效命疆場，赴湯蹈火，在所不辭。」

鐵木真轉怒為喜說：「凡是前來降我的人都對以前的所作所為諱莫如深，你有勇氣承認殺了我的戰馬，是條好漢，不打不相識，就讓我們交個朋友吧！你射死了我的愛馬，就改名為哲別（意爲箭簇），跟隨我征戰吧！」哲別欣然從命。

## ⊙開路先鋒

哲別追隨鐵木真，參加統一蒙古各部的戰爭，東征西討，立下赫赫戰功。鐵木真稱成吉思汗後，封哲別為千戶長，為十大功臣之一，與折里麥、虎必來、速不台並稱「四獒」。

嘉定四年（一二一一年），成吉思汗南下伐金，哲別為先鋒，進攻金國北方的門戶烏沙堡。烏沙堡不但地勢險要，並且裝備了先進的守城武器：一種由機關觸發的連發床弩，這種武器殺傷力相當大，以致於當時有「地上烏沙堡，地下鬼門道」的說法。

哲別根據抓獲的金軍士兵和工匠的介紹，想出了應對之策。先用數百

匹馬在前衝鋒，守城的床弩觸發，射殺在前的馬群，金軍以為重創了蒙古騎兵，稍一放鬆，緊跟在馬群後面的蒙古鐵騎已經衝入了城門，金軍的連弩還來不及裝填，蒙古騎兵的利箭和馬刀已經落到了他們頭上。金國守將獨吉思中箭負傷逃走，金軍潰敗，蒙古軍隊一口氣攻下城池。

緊接著，哲別的軍隊攻破了金國另一處要地五月營，這樣，金國的北大門完全打開了。

大獲全勝後，哲別統領的先鋒部隊開始進攻居庸關。居庸關依山而築，地形險要，金兵防守嚴密，難以強攻。哲別佯敗，將金軍引出關外，金兵全線出擊，一直追至宣德府。

當金軍到了雞鳴山嘴時，蒙古軍開始掉頭反攻，金兵遭到了哲別軍及隨後而來的成吉思汗中軍的猛擊，金兵慘敗，被蒙古鐵騎衝得七零八落。根據《蒙古祕史》記載：「主因之攻戰精兵，直至居庸關，殺得積屍如麻。」居庸關天險被哲別輕易奪取，蒙古游騎已能直逼金國中都。

十一年（一二一八年），哲別率軍遠征西遼。西遼國君屈出律原是乃蠻逃將，被西遼國主耶律直魯古收容，娶了西遼公主，結果恩將仇報，反客為主，奪了西遼政權。屈出律強迫境內的伊斯蘭教徒改信佛教，引起了民眾的強烈不滿。哲別到了西遼後，宣布當地居民可以信奉傳統宗教。此舉大得人心，伊斯蘭教徒紛紛起兵相助。

哲別以兩萬兵力輕而易舉征服了西遼廣闊的地域，殺死了屈出律，割下首級示眾。哲別並繳獲白口黃毛的良馬千匹，把馬獻給成吉思汗，說：「償還大汗當年被我射死的馬！」殺一還千，成吉思汗十分滿意，哲別也因戰功纍纍而威震四方。

**蓮花紋高足金杯** 元
杯高十四．四公分，口徑十一．一公分。杯腹部刻蓮花，杯足為荷葉紋。乃蒙古貴族用具。

# 「治天下匠」耶律楚材

●時間：西元一一九〇～一二四四年
●人物：耶律楚材

蒙古人建立元朝，建都中原。他們從蒙古高原來到中原地區以後，情況有了很大的變化。中原地方的漢人、西夏人、女真人早已進入了專制統治，而蒙古人仍處於奴隸社會階段。因此，蒙古人面臨著改變自己的統治方式來適應這種新的形勢。成吉思汗在世的時候，他找到了一個「治天下匠」，名叫耶律楚材。

## ⊙「吾圖撒合里」

耶律楚材（一一九〇～一二四四年），契丹人，遼開國皇帝耶律阿保機的九世孫。父耶律履仕金，曾任尚書右丞，耶律楚材自幼受良好的家庭環境影響，精通漢文化，從小博覽群書，天文、地理、數學、曆法、醫學，三教九流，無不通曉。

耶律楚材曾做過金朝的小官。嘉定八年（一二一五年），成吉思汗攻下中都，聽說耶律楚材很有才能，下令召見。經過考察，成吉思汗十分欣賞耶律楚材，命在身邊辦事。耶律楚材身高八尺，體態雄偉，留著漂亮的長鬍子，成吉思汗稱呼為「吾圖撒合里」（蒙語，意為長鬍子）。

耶律楚材運用廣博的知識，時常作些預言，在跟隨成吉思汗西征途中，預言常常應驗，所以成吉思汗更加器重。

當時，西夏人常八斤善於造弓，也深得成吉思汗器重，看不起耶律楚材，非常自負說：「國家現在正是用兵的時候，像耶律楚材這樣的讀書人有甚麼用？」耶律楚材回答道：「造弓尚且要用弓匠，治理天下難道不用『治天下匠』嗎？」成吉思汗聽了，覺得很有道理，從此對耶律楚材更加信任。

成吉思汗後來對即將繼位的兒子窩闊台說：「這個人是老天爺賜給我家的，以後國家大事要交給他治理。」

成吉思汗去世以後，窩闊台繼承了汗位。聽從父親的建議，重用耶律楚材，耶律楚材將蒙古國的制度建設得更加完善，大汗的統治地位得到更好的保障。

## ⊙治天下的匠人

蒙古人雖也有貴賤尊卑之分，但

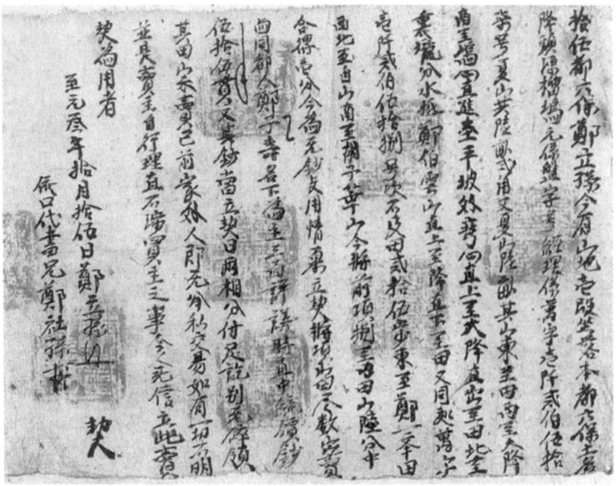

契紙　元

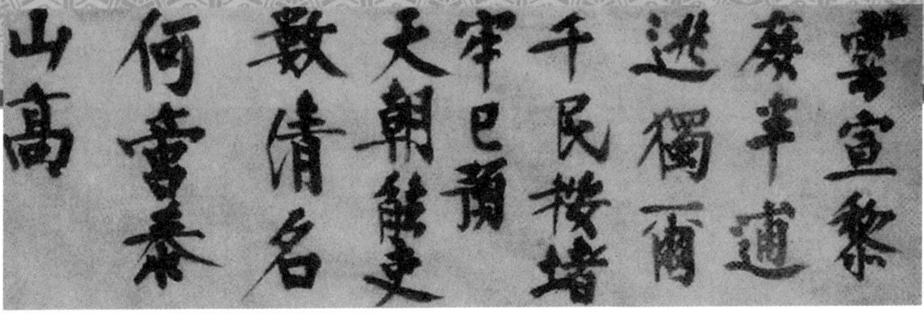

耶律楚材送劉滿詩卷　元　耶律楚材

此詩卷筆力遒勁，氣宇軒昂，不拘於一點一畫之繁縟，呈現出北方雄勁之氣。

禮樂制度遠不及中原王朝發展得完備。耶律楚材在幫助蒙古人治理天下時，首先完備禮樂制度。

窩闊台被選為大汗之後，耶律楚材想讓蒙古人形成嚴格的君臣禮儀意識，對窩闊台的哥哥察哈台說：「你雖然是大汗的哥哥，但是從地位上講，你是臣子，應當對大汗行跪拜禮。你帶頭下拜了，就沒有人敢不拜了。」

於是，察哈台率領皇室家族和各級長官向大汗窩闊台下拜。有了窩闊台哥哥的帶頭，便沒有人不遵從。從此，蒙古國就有了尊汗的下拜禮。

在制訂禮樂制度後，耶律楚材著手進行軍事制度改革。蒙古建國之初，實行軍政合一制度，只有萬戶、千戶、百戶等統率軍隊的長官，而沒有治理政事的官吏；蒙古人在攻下城鎮後也不派兵守衛，在占領中原地區時，曾用投降的北方漢族地主和金朝官吏來管理當地。

針對這些情況，耶律楚材提出了改革意見：在各地設置官吏管轄百姓，設置萬戶專管軍隊，使軍政互相遏制，防止獨斷專行。耶律楚材並提出，在中央設立最高行政機構。

這些建議都被窩闊台採納，他在中央設立最高行政機構——中書省，任命耶律楚材為中書令，相當於宰相的地位。

軍政的分開，是耶律楚材幫助蒙古人完善上層建築的重要舉措，接下的改革任務，是改掉蒙古人的不文明陋習。

蒙古軍隊在侵略亞歐各國和征服各民族時，有野蠻屠殺的習慣，如果城鎮稍有抵抗，一旦攻克，城中居民除了工匠、婦女和兒童以外，其餘不問老幼、貧富還是逆順，全部殺掉。這種殘酷而野蠻的屠城政策，遭到了被征服各族人民的強烈反抗，非常不利於蒙古人的統治。

大將速不台攻打金朝都城汴京（今河南開封），因為城牆堅固，久攻不下，人馬死傷很多，怒氣沖沖向窩闊台報告：「等攻下城池，我要把全城的男女統統殺光！」

耶律楚材聽說後勸諫窩闊台道：「我們打了幾十年仗，爭奪的就是土地和人民。如果我們只得到了土地而沒有百姓，要這土地又有甚麼用呢？」

窩闊台聽了雖然覺得有理，但因為是慣例，所以猶豫不決。耶律楚材進一步諫議：「現在的汴京城裡集中了各地手藝精巧的工匠，擁有財富的大戶，如果全部殺了，我們的損失豈不是太多了？我們還能得到些甚麼呢？」

最終，窩闊台覺得耶律楚材說得

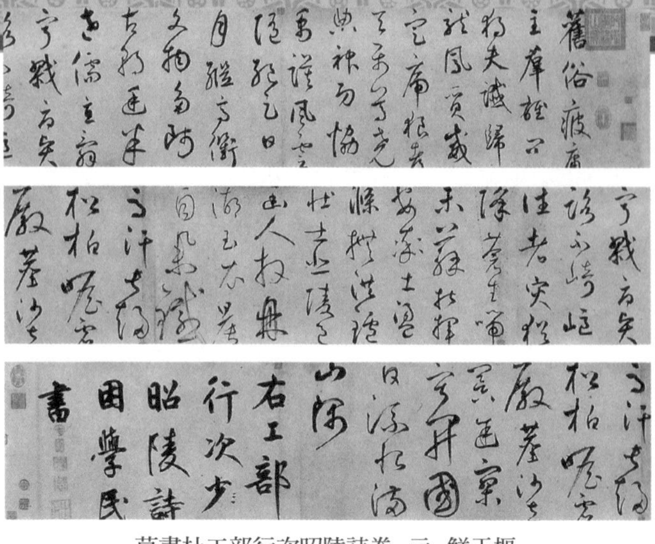

草書杜工部行次昭陵詩卷　元　鮮于樞

有道理，便採納了，命令速不台：「除了金朝皇族以外，其餘的一概不殺。」

當時汴京城裡避難的有一百四十七萬人，耶律楚材的建議挽救了他們的生命。經過此次事件，蒙古軍隊屠城的事便漸漸減少。

## ⊙樹法典，去舊則

耶律楚材一步一步幫助蒙古人完善制度，改掉陋習，逐步向中原文明靠攏。在完成一系列的改革後，耶律楚材面臨著傳統王朝三大重要任務：法制、稅收與處理地方與中央的關係。

成吉思汗在位時，沒有制定完整的法律，一般用「札撒黑」制度處理糾紛。「札撒黑」只是一種適用於草原生活的習慣法則，當蒙古統治範圍擴大至中原後，情況變得複雜，面對不斷增加的刑事案件，統治者需要及時制定一套有效的法律制度。

針對這一情況，耶律楚材及時制定了《便宜十八事》，作為蒙古國的臨時法律。《便宜十八事》規定：打擊地痞流氓殺人盜竊，嚴禁地方官擅自濫殺百姓，不准商人財主貪污公物，禁止地主富豪奪取農民田地。隨著《便宜十八事》的施行，社會秩序漸漸安定。

## ⊙立課稅，統稅權

在向外擴張的初期，蒙古人每到一地，總是把當地財產劫掠一空，將擄來的百姓、工匠變成奴隸，按功勞大小分給諸王貴族、將領，並且形成了一種慣例。

在占領中原地區之後，那些守舊的蒙古貴族仍想用過去的方式進行統治，以為：「漢人對蒙古人毫無用處，不如統統趕走，讓田地長起繁茂的綠草，好用來放牧。」

耶律楚材向窩闊台進諫：「大汗要出兵進攻金朝，少不了要大筆錢財支付軍需費用。大汗可曾想過從哪裡取得這些費用？」窩闊台笑道：「我大蒙古帝國，擁有如此廣大的疆土，還愁這點費用？」

耶律楚材道：「大汗不要小看這些費用。大汗可能忽略了漢人對國家的作用，臣有一個建議，依照中原做法徵收地稅、商稅，加上鹽、酒、鐵冶、土產等項收入，每年可得銀五十萬兩，粟四十餘萬石，帛八萬匹，足可供應軍需。」

窩闊台被說動了心，對耶律楚材

說：「你代我試一試這個辦法！」

很快，耶律楚材設立了燕京等十路徵收課稅。不久，十路徵收課稅吏把徵收到的金帛和記錄倉庫收藏穀物的帳薄交給窩闊台。窩闊台看後十分高興，對耶律楚材說：「你能用我所不能用，使我們財政充足，真了不起！」

成吉思汗在位時，用「裂土分民」的分封制統治各占領地區。將兒孫分封在蒙古本土、中原和西域、中亞地區，將弟兄及後代分封在東部各地，同時各部的貴族也有封地。窩闊台在滅掉金朝後，也按照父親的方法，將新占領的中原土地和民戶分賜給諸王和功臣。

耶律楚材深知分封制的弊端，竭力反對窩闊台的做法，說：「『裂土分民』會造成許多衝突。大汗寧可把金帛多送給諸王功臣，也不要把地方權力都交給他們。」

窩闊台也意識到這一點，但尚有猶豫：「可是我已經允許了，怎麼辦？」耶律楚材答到：「切勿任他們自行徵稅，由朝廷設置官吏，徵收分州縣的賦稅，年終分配定額金帛就可以了。」

於是耶律楚材定下「五戶絲」制：中央控制徵稅的權利，僅賜「五戶絲」給有封地的貴族。

## ⊙重儒學，開科舉

耶律楚材主張以孔、孟之道治國治民，選用儒生擔任各級官吏。嘉熙二年（一二三八年），蒙古也開始推行科舉考試，選拔儒生做官。

有一次，兩個通過科舉入仕的官員犯事，窩闊台責備耶律楚材道：「你說儒生是好人，孔、孟之道可行，怎麼會出這種人呢？」

耶律楚材回答道：「三綱五常是聖人的教導，就像天上有日月的道理一樣，治理國家的人都必須遵循。難道因為一兩個人的過失，就廢棄萬世遵循的孔、孟之道嗎？」窩闊台點頭信服。

耶律楚材輔佐成吉思汗和窩闊台，治理國家近三十年，不愧為「治天下匠」的稱號。窩闊台去世後，繼任者都不再重用耶律楚材。

淳祐四年（一二四四年），耶律楚材去世，人們為他修建祭祠，紀念他的功勞。

延伸知識

### 蒙古取金中都

嘉定四年（一二一一年）春，成吉思汗以為祖先復仇的名義（蒙古咸補海汗等首領被金朝以叛亂罪處死），開始率領軍隊進攻金朝。蒙古軍在野狐嶺之戰中擊敗了金軍主力。大肆劫掠之後，蒙古軍主動撤退。

六年（一二一三年），成吉思汗再次發動進攻，追擊金軍，一直到達居庸關。之後成吉思汗採用迂迴戰術，占領了居庸關，隨後分兵包圍金中都（今北京）。

七年（一二一四年）五月，金宣宗放棄中都，南遷汴京（今河南開封），成吉思汗率軍南下圍攻中都。

嘉定八年（一二一五年）五月，蒙古軍占領中都，成吉思汗在中都設立達魯花赤等官員鎮守，自身則率軍退回了漠北。

# 【長春真人的諫言】

●時間：西元一二二一年
●人物：邱處機
成吉思汗

北京白雲觀是全真道教三大教庭之一，為全真教邱處機所創龍門派的祖庭，原名長春宮。觀內有邱祖殿，供奉龍門派祖師邱長春，邱長春勸諫成吉思汗的故事，至今仍使參觀者肅然起敬。

## ⊙邱處機「奉天命」而來

邱長春（一一四八～一二二七年），本名邱處機，字通密，登州棲霞縣人，道號長春真人。

金末，道教新派全真、大道、太一在中原各地發展，以全真教派最為繁盛。全真派的宗旨是識心見性，除情去欲，安貧守賤和苦己利人，信徒眾多，成為金朝統治者竭力拉攏的對象。

元君聖母壁畫　元

成吉思汗在進攻金朝的過程中，逐漸接觸到讀書人，認為這些人對治理天下很有幫助，也在各地網羅人才。

嘉定十二年（一二一九年），他派侍臣劉仲祿到山東萊州延請邱處機。劉仲祿對邱處機說：「我奉特詔而來，大汗吩咐，哪怕踰山越海，不論多久歲月，一定要請你去見他一面。」一過去，邱處機從未理會過金朝或南宋的召聘，這次經過仔細考慮後，終於答應。

第二年八月，年踰七旬的邱處機攜宋道安、尹志平等數名弟子啟程，前往西域。

此時，成吉思汗正在西征途中，邱處機冒霜經雪，走了一年零兩個月，終於渡過阿姆河，來到了成吉思汗行營。

成吉思汗高興說：「金、宋兩國徵召聘請，你都不去，如今跋涉萬里前來見我，我很欣慰。」邱處機答道：「山野之人奉詔而來，是奉天之命。」

成吉思汗更為高興，開門見山問：「真人遠來，有甚麼長生不老的藥物送給我嗎？」邱處機回答道：「有保健防病的方法，沒有長生不老之藥。」成吉思汗誇獎他誠實不欺。

成吉思汗問寵臣鎮海：「真人應該有個名號，你看賜甚麼名號為好？」鎮海說：「有人尊稱他為師父，有人尊稱他為真人、神仙。」

成吉思汗說：「從今以後，都稱神仙吧！」

## ⊙長春真人講道

第一次見面，雙方並沒有交談太多。成吉思汗本想設壇問道，恰逢札蘭丁打敗了失吉忽禿忽，成吉思汗預計親征，便請邱處機先回尋思干城休息，等待宣召。

半年之後的九月十五日，成吉思汗終於向邱處機問道。邱處機向成吉思汗系統講述了全真派的教義，並進諫言道：「我所說的修行之道，都是一般人遵循的道理，帝王卻不同。帝王是上天所派，上天不發一言，藉帝王家族之手行事，要您除凶殘，去暴惡，做百姓的父母……因此帝王應該切實減聲色，節嗜欲，才能聖體康健，生命長久。」

邱處機又說：「天地創造了人類，並且以人為最可貴……上至帝王，下及百姓，尊卑雖然不同，但性命是一樣可寶貴的。陛下的修行之法，應當外修陰德，內固精神，體恤民間疾苦，保護黎民的生命，使普天下的百姓都有安全感。」

他說，中原有先進的文明，但歷經兵燹，已經殘破不堪，希望成吉思汗「派瞭解當地情況的幹練官員，派善於管理的『知細事務』者，去處理那裡的事情，免除當地三年賦稅，使國家、軍隊有充足的物資供應，使百姓獲得復甦和喘息的機會」。

很明顯，邱處機之所以不遠萬里，深入大漠，遠赴西域見成吉思汗，是因為看到中原百姓在金朝的腐朽統治下，在蒙古軍隊的燒殺搶掠下，民不聊生，因此才希望用言辭打動成吉思汗，「以無為之教，化有為之士」，能為百姓創造福祉。

成吉思汗先後三次聽邱處機講道，非常讚賞。對兒子和大臣說：「漢人尊重神仙，就像咱們敬天一樣，我現在愈來愈心誠，愈相信邱長春真是天上的神仙啊！上天派神仙對我說的話，你們每個人都要牢記。」任命邱處機總管天下的修道者。

嘉定十七年（一二二四年），邱處機西行歸來，定居燕京，成吉思汗將他安置在唐代肇建的天長觀，改名長春宮。邱處機派人帶著度牒，四處招尋戰餘倖存的百姓，庇護了兩三萬人。

寶慶三年（一二二七年）七月，邱處機和成吉思汗同月去世。弟子李志常後來撰寫了《長春真人西遊記》一書，詳細描述了邱處機會見成吉思汗的經過。

延伸知識

### 修纂《道藏》

元代刊刻的道藏稱為《玄都寶藏》。全真教為了爭取道教正宗的地位，擴大傳道手段，全真教的掌教尹志平決定命宋德方等人在山西平陽主持刊刻道藏。整個工程開始於嘉熙三年（一二三九年），完成於淳祐四年（一二四四年）。元代刊刻道藏共計七千八百餘卷，約比《大金玄都寶藏》多一千四百多卷。

道藏刊刻完成之後，全真教遭到蒙古朝廷的打擊，道藏也遭到蒙哥時代和至元十八年（一二八一年）的兩次焚經，經板和相當數量的經書毀掉。

與全真教在北方刊刻道藏同時，元代南方一些較大的道觀，也保存了部分道藏，來源大都是從兩宋倖存下來的《政和萬壽道藏》的刊本。

# 元四家

元四家是指元代四位突出的山水畫家：黃公望、倪瓚、吳鎮和王蒙，他們的山水畫代表了中國山水畫史上的一個高峰。元四家的作品注重筆墨技巧，講究意境神韻，使山水畫的美學價值更加提高。但由於對沒落王朝的懷戀意識和情結，也由於文人藝術思潮的影響，他們的作品偏於淡遠、蕭疏、幽深。元四家的作品對後來的明清山水畫產生了巨大的影響。

## 黃公望

黃公望（一二六九～一三五四年），常熟人，年輕時做過小官，因他人的事牽連入獄。出獄後改名「一峰」，並當了道士，開始畫畫。五十歲後隱居杭州，專心於山水畫創作。

黃公望得到舅舅趙孟頫的傳授，融合宋代各大家之所長，到了晚年，又「臥青山，望白雲」，深入到大自然中觀察體悟，形成「氣清質實，骨蒼神腴」的藝術風格。

九珠峰翠圖　元　黃公望

七十九・六×五十八・五公分

綾本，軸。此圖完全採用水墨渲染，乾筆皴擦。格調平淡天真，洗練蒼勁。遠景、近景無不刻畫得淋漓盡致，這是傳統山水畫到元代一變的代表。

## 倪瓚

倪瓚（一三〇一～一三七四年），無錫人，家境富足。朱元璋起義後，他棄家出走，「扁舟蓑笠，往來湖泖之間」達二十年之久。

畫主要表現太湖一帶風光，取平遠法構圖，簡略曠遠。善用側鋒淡墨，乾筆皴擦，作品筆墨精粹，意境幽遠。代表作品有《漁莊秋霽圖》《紫芝山房圖》《江岸望山圖》。

倪瓚主張繪畫不過「逸筆草草，不求形似」，「聊以自娛」，多為文人畫家所稱道。

**雨後空林圖　元　倪瓚**

六十三・五×三十七・六公分，設色紙本。此圖與其他作品相比，青綠設色的幅度要稍大一些，實而滿一些。構圖還是典型的一河兩岸式面貌。其坡石吸收了荊浩、關仝、李成的筆意，枯樹乾挺枝疏，用筆簡逸。圖中乾濕墨互用，其乾筆淡墨用得尤其巧妙，真正達到了有意無意，若淡若無，給人以清幽靜謐的感受。

**幽澗寒松圖　元　倪瓚**

五十九×五十・二公分，水墨紙本，軸。圖中疏林遠岫，寒泉數疊。山巒以側峰乾筆皴擦，柔中寓剛。樹木用中鋒細筆描繪，疤節為濃墨點醒，四周以淡墨渲染，極富生趣，表現了秋初時節的蕭瑟氣氛。整幅筆法松秀簡淡，意境荒寒，是倪氏之傑作。畫中自題五言詩一首，款「七月十八日，倪瓚」。

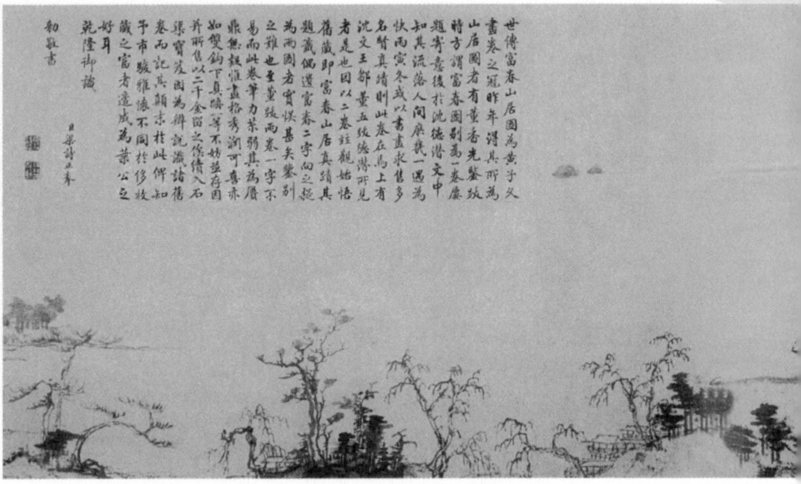

**富春山居圖　元　黃公望**

三十四・一×六三六・九公分，墨筆紙本。此圖不作具體景物的刻板描繪，而著重把握富春山水的整體風貌和情趣的表達，成功運用淡墨皴擦畫山，將長披麻皴與短條子皴交互使用，又以水墨塗出影影綽綽的遠山遙岸，江中沙灘則用濕潤的禿筆掃出，山巒坡陀上的苔點有圓、有長、有扁、有立，濃陰密樹則施以水墨大點，疏密有致，筆墨運用得出神入化，意趣盎然。

## 吳鎮

吳鎮（一二八〇～一三五四年），嘉興人，博學多識，性情孤傲，隱居鄉里，在杭州以賣卜為生。

畫師承巨然，善用濕墨，充分發揮水墨畫的特性。畫風沉鬱蒼莽。傳世作品有《嘉禾八景圖》《水村圖》等。

墨竹譜（之一） 元 吳鎮

四十．三×五十二公分，墨筆紙本，冊。此冊共二十二幅，前兩幅作者書蘇軾撰〈文與篔簹可畫谷偃竹記〉，後二十幅畫竹各有題記。冊中墨竹諸能悉備，畫風蒼勁簡率。畫家注意枝、竿在淡墨層次中的濃淡變化，竹葉以濃墨為之，聚散分明，往往在細枝末節處用筆繁密。

雙檜平遠圖 元 吳鎮 （右圖）

一八〇×一一一．四公分，水墨絹本。圖繪兩老檜併立適曲，遠處層巒逶迤，叢林村舍。檜樹用勾勒染墨法，檜葉則以極尖細筆精工描繪，使得兩老檜挺拔秀美，氣勢宏偉。遠處樹木則簡略雙鉤樹幹，枝葉用淡墨草草點畫，曠遠幽深。遠山亦淡墨清染，若隱若現。平坡上多盤石，以水墨密點小石的陰凹處，然後淡墨暈染，使山坡濕潤融合，毫無外強之氣。畫風主學董源，禿筆勾勒，乾墨皴染，則為吳鎮特有風格。

青卞隱居圖 元 王蒙 （左圖）

畫家採取立幅全景式構圖，層巒疊嶂，草木蔥蘢，山勢上富於變化。山腰坳處露有院落，廳堂中有高士怡然閒坐。峰巒樹木又以濃墨點苔，景物繁密，氣勢充沛，表現出山深林密、郁然蒼秀的風貌而毫無迫塞之感。

溪山高逸圖　元　王蒙

山石以乾筆皴擦，樹木用縝密的雙鉤填色法。屋宇非界尺所為，人物雖小，但神形兼備。全幅用筆細緻蒼秀，構圖繁複而不擁塞，設色雅緻，自成格調，新意層出，不愧是王蒙又一風格之傑作。

## 王蒙

王蒙（一三〇八～一三八五年），湖州人，生活於元末明初，明初曾任泰安知州，後牽連入獄而死。從小向外祖父趙孟頫學畫，長大後與黃公望、倪瓚多有交往。

作畫喜用焦墨渴筆，點細碎苔點，畫面繁密充實。善畫江南林木豐茂的景色，濕潤華滋，意境幽遠。代表作品有《青卞隱居圖》《夏日山居圖》《春山讀書圖》等。

# 【訛答剌事件】

●時間：西元一二一六～一二一九年
●人物：成吉思汗　摩訶末　伊那兒只克

成吉思汗及其子孫多次發動西征，建立起橫跨歐亞兩洲的龐大帝國。蒙古貴族如此大規模的征服行動，有其必然性，也有其偶然性，而訛答剌事件就是西征的導火索。

## ⊙事起訛答剌

十二世紀末，中亞細亞最龐大的勢力是花剌子模伊斯蘭國。花剌子模原本臣服於突厥塞爾柱王朝，卡特萬會戰後，塞爾柱王朝一蹶不振，花剌子模趁機向西擴展勢力，在特克什執政時期，征服了伊朗和伊拉克。然而，特克什始終對西遼稱臣，臨終時並告誡子孫，不要破壞和西遼的關係，稱「那是一道其後有可怕敵人的長城」。

特克什之子摩訶末並未遵從其父的遺囑，繼位後繼續擴展疆域，並且停止向西遼進貢，甚至擊敗西遼的討伐軍隊。但是，摩訶末的權勢在花剌子模國中卻並非最高，因為軍隊多由突厥人和康里人組成，他的母親康里族的禿兒罕更有權勢，自稱「世界與信仰之保護者，全宇宙的女皇」，摩訶末往往要看母親的眼色行事。

南宋嘉定九年（一二一六年），摩訶末向西遼東面新崛起的一個國家派出商隊，希望取得詳細的情報。商隊受到了友好的接待，對方國君承認摩訶末是西方的統治者，同時希望摩訶末承認自己是東方的統治者，隨後也派出一支商隊前往花剌子模通好。

但當商隊來到花剌子模重要城市訛答剌時，當地守將伊那兒只克垂涎商隊的財物，公然污蔑他們是間諜，將商隊成員殺死，劫掠貨物。

## ⊙攻克訛答剌城

訛答剌事件激怒了這個新興的國家——蒙古國。成吉思汗得知消息後，登上山頂，脫下帽子置於腦後，然後跪伏在地，請求上天助其復仇。據說他不飲不食，一連禱告了三天才下山，從此下定西征的決心。

但成吉思汗並沒有立刻動兵，他先派使者去見摩訶末，表示：「如果貴國國王本人從未下達過殺害我的使者、搶掠我的商隊的命令，那就請將訛答剌守將交給我來處置。否則，就準備迎戰吧！」

訛答剌城守將伊那兒只克是禿兒罕的心腹，摩訶末根本不敢違逆母親，將伊那兒只克殺死或者獻出，於是他索性斬殺蒙古使者，又將兩名副使剃去鬍鬚，驅逐出境。

成吉思汗首先指揮大軍，進攻篡奪西遼皇位的乃蠻王子屈出律。與屈出律互結同盟的摩訶末即刻率兵增援，然而才到半路，便已聽說屈出律兵敗。

途中，他又遇見追擊乃蠻餘部的成吉思汗長子朮赤，朮赤傳達成吉思汗的命令：「兩國並未處於交戰狀態，且大汗有命，遭遇花剌子模軍當以禮相待。我將戰利品分你一半，請你退去吧！」

摩訶末自恃兵強馬壯，驕橫回答：「成吉思汗雖然命令你不要攻擊我，但真主卻命令我攻擊你，我一定要消滅你們這些崇拜偶像的異教徒，以回應真主的保佑。」

兩軍展開大戰，蒙古軍飛速擊破花剌子模左翼，直插摩訶末中軍，幸虧其子札蘭丁所率的右翼取勝，回轉救援中軍，才未致潰敗。當夜，蒙古軍燃起熊熊篝火迷惑摩訶末，未等天明便全部撤離。

經此一仗，摩訶末嚇破了膽，對諸將說：「我打了那麼多年仗，沒見過如此悍勇的軍隊。」頹喪的話語，註定了強盛一時的花剌子模國滅亡的命運。

滅西遼後，嘉定十二年（一二一九年），成吉思汗親率大軍進攻花剌子模，首先包圍了訛答剌城。伊那兒只克率領數萬強兵，憑藉堅固的城防，致使蒙古軍隊一連數月都無法攻克。於是，成吉思汗分兵四路，留次子察合台和三子窩闊台繼續圍攻，其餘三路兵馬長驅直入，直搗花剌子模腹地。

摩訶末分兵抵禦，全都大敗而回，他望著首都撒馬爾罕的城壕，歎息道：「韃靼人太多了，投下鞭子就能填塞壕溝。」摩訶末放棄都城，倉皇西逃。

察合台和窩闊台又花費了數月時間，終於攻克訛答剌，活捉了伊那兒只克，押到成吉思汗面前。成吉思汗說：「你如此貪圖財物，竟敢殺害我的使者，好吧，我就讓你伴隨財物而死。」命人將白銀鎔化後，灌入伊那兒只克的七竅，將他活活燙死。

延伸知識

## 忽里勒台制度

蒙古語音譯詞，又譯作「忽里台」「庫里勒台」「忽鄰勒塔」，是蒙元時代蒙古皇室諸王的大會、大朝會。早期的忽里勒台是各個部落或部落聯盟的議事會，用於推舉首領、決定征戰等大事。

開禧二年（一二〇六年），成吉思汗建立大蒙古國，在斡難河源召開忽里勒台，登上汗位。蒙古沒有固定的嫡長子繼承制度，繼承人召開忽里勒台，得到諸王和貴族的擁戴，才能正式登上汗位。

元朝建立以後，忽里勒台的形式保存了下來，雖然並不是實際決定皇位繼承的真正意義上的議事會，但是歷代皇帝在即位時仍然要象徵性召開忽里勒台，向諸王大臣頒發賞賜，作為即位儀式。

釉裡紅松竹梅紋蓋瓶　元
通高四十一·六公分，一九五七年江蘇省江寧縣孫家山出土。小口，短頸，博肩，瘦脛。寶珠紐鐘式蓋扣合於瓶口。造型端莊典雅。通體施泛青的白釉，上繪多層次釉裡紅紋飾。瓶蓋與瓶身分別採用紅地白花、白地紅花的設色，使主題紋樣鮮明，增添整體裝飾美。繪在瓶腹的松、竹、梅疏密相間，展開如一幅「歲寒三友」畫卷。

# 火攻玉龍傑赤

●時間：西元一二一九年
●人物：成吉思汗　阿拉．烏德丁

玉龍傑赤是花剌子模的舊都，位於阿姆河注入黑海處之三角洲附近。這裡也是一個肥沃的綠洲。成吉思汗西征花剌子模，玉龍傑赤的突厥衛戍部隊決心拚死抵抗蒙古軍隊進攻。忠實於花剌子模王朝的居民也都抱如此決心。

## ⊙首攻失利

嘉定十二年（一二一九年），成吉思汗派了一支實力強大的軍隊攻取玉龍傑赤（今土庫曼斯坦庫尼亞烏爾根奇），指揮這支大軍的是他的三個兒子朮赤、察合台和窩闊台，主要將領有孛斡兒出、脫侖扯兒必和合答安等久經沙場的戰將。

大軍行前，朮赤已得知玉龍傑赤將成為他封地的一部分，他想不費刀槍招降該城，以避免大的破壞。於是，他派人前去曉諭城民，但是招降措施沒有取得任何成效。

玉龍傑赤地處沙漠和沼澤地區，蒙古軍隊在當地根本找不到可供砲擊的石頭，只得在郊區砍斫桑樹，將樹幹鋸成小段，以代砲石。接著，又強迫俘虜運來沙土，填塞該城周圍的壕溝。

十天後壕溝終於填平，蒙古軍立即在城牆腳下挖掘地道，潛兵攻入城內。但入城以後，蒙古軍隊面臨著新的戰爭形式——巷戰，必須一條街道一條街道爭奪和廝殺。蒙古人取來石油，見到房屋即縱火焚燒。

玉龍傑赤被阿姆河分成了兩部分，兩個城區由一座橋樑溝通。三千蒙古軍前往奪橋，登上橋，逕直向對岸衝去，遭到敵軍的反擊，全部戰死或落水溺斃。這樣一來，對岸的守軍更加膽壯了。

不過，蒙古軍隊失利的真正原因是朮赤和察合台二人不和。朮赤和察合台兄弟二人一直互相交惡，早在遠征前夕，兩人差點兵刃相向，幸虧及時阻止。在圍攻玉龍傑赤時，察合台不滿於朮赤所採取的溫和措施，兩人又發生爭執。由於統帥不和，部隊紀律也隨之鬆懈。

最後，兄弟倆分頭向成吉思汗訴說不滿，成吉思汗十分生氣，改命窩闊台統領全軍，責令朮赤和察合台聽命於窩闊台的指揮。

## ⊙攻陷玉龍傑赤

窩闊台先調解朮赤和察合台，令二人再次和解。隨即，窩闊台在軍中採取嚴厲措施，重申部隊紀律，振奮士氣，蒙古軍迅速恢復成一支所向無敵的軍隊。

戰鬥重新開始，雙方廝殺得非常激烈。玉龍傑赤城中的市民，包括婦

古維吾爾文木活字　元

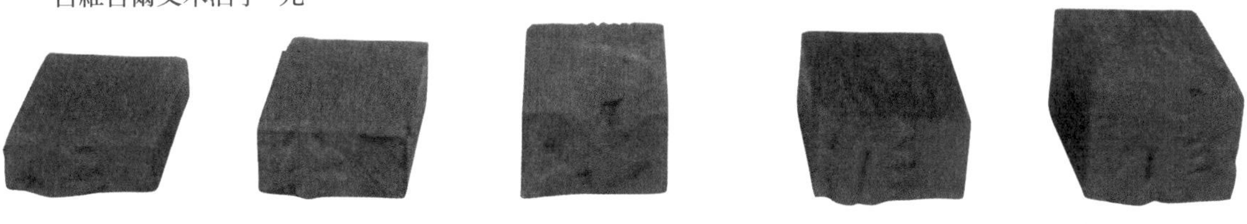

女、兒童和老人，知道不會得到蒙古人的憐憫和恩惠，便一齊積極不懈投入戰鬥，所有房屋都變成了堡壘。蒙古軍隊繼續向這些已變成堡壘的房屋投擲燃燒的石油罐，踏著燃燒著的屍骨往前衝。

守城軍民抵抗了整整七天，倖存的人都退到了尚未被大火焚燒的區域，他們實在難以面對這樣的慘狀，只好派代表阿老丁哈牙錫去見朮赤，懇求蒙古人的寬恕與憐憫，說：「我等已領教了大王的怒火與威嚴，請大王大發惻隱之心，憐憫我等！」

此時的朮赤，正為部隊傷亡慘重而怒火中燒，對來人說：「你們抵抗我軍，殺我多人，領教怒火與威嚴的應該是我們，你們竟敢顛倒是非！現在，我要讓爾等真正領教領教！」

朮赤下令，將城中居民全部趕出城外，年輕的婦女與兒童淪為蒙古人的奴隸，所有的工匠集中一處，準備遣往蒙古，為成吉思汗服務。其餘的男子編入蒙古軍隊，在隨後的戰鬥中，全部死於刀箭之下。

最後，蒙古軍掘開阿姆河堤，引水灌城，玉龍傑赤市頓時一片汪洋。

## ⊙父子失和

攻陷玉龍傑赤以後，朮赤留在當地，察合台與窩闊台二人率軍返回。

二人見成吉思汗，但成吉思汗一連三天拒絕見面。最後，博爾朮與失吉忽禿忽出面說情，成吉思汗才怒氣稍息，但在召見時，仍嚴加斥責，直罵得二人無地自容，額上汗流，擦之不迭，一動不動站著，大氣不敢出。晃孩、晃塔合兒和溯兒馬罕三位弓箭手也出面為他們求情。

成吉思汗心中的怒火最後熄滅了，與察合台、窩闊台兩人的關係保持親密，而遠在千里之外的朮赤一直停住玉龍傑赤，與成吉思汗的關係也漸漸疏遠。

鈞窯大香爐　元

香爐高四十二．七公分，口徑二十五．五公分。頸部貼有三個雕貼的麒麟，正面中間有一方形題記，刻有：「己酉年九月十五小宋自造香爐一個」。爐的造型渾厚碩大，通體施天青色釉，因施釉厚重，縱橫流於表面，形成堆積，顯得格外有氣勢，被譽為「國之瑰寶」。

# 札蘭丁抗蒙

●時間：西元一二一九～一二三一年
●人物：札蘭丁

札蘭丁是摩訶末的兒子，是花剌子模國統治階層中唯一有作為的人。曾率領軍隊頑強抵抗了蒙古軍隊的進攻。鐵木真歎道：「凡做父親的，都想有這樣的兒子。」

## ⊙中途受命

河中地區被蒙古人征服以後，花剌子模國亂成一團，有的大臣勸摩訶末前往哥疾寧（今阿富汗加茲尼），一旦戰敗，可逃往印度，也有勸他到伊拉克。

摩訶末之子札蘭丁反對道：「我們還有四十萬大軍，應當在阿姆河西岸建築工事，阻擋蒙古人的進攻。如果父親一定要走的話，請留下我領兵繼續抗戰。」摩訶末不聽，駁斥道：「你年紀輕，不懂事，從來吉凶有定，災禍來到，誰都無法阻止，還是暫避敵人的鋒芒，等待有利的時機吧！」

摩訶末一走，兵敗如山倒，境內的康里人趁勢叛亂。摩訶末最後逃到裡海的小島上，身邊只剩下不到百名隨從，不禁又羞又氣，得了重病。他看看長子札蘭丁，又看看幼子斡思剌黑沙，懊悔不已。

早在訛答剌事件發生時，札蘭丁就勸摩訶末不要包庇伊那兒只克，因為己方的無理而招致戰爭。摩訶末不但不聽，反而嘲笑兒子怯懦。又因為其母禿兒罕不喜歡札蘭丁，摩訶末廢黜了札蘭丁的繼承權，宣布讓斡思剌黑沙繼承王位。

此時，窮途末路，病至將死，摩訶末才終於醒悟，解下腰間的佩刀，親自為札蘭丁掛上，對諸子及左右隨從說：「札蘭丁是你們的新國王，你們都要聽從他的命令。」說罷，歎了一口氣，就此撒手人寰。

札蘭丁安葬完父親後，逃出裡海，前往花剌子模的要塞烏爾鞬赤。當地有六萬守軍，大都是康里人，素來擁護禿兒罕和斡思剌黑沙，他們不但不承認札蘭丁是新國王，並企圖謀殺他。札蘭丁被迫逃出城，兼程趕往東南方向的哥疾寧。他在哥疾寧收攏殘兵，同時招兵買馬，附近地區的人紛紛脫離蒙古統治，響應他的復國號召。

摩訶末逃走的時候，其母禿兒罕、諸妻兒，全都逃往險要的亦剌勒堡躲避，但該城最終還是被蒙古大將速不台攻克。成吉思汗將摩訶末年幼的兒子全都殺死，女兒配給有功的將領，禿兒罕等人押送回蒙古。

據說有人曾勸禿兒罕投靠札蘭丁，但禿兒罕說：「我寧可當俘虜，也不會去依靠他！」祖孫之間，不知何故，竟有如此深仇大恨。

## ⊙抗蒙失敗

成吉思汗得知札蘭丁的消息，派養子失吉忽禿忽前往征伐，兩軍在八魯灣川（今阿富汗喀布爾東北）遭遇。失吉忽禿忽見敵眾我寡，心生一計，將隨軍攜帶的氈毯捆綁，樹立在馬背上，開戰前將這些馬放在陣後，遠望彷彿是前來增援的騎兵。

居庸關雲臺過街塔刻文
——八思巴蒙古文

居庸關雲臺過街塔刻文
——回鶻文

激戰中，花剌子模將士看到無數「援軍」，不辨真偽，心中恐慌，紛紛後退。札蘭丁揮刀大喊：「我軍如此強盛，就算敵人援軍來到，又有甚麼可怕的！」

札蘭丁身先士卒，殺入敵陣，失吉忽禿忽最終無法抵擋，率兵向北潰逃。這是蒙古西征以來，吃的第一個大敗仗。

札蘭丁戰勝了蒙古軍，檢視戰利品，得到一匹好馬。手下大將蔑力克和阿格拉克都想得到這匹好馬，鬧將起來，蔑力克往阿格拉克臉上狠抽了一馬鞭，阿格拉克羞怒萬分，竟率領所部脫離大軍而去。

札蘭丁失了一條臂膀，又聽聞成吉思汗親率大軍前來復仇，被迫率軍退往申河。才至河邊，就被蒙古軍隊追上，他見對方勢眾，心知無法取勝，便將妻子兒女召集一起，說：「我已無力保護你們，與其讓你們受蒙古人凌辱而死，不如死在我的面前吧！」隨即餵他們喝下了毒酒。

戰鬥極為慘烈，花剌子模軍奮戰了很久，也無法扭轉局面，混戰中蔑力克被殺。札蘭丁從早晨一直廝殺到中午，最後身邊只剩下數百人。成吉思汗想要活捉，命令部下不得放箭，只用馬刀砍殺。

札蘭丁不願被擒受辱，一催戰馬，竟然從高處縱身躍入洶湧的申河之中。蒙古軍圍到岸邊察看，只見札蘭丁浮出水面，雙臂揮動，劈開巨浪，眨眼間已游出弓箭射程之外。

成吉思汗回身對諸子感歎道：「這樣的英雄，我平生都沒有見過。凡做父親的，都希望有這樣的兒子。他是你們學習的榜樣！」

札蘭丁游過申河，來到印度，數次想說服北印度王公借兵報仇，想要恢復失地，始終未能成功。札蘭丁在申河南北來回奔波，最後客死異鄉。札蘭丁失敗以後，花剌子模的土地都被蒙古人占領，成吉思汗派部將繼續西進，一直推至聶伯河，自己則班師回蒙古草原。

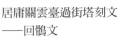

# 攻滅西夏

●時間：西元一二二七年
●人物：成吉思汗　脫欒．扯兒必　李晛

成吉思汗所討伐的党項人建立的夏政權，歷史上為了區別於商周以前的夏，而稱之為「西夏」。

## ⊙四伐西夏

宋仁宗寶元元年（一〇三八年），党項族拓跋部的李元昊稱帝，建國號大夏，隨後奪取了宋朝的諸多州縣。李元昊稱帝前曾經一度與宋修好，宋廷賜其趙姓，稱帝後賜姓被宋朝取消，恢復李姓。後來，遼興宗做調停人，宋與西夏又和平相處了一段時間。其後，金滅遼國，西夏曾派兵援遼，失利。

到了南宋，蒙古的成吉思汗興起，並且力量超過了西夏、南宋與金。成吉思汗尋找各種藉口，先後四次討伐西夏。

第一次是在宋寧宗開禧元年（一二〇五年），成吉思汗藉口西夏收留王罕之子亦勒合．桑昆，事實上，桑昆根本沒有進入過西夏境內，更不曾被西夏收留。成吉思汗攻下西夏的力吉里寨，又攻下了乞鄰撒城市，在經過落思城時又虜去了不少人口與牲畜。

開禧三年（一二〇七年），成吉思汗藉口西夏不向蒙古納貢，第二次討伐，攻下了西夏的兀剌孩城。

嘉定十六年（一二二三年），成吉思汗派史天澤帶兵第三次攻打西夏，攻破西夏的賀蘭山。

寶慶元年（一二二五年）秋，成吉思汗藉口西夏沒有送「質子」，並且沒有派兵參加蒙古征討花剌子模，親自帶兵第四次討伐西夏。成吉思汗分兵兩路，東西夾攻，自帶窩闊台、拖雷，率十萬大軍為東路，沿賀蘭山南下，一路勢如破竹，向西夏都城中興府（今寧夏回族自治區銀川市）進逼。

次年二月，成吉思汗攻下黑水城等處，西夏皇帝李遵頊驚嚇而死。這年夏天，成吉思汗又攻下甘州、肅州等城，繼位的西夏皇帝李德旺也在驚恐中去世。

居庸關雲臺過街塔刻文——西夏文

成吉思汗又攻下西涼府、搠羅、河羅、應理等縣，冬天進兵至靈州城（今寧夏靈武）。繼任的西夏皇帝李晛派嵬名令公帶領五十營來救，成吉思汗撇下靈州，踏冰渡過黃河，大敗嵬名令公，迫使退回中興。成吉思汗返身渡河至東岸，向東南進軍，準備進攻中興城。

居庸關雲臺四大天王浮雕

## ⊙西夏滅國

寶慶三年（一二二七年）春，成吉思汗預計西夏已是苟延殘喘，便自領大軍進攻金國積石州（今甘肅臨夏縣西），留下部分軍隊進攻西夏中興城。

六月，中興府發生強烈地震，房屋倒塌，瘟疫流行，糧食斷絕，西夏被迫正式向蒙古投降。成吉思汗派脫欒·扯兒必受降，並撫慰投降的西夏兵士人等。

此時，成吉思汗也已攻下了金國積石州、臨洮與西寧。之後，成吉思汗前往甘肅六盤山避暑，又自六盤山出發，經清水縣至靈州。七月，成吉思汗病死於靈州。

李晛並不知道成吉思汗已經去世，投降後前去朝見成吉思汗，卻被脫欒·扯兒必殺死，並且滅族，無辜的西夏百姓被殺的也不在少數。脫欒·扯兒必聲稱是奉成吉思汗的遺命，但就成吉思汗的秉性而言，一生殺人雖多，但不會加害已投降的人。因此成了一個歷史懸案。

從雍熙二年（九八五年）李繼遷叛宋自立，到寶慶三年（一二二七年）被蒙古所滅，存在了二百四十三年之久的西夏從此消失在歷史舞臺上。

居庸關雲臺

至正六年（一三四六年），居庸關過街塔建成。現存塔基洞門內刻有佛經，佛經兩側、券頂刻有四大天王及大、小佛像，是當時石建築的重要實物。

# 成吉思汗之死

●時間：西元一二二七年
●人物：成吉思汗

西夏投降以後，成吉思汗又從六盤山移到西江避暑。這時候天氣酷熱，年老體衰的成吉思汗染上了斑疹傷寒，病情一天比一天嚴重。他估量大限已到，在病床上考慮著死後的兩件大事，一是國家的治理，一是汗位的繼承。

## ⊙選定繼承人

成吉思汗在位時，經常對幾個兒子講多個頭的蛇和一個頭的蛇的故事：一個非常寒冷的夜晚，為了禦寒，一條多頭蛇想爬進一個洞穴裡。

成吉思汗陵壁畫

可是，這條蛇身上的每一個頭都想先鑽進洞去，誰也不肯相讓。最終，這條蛇沒能進入洞中，凍死在洞口，而那個長著一個頭的蛇卻順利爬進了洞，安全舒服度過了嚴寒。成吉思汗經常用這個故事啟發和教育他的後代：不要內部紛爭，要聽從指揮，同心協力，方能成就事業。

成吉思汗經常講這則故事，在選拔繼承人時發揮了作用。西夏投降後，成吉思汗到西江（今天的甘肅省清水縣境內）避暑。那年，天氣酷熱，年老體衰的成吉思汗不幸染上了斑疹傷寒，病情一天比一天嚴重。成吉思汗估計大限將至，在病床上開始考慮身後的兩件大事：汗位的繼承和國家的治理。

其實，成吉思汗心中已有繼承人的人選，趁著理智清醒，趕緊要解決這件事情。他叫來窩闊台、拖雷和其他兒子，用沉重的語氣說：「看來，病魔要奪走我的生命，我的病無法醫治了。你們當中得有一人來繼承汗位，治理我奪來的天下，把我們蒙古人的疆土繼續擴大。」

成吉思汗又說：「我的幾個兒子中，窩闊台雄才大略，足智多謀，是你們當中的傑出者。我想讓他繼承我的汗位，統帥軍隊和百姓，保衛國土。如果你們也想過安樂和幸福的生活，享受權力和富貴，那麼你們就要協助窩闊台，幫他共同治理這個國家。如果你們個個都想當大汗，互相不肯謙讓，就會落得像那個多頭蛇一樣的結果。不知你們有甚麼意見？」

幾個兒子異口同聲說：「我們沒有權力反對您的話。」

「既然如此，」成吉思汗點頭

道，「假如你們真的心口如一，你們必須在我面前立下誓約：『永遠不許更改今天當著我的面決定的事情，更不許違反我的法令。我死後你們要承認窩闊台為大汗，把他的話當作肉體的靈魂。』現在察合台還在外面征戰，你們也應該讓他不生叛亂之心。」成吉思汗的兒子在父親的病榻前遵照他的決定，立下由窩闊台繼承大汗位的誓約。

## ⊙最後的戰略

成吉思汗的病情一天天惡化，臨終時，把窩闊台、拖雷及主要將領叫到跟前，交代了滅金的策略：「金朝的精兵在潼關，潼關北靠大河，南據華山，我們如果正面進攻，難以一下子攻破。如果假道宋朝，我們就可以避其精銳，從背後出兵，直搗汴京。宋金之間有世仇，宋朝必會同意。汴京危急時，金朝必從潼關調兵。潼關數十萬兵馬千里赴援，到汴京時人馬必然疲憊，根本沒有戰鬥力，汴京一舉可破。」日後，窩闊台採取這一策略，取得了成功，於端平元年（一二三四年）滅了金國。

寶慶三年（一二二七年）秋，成吉思汗在清水縣去世，終年六十六歲。

成吉思汗諸子及將領護送大汗的靈柩回汗廷途中，為了不走漏消息，見人便殺，其中包括許多無辜百姓。成吉思汗的兒子、兄弟、王臣及後代，從各地陸續趕到漠北，為成吉思汗舉行隆重的喪禮，並將成吉思汗的遺體埋葬在克魯倫、鄂爾渾、土拉三河的發源地肯特山的山谷裡。

## ⊙成吉思汗的功績

雄才大略的成吉思汗構築和建設了一個強大的蒙古帝國。他把蒙古境內分散的若干部落與民族統一起來，建立國家，結束了蒙古各部族混亂紛爭的歷史，開創了蒙古國的新時代。

成吉思汗糾合了多數的部落與氏族對外作戰，作戰期間生死與共，戰勝後共同分享勝利果實，增進部落之間的團結，得到部落族眾的認可，於開禧二年（一二〇六年）被推舉為可汗。

成吉思汗陵

成吉思汗並命人創制蒙古文字，制定法典等等，有著不可磨滅的貢獻。

不過，成吉思汗創造的帝國也有嚴重的缺陷：他沿用當年的貴族大會的方式推舉繼承人，而沒有形成明文定制，為日後的皇位爭奪之亂埋下了禍根。

# 蒙宋滅金

●時間：西元一二一一～一二三四年
●人物：成吉思汗　木華黎

金與蒙古是世代仇家。在歷史上，金一邊利用塔塔兒部牽制和削弱蒙古高原各部，一邊直接派兵攻打蒙古。從嘉定四年（一二一一年）春開始，成吉思汗以替祖先復仇為名，誓師伐金。到嘉定八年（一二一五年），在五年的時間裡，他多次率兵南下，在對金作戰中取得一系列勝利。

## ⊙五次攻金

嘉定四年（一二一一年），蒙古軍兵分兩路伐金，一路由成吉思汗本人統率，以哲別為先鋒，入金西北路。另一路由成吉思汗的三個兒子朮赤、察合台、窩闊台率領，以汪古部首領阿剌兀思剔吉忽里為嚮導，入金西南路。

成吉思汗大軍很快越過金的邊防，攻破金西北路邊牆烏沙堡，進入昌州（今內蒙古太僕寺旗西南）、桓州（今內蒙古正藍旗北）和撫州（今河北張北），繼續南下，在野狐嶺（今河北萬全膳房堡北）與金軍展開大戰。金以三十萬大軍憑險抵禦，結果被成吉思汗一舉擊潰，金軍精銳喪失殆盡。

九月，蒙古軍前鋒突入居庸關，開始攻打中都，金軍據城堅守，蒙軍一時無法攻克，撤軍。

朮赤等路蒙古軍攻取了豐（今內蒙古呼和浩特東白塔鎮）、淨（今內蒙古四子王旗西北）、東勝（今內蒙古托克托縣）、雲內（今內蒙古托克托縣東北古城）、武（今山西五寨縣北）和朔（今山西朔縣）等州，大肆掠奪後離去。據《金史》記載，這一年金朝的大片土地落入蒙古人之手。

五年（一二一二年），蒙軍繼續侵擾去年攻打過的許多地區。成吉思汗在進攻西京（今山西大同）時，中流箭受傷，因而撤退。四獒之首哲別則攻入東京（今遼寧遼陽），掠奪後返回。

六年（一二一三年）秋，成吉思汗率大軍再度越過野狐嶺，攻陷宣德、德興諸城，重創金軍，將金兵趕至居庸關北口。成吉思汗留下部分兵力繼續攻打，自己率主力從紫荊口（今河北易縣西）入關，在五回嶺大敗金兵，之後又下涿、易二州。不久，哲別攻下居庸關，開始進逼中都。

此時，蒙軍兵分三路：成吉思汗三子朮赤、察合台、窩闊台為右軍，沿太行山向南。成吉思汗的弟弟哈撒兒等為左軍，向東攻取薊、灤和遼西諸州。成吉思汗則與小兒子拖雷為中軍，攻取河北東路及山東東、西路等地方。《元史》記載：「是歲，河北郡縣盡拔。」

七年（一二一四年）春天，成吉思汗在中都北郊會合諸路大軍，直逼中都，派遣使臣向金朝索取貢品。金宣宗不得不遣使求和，將岐國公主進獻給成吉思汗（成吉思汗納為第四妻），並送童男女、金帛、馬匹，又派丞相完顏福興送成吉思汗出居庸關。

延伸知識

## 五戶絲制度的確立

五戶絲是元代投下戶承擔的一種賦稅。窩闊台汗即位後，根據蒙古傳統的分封制度，把中原的一部分民戶也按照不同的地區分給諸王、貴戚、功臣作為分地，這次被分封的民戶總稱為投下戶。

按照蒙古的制度，投下的封主可以自己管理封邑，從分民那裡徵收賦稅，而這與中原漢地高度發展的經濟和中央集權的政治制度是不適應的。因此，窩闊台汗接受了耶律楚材的建議，命各投下在分地只設達魯花赤作為監臨官，而徵收賦稅由朝廷派遣的官吏執行，徵收以後，按各投下領主應得份額由朝廷頒給。其中最主要的就是投下戶每二戶出絲一斤繳納給政府，每五戶出絲一斤繳納給封主，稱為「五戶絲」。

元世祖即位以後，又對繳納絲料的數量做了修改，改為每二戶出絲二斤繳納給政府，每五戶出絲二斤繳納給封主，稱為「二五戶絲」，這些絲料要全部上繳國庫，各投下應得的部分每年派人到中書省領取。五戶絲是元代北方最重要的賦稅之一。

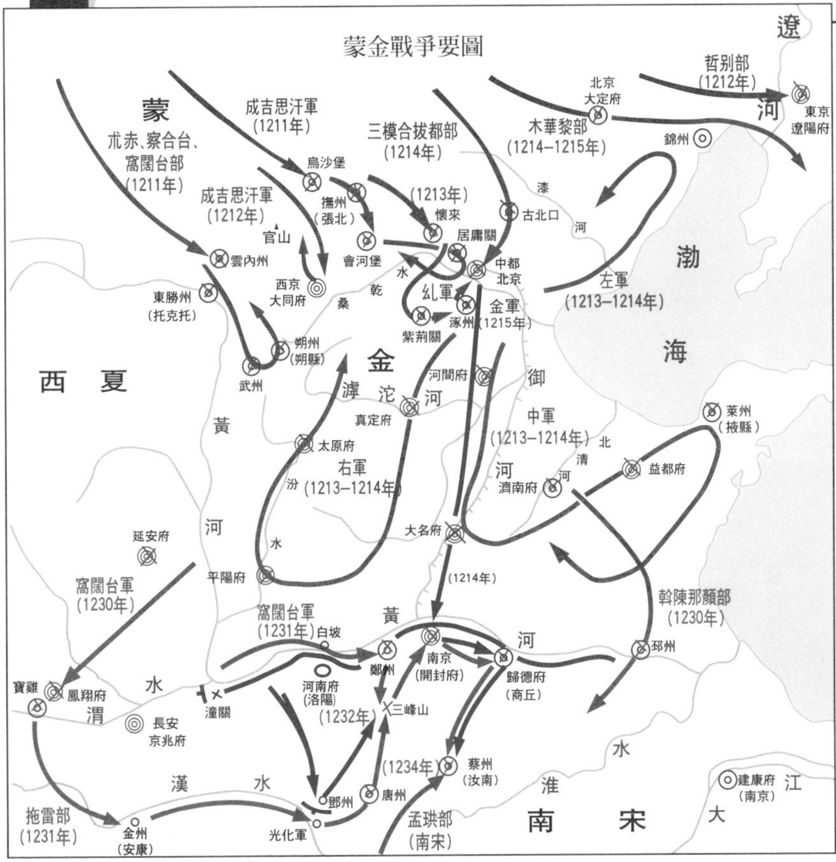


五月，金宣宗見河北、山東的許多州府已殘毀，害怕蒙軍再來，率宗室遷都至南京開封府（今河南開封），命完顏福興輔助太子留守中都。六月，中都的金軍斫答等叛變，殺主帥，投降蒙古。成吉思汗立即派兵與斫答等共同圍攻中都。金太子得知消息，立即逃往南京。

十月，蒙古大將木華黎征戰遼東，收降高州、錦州等地。到第二年春天，蒙古陸續收降了中都附近的州縣，並擊敗前來救援中都的金軍。

八年（一二一五年）五月，宰相完顏福興眼見中都解圍無望，服毒自殺，金軍將官棄城而逃，蒙古人兵不血刃進入中

延伸知識

### 元代散曲

散曲興起於元代。到了元代，散曲獨立於傳統的詩詞之外，異花獨放。元代散曲創作大致可分為前後兩個時期。

前期散曲作家的活動中心在大都，也就是今天的北京。這一時期是散曲的興盛時期，作家隊伍中有達官貴人、雜劇作家，還有民間藝人。由於作家的社會地位不同，思想感情各異，使這一時期的散曲呈現出豐富多采的局面，而散曲作為一種新的詩歌形式也逐步走向成熟。

到了後期，散曲作家的活動中心逐漸轉移到中國南方的杭州。出現了一批專攻散曲的作家，研究散曲的體制和規律，寫出了一些好作品。後期在創作數量上雖然比前期增多，但總體創作傾向卻趨於雅正典麗，失去了前期的生命力。

元代散曲的內容大致可以分為以下幾個方面：其一，反映了元代社會的黑暗現實，寄托了對人民苦難的同情。其二，慨歎世情險惡，嚮往脫離現實生活，歸隱田園，這類作品數量眾多，反映了元代士人所存在的消極避世情緒。其三，歌唱愛情和描寫閨怨，這類作品思想豐富，語言直白，明顯表現出受民歌的影響。其四，描寫景物也是元散曲中的一個重要題材。

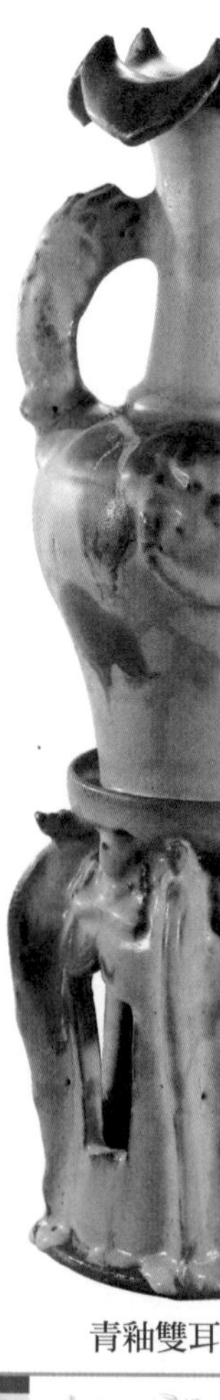
青釉雙耳瓶　元

都，戰事告一段落。

## ⊙蒙古滅金

嘉定十年（一二一七年）八月，經過兩年多的休整，成吉思汗決心徹底滅掉金國。啟用大將木華黎，封為太師國王，並賜給誓券和黃金印，要木華黎「子孫傳國，世世不絕」。

成吉思汗又把九大旗賜給木華黎，對木華黎率領的諸將說：「木華黎建此旗以出號令，如朕親臨。」成吉思汗意在要木華黎專心攻略中原，不要再有北歸故土的念頭。木華黎受命後全力以赴，開始了滅金的歷史重任。

嘉定十三年至十四年（一二二〇～一二二一年）夏，木華黎收降河北、河南和山東等地重要的州府，八月，木華黎駐兵青塚（在今內蒙古呼和浩特南，俗稱昭君墓），經西夏南下，攻取陝西諸州府。十五年（一二二二年）冬，木華黎繼續在陝西作戰，遇挫。

十六年（一二二三年）三月，木華黎渡過黃河後，不幸病卒，終年五十四歲。至死以未能滅金為憾。

時隔十年，紹定六年（一二三三年）夏，蒙古軍與南宋軍會師蔡州城下。端平元年（一二三四年）正月，南宋軍首先攻破南城，蒙古軍接著攻破西城。金帝哀宗見大勢已去，無力回天，傳位於完顏承麟（金末帝），自己上吊自殺。蒙宋兩軍攻破蔡州城，金末帝為亂兵所殺，在位僅一天。至此，立國一百二十年（一一一五～一二三四年）的金朝，宣告滅亡。

# 他比你們高出一籌

●時間：西元一二二七年
●人物：成吉思汗　窩闊台　朮赤　察合台　拖雷

繼成吉思汗為蒙古可汗，是其三子窩闊台，這樣既不符合長子優先權，也不符合蒙古傳統的幼子受產權，這是諸王子爭權奪利的結果，卻也反映出成吉思汗的知人之明。

## ⊙兄弟相爭

蒙古傳統的繼承法是「幼子守竈」，兒子長大以後，都要各自外出創建事業，建立家庭，只有最年幼的孩子可以繼承父親的遺產。成吉思汗是長子，獨自努力創建了蒙古帝國，但起初並沒有考慮身後之事。

成吉思汗和孛兒帖共生有四子，長子朮赤（一一七七～一二二五年），次子察合台（?～一二四二年），三子窩闊台（一一八六～一二四一年），四子拖雷（一一九三～一二三二年），四人中朮赤和察合台勇猛善戰，但脾氣極其暴躁，另兩個則較為溫和。

成吉思汗西征花剌子模前，次妃也遂問：「大汗遠涉山川征戰，如果發生了萬一，四個兒子以誰為主？最好先行宣布讓眾人知曉。」成吉思汗點頭道：「也遂說得是。這句話，兄弟、兒子和愛將都不曾提過，我也幾乎忘了。」

於是成吉思汗召集四子與愛將商量，首先問朮赤說：「我的兒子裡面你最年長，你有甚麼要說的嗎？」

未等朮赤回答，察合台跳起來，大聲喊道：「父親問朮赤，莫不是想將國家交付給他？他是蔑兒乞人帶來的，我怎麼能受他管轄！」

朮赤聞言大怒，起身揪住察合台的衣領，喝罵道：「這種謠言父親從來不提，也從來不以外人看我，你怎麼敢這樣說！你雖勇猛，但有何本事能壓倒我？我和你比賽射箭，你如果勝過我，我就將大拇指剁掉。我和你比賽摔跤，你如果勝過我，我就倒在地上再不起來！」察合台也揪住朮赤的衣領，二人相持不下。

## ⊙推舉窩闊台

成吉思汗早知二子不和，這也是遲遲不肯決定繼承人的重要原因，當下一言不發，面色陰沉。

眾將上前勸解，闊闊搠思說：「察合台，你為何著急？你沒出生時，天下紛擾，互相攻劫，人不安生，你賢明的母親才不幸被擄。你這樣說話，豈不傷了你母親的心？你父親剛立國時，與你母親一同辛苦，將你等撫養成人，你母親之恩如日般明，如海樣深，你尚未報答親恩，怎敢這樣講話？」眾將扯開二人。

成吉思汗責備察合台道：「你怎麼能那樣說朮赤？你們兄弟當中他最年長，你應該尊敬這個哥哥才是，以後不可再提那樣的謠言！」

察合台回答道：「我知道朮赤的力氣和技能，也不用爭。我與朮赤年歲最長，願共同為父親出力，如有退避，即刻身死。但朮赤脾氣不好，我不服他。窩闊台性格敦厚，我願意推舉作為父親的繼承人。」

見察合台這樣說，朮赤也不好再爭，也表態道：「我和察合台共同輔佐，讓窩闊台當繼承人吧！」

## 歷史詞典

### 窩闊台即大汗位

窩闊台是成吉思汗的第三個兒子。為人敦厚，有智略。在成吉思汗西征攻打玉龍傑赤的戰鬥中，由於察合台與朮赤不和，蒙古軍受到很大損失。成吉思汗命令窩闊台指揮，他巧妙調解了兩個兄長，才攻克了該城。

紹定二年（一二二九年），拖雷召請諸王、大臣在怯綠連河（今克魯倫河）上游的大斡耳朵舉行忽里勒台，選舉新大汗。雖然成吉思汗生前指定窩闊台為繼承人，但拖雷作為按蒙古習俗繼承家業的幼子，卻掌握著大部分蒙古百姓和軍隊。拖雷並沒有表態堅決推戴窩闊台，使窩闊台不得不一再推讓汗位。最後，在耶律楚材的勸說下，拖雷和察合台（當時朮赤已死）才決定奉窩闊台即大汗位。

成吉思汗轉怒為喜，說：「你們二人既然相互不服，不能相處一世，天下廣大，土地眾多，我讓你們各守封國好了。你們二人今天所說的話，都要牢牢記住，別讓他人恥笑。」然後轉頭問窩闊台的意見。

窩闊台見父親確實屬意自己，便說：「父親既然有這個意思，我也不敢退縮，我只能盡力謹慎。只怕後世子孫不才，無法繼承。」

成吉思汗點頭道：「窩闊台說的話，很合我的心意。」再問拖雷，拖雷說：「父親既然決定了，我也沒有異議。今後兄長有所遺忘，我會提醒他；兄長睡得沉了，我會喚醒他；兄長派我征戰，我即刻啟程。」

於是，成吉思汗正式決定由窩闊台繼承汗位，命合撒兒、別勒古台等四個弟弟也都選一個兒子繼承家業，並以此作為蒙古人新的繼承規矩。

窩闊台即位圖

成吉思汗死前對諸子重申：「他（窩闊台）比你們高出一籌，他的意志堅定卓絕，他的見識聰敏優越，憑藉他靈驗的勸告和良好的見解，軍隊和人民的管轄以及帝國邊界的保衛將得以實現。因此，我指定他為我的繼承人，把帝國的鑰匙放在英勇才智者的手中。」

窩闊台繼承汗位後，重用契丹人耶律楚材，採用漢法，制定賦稅制度，又遍設驛站，加強和諸汗國之間的聯繫。

# 【汗位之爭】

●時間：西元一二三七～一二六一年
●人物：窩闊台　拖雷　蒙哥　忽必烈　阿里不哥

蒙古帝國的可汗是以開會推舉產生的，這種貴族會議就稱為「忽里勒台」。鐵木真之稱成吉思汗，純粹依靠實力受推舉的結果，但其後的蒙古可汗，推舉只是形式，殘酷的政治爭奪才是上臺與否的決定條件。

## ⊙窩闊台與拖雷之爭

成吉思汗選定第三子窩闊台為繼承人時，窩闊台謙遜說：「只怕後世子孫不才，無法繼承。」成吉思汗安慰道：「即使你的子孫全都不才，我那麼多兒子，就挑不出一個好的繼承人來嗎？」他當時並不知道，就是這句話，日後竟釀造出了新的衝突和無盡的糾紛。

窩闊台被指定為繼承人之前，爭鬥最厲害的是朮赤和察合台，之後與拖雷的衝突逐漸加劇。成吉思汗破壞了傳統的「幼子守竈」制度，決定傳位給窩闊台後，為了補償拖雷，將一大片土地和十二萬九千主力軍中的十萬一千人都交給了他，拖雷的勢力迅速增強，足以與窩闊台相抗衡。

朮赤素來與拖雷交好，而察合台則與窩闊台親近，兩人雖被遠封異域，但其子孫、親信留在蒙古草原的，依舊水火不容，各支持一方，形成了兩派敵對的勢力。

寶慶三年（一二二七年），成吉思汗去世，雖然遺命傳位給窩闊台，卻讓拖雷暫時監國，同時表示「忽里勒台」制度仍然保留。拖雷拖延了整整兩年，不肯召開「忽里勒台」大會選舉可汗，在察合台和窩闊台黨羽的竭力反對下，才被迫召開。

正史上記載，很多貴族都擁護拖雷，經拖雷反覆游說後，才終於選定窩闊台繼承汗位。然而事實真相恐非如此，否則，「忽里勒台」大會便不會拖延兩年之久，更不會開了四十多天才有結果。在此之後，窩闊台占據上風，開始逐步削減拖雷派的勢力。

紹定五年（一二三二年），拖雷在鈞州三峰山（今河南禹州境內）大敗金軍，取得決定性的勝利。回師途中，突然得到窩闊台重病不起的消息，拖雷匆忙前往侍奉。聽薩滿巫師說，只有親人代死，才能挽救大汗的性命，拖雷痛哭道：「那就由我代替哥哥死吧！」喝下巫師調製的符水，很快就嚥了氣，而窩闊台的病卻奇蹟般好了——充滿迷信色彩的故事背後，隱藏著殘酷的政治角力和濃重的殺機。

## ⊙拖雷系奪得汗位

淳祐元年（一二四一年），窩闊台去世，遺命由第三子闊出之子失烈門繼承汗位，但其妻脫列哥那（乃馬眞氏）屬意於長子貴由（一二〇六～一二四八年），因貴由遠征未還，她拖延

「忽里勒台」的召開，自己臨朝攝政。支持拖雷系的朮赤之子拔都（一二〇九～一二五六年）在東歐建立了金帳汗國，至此，和窩闊台系正式決裂，不再接受帝國中央的領導。

貴由繼承汗位後，蒙古帝國內部分裂傾向更為明顯，政治動盪，賦稅加重，日益衰敗。

淳祐八年（一二四八年），貴由去世，拔都不願繼續由窩闊台系統治蒙古，便以成吉思汗長孫的身分，要求貴由之妻海迷失與眾大臣共同治理朝政，直至新可汗繼立。海迷失的兩個兒子忽察和腦忽都想當可汗，內部爭鬥不休，拖雷系有了可乘之機。

朮赤家族擁護拖雷的長子蒙哥（一二〇八～一二五九年），派軍隊護送蒙哥回蒙古草原，以武力脅迫貴族召開「忽里勒台」，推選蒙哥為汗。淳祐十一年（一二五一年），蒙哥繼承汗位，開始大規模削除異己，窩闊台、察合台兩系的親王及親信被殺、被禁，結束了兩派長達二十餘年的爭鬥。

蒙哥對兄弟也不大放心。弟忽必烈（一二一五～一二九四年）受命統轄中原地區，以漢法治理漢地，不但招致蒙古貴族的不滿，也使蒙哥大為驚懼，深恐他威望日重，威脅到自己的汗位。

蒙哥藉口解除了忽必烈的兵權，並且派劉太平等親信到陝西、河南等地徵糧，趁機大肆迫害忽必烈的親信。忽必烈急忙把妻子、女兒送到汗廷作人質，表示忠心，蒙哥這才暫時罷手。

## ⊙忽必烈即位

寶祐五年（一二五七年），蒙哥親征南宋，兩年後在四川釣魚城遭到重創，重傷而亡。蒙哥的異母弟末哥急忙送信給忽必烈，信中說：「請你回漠北，以你的威望維繫天下人心。」

當時，忽必烈正在進攻淮河流域，認為無功而返將損害威信，便沒有及時動身。留在草原的幼弟阿里不哥搶先一步，徵發草原各部，準備以武力繼承汗位。

忽必烈的妻子察必聽到消息，責問說：「發兵這樣的大事，成吉思汗的曾孫真金（忽必烈和察必之子）就在這裡，為何不讓他知道？」

忽必烈召集眾將商議對策，郝經說：「很明顯，阿里不哥已經行動了。大王雖然手握重兵，但是如果阿里不哥宣稱手中握有遺詔，正式繼位，我們還回得去嗎？願大王以社稷為重，與南宋議和，然後親率輕騎，直搗燕京，令他們的陰謀瓦解冰消。」

忽必烈聽從，急忙議和北上，開慶元年（一二五九年）年底抵達燕京。阿里不哥請忽必烈盡速前往汗廷，會葬蒙哥，同時參加「忽里勒台」，被忽必烈拒絕。

次年三月，忽必烈到達上都開平（今內蒙古多倫西北），以蒙哥最年長兄弟的名義，親自召開「忽里勒台」。部分地位較高的藩王，如弟旭烈兀、拔都弟別兒哥等人都未到會，因此，雖然有眾人擁戴，忽必烈還是猶豫不決。

謀臣廉希憲與商挺私下說：「先發制人，後發制於人，時機一失，就再也追不回來了。」忽必烈聽了這話，悚然出了一身冷汗，終於同意登上汗位。

## ⊙兩汗並立

四月，阿里不哥也在哈剌和林（今蒙古國額爾德尼召北）召開了「忽里勒台」，在另外一些藩王的擁戴下繼位。因此蒙古帝國出現了兩個可汗，東道諸王支持忽必烈，西道部分藩王支持阿里不哥。

兄弟間的不和，最終只能通過武力方式解決。忽必烈軍首先在甘州（今甘肅張掖）擊敗阿里不哥派的阿蘭達兒和渾都海，控制了陝西、四川，斬斷了阿里不哥的一條臂膀。

阿里不哥得不到來自中原的物資供應，被迫於中統元年（一二六〇年）冬天起西撤至謙州（在今葉尼塞河中上游），忽必烈占領了成吉思汗時代的首都哈剌和林。

阿里不哥一方面派人控制察合台汗國（包括今新疆西部和阿富汗等地區），一方面遣使向忽必烈表示：「我因無知而犯罪，希望您予以寬恕。我絕不再違背兄長的命令，等秋高馬肥，必定前往上都覲見。」以拖延忽必烈的進攻。

## ⊙阿里不哥兵敗而降

中統二年（一二六一年）秋，阿里不哥襲擊哈剌和林，忽必烈自開平親征。十一月，兩軍在昔土木腦兒（今蒙古蘇赫巴托省南部）展開大戰，阿里不哥兵敗逃亡，從此勢力日蹙，眾叛親離，阿魯忽（察合台後裔，受阿里不哥命派往察合台汗國執政）、旭烈兀（時爲伊兒汗國可汗）等藩王全都倒向忽必烈一邊。

五年（一二六四年）七月，走投無路的阿里不哥只好前往開平覲見忽必烈，表示歸順。

忽必烈問：「你說說看，按道理講，你我兄弟誰應該繼承汗位？」阿里不哥把頭一昂，回答道：「原來我是對的，現在大汗你是對的。」他只承認失敗，不承認忽必烈的汗位。

忽必烈聞言大怒，立刻下令軟禁阿里不哥及支持他的諸王，而後將其黨羽全部誅殺。

阿里不哥雖然在兩年後病死，但是草原諸王對忽必烈及其後裔的統治仍然多有不滿，時常舉起反旗。原因是忽必烈將統治中心轉移到中原地區，雖然得到了漢族上層的支持，掌握了相當大的財力、人力和物力，但是同時和蒙古貴族間的衝突日益激烈。

中統五年（一二六四年），忽必烈遷都燕京，改稱「大都」。至元八年（一二七一年），建國號為「元」，忽必烈便是元世祖。從此，游走在草原之間的蒙古帝國，轉變成了中原王朝。

# 四大汗國

●時間：元朝
●人物：拔都　斡兒達　海都　察八兒　篤哇　旭烈兀

元朝在中央直轄的領地之外，另有所謂的四大汗國：欽察汗國、察合台汗國、窩闊台汗國和伊兒汗國。四大汗國的統治者在血統上出自成吉思汗「黃金家族」，彼此血脈相聯，因而同奉入主中原的元朝為宗主，與元朝驛路相通。

## ⊙欽察汗國

欽察汗國分為東西兩部，是四個汗國中幅員最廣的一個。

東欽察汗國的創立者是朮赤的長子斡兒達，其封地是拔都讓出的：東境至花剌子模舊壤——錫爾河與阿姆河的上游，北有「林中的百姓」，西與西欽察汗國為鄰，南與察合台汗國為鄰。

明太祖洪武十四年（一三八一年），東欽察汗國的第十一汗托克塔米失吞併了察合台汗國的西半部。爾後內部分裂，托克塔米失汗於明成祖永樂三年（一四〇五年）死在西伯利亞，死後二十年，東欽察汗國滅亡。

五體文夜巡銅牌　元

西欽察汗國由朮赤次子西征統帥拔都建於淳祐二年（一二四二年），其版圖相當於前蘇聯的歐洲領土，加上羅馬尼亞與保加利亞，以及今屬波蘭的加利西亞。由於拔都的大帳使用金頂，因此，欽察汗國在歐洲史書中也稱作「金帳汗國」。

西欽察汗國曾經盛極一時，到元順帝至正十七年（一三五七年）後，開始走向衰落，其內部篡弒相尋，小汗林立，最終於明憲宗成化十六年（一四八〇年）被俄羅斯的伊凡三世所滅。

## ⊙察合台汗國與窩闊台汗國

察合台汗國與窩闊台汗國的一部分位於今中國境內，距元朝本土較近。兩汗國曾公開反對忽必烈的漢化政策，與元朝為敵。直到十四世紀察合台汗國吞併了窩闊台汗國，才承認元朝的宗主地位。

窩闊台汗國是四個汗國中幅員最小、歷史最短的。其領地包括今蒙古西部與新疆北部，以及額爾齊斯河、額敏河與亦列河（今伊犁河）三條河流的下游。窩闊台可汗之子海都公開反對元朝，至海都之子察八兒統治時，汗國消亡。

察合台汗國的領地較窩闊台汗國大，歷史也較長。察合台受封時，其封地以垂河流域為核心，東及亦列河，西至錫爾河，南達阿姆河。十四世紀察合台汗國第十汗篤哇在位時，窩闊台汗國舊壤的大部分劃入察合台汗國，由於忽必烈鞭長莫及，今新疆西南部也歸入察合台汗國。

察合台汗國前後有三十位可汗，其中有兩位是窩闊台後裔。篤哇汗善於攻戰，始終站在海都一邊，與忽必烈為敵。直到元成宗鐵穆耳在位時，他才約海都之子察八兒一起歸順了中央，歸順不久又與察八兒失和，將窩闊台汗國完全吞併。

## ⊙伊兒汗國

伊兒汗國（也稱伊利汗國）的建立者是拖雷之子旭烈兀，與元朝諸帝同為拖雷後裔，關係也較其他汗國更為密切。版圖包括今天的伊朗、伊拉克、阿富汗、敘利亞的一部分，還有今屬土耳其的小阿美尼亞。

旭烈兀於宋理宗淳祐十二年（一二五二年）攻下巴格達，後又一度占領敘利亞的阿勒坡與大馬士革。元朝與伊兒汗國的經濟和文化交流十分頻繁。

在合贊汗統治時期，為爭取當地領主和穆斯林的支持，改奉伊斯蘭教為國教，廢除「大汗」稱號而改稱「素丹」，加速了當地蒙古人的伊斯蘭化進程。

**藍釉白龍紋瓷梅瓶** 元

豐肩小口梅瓶，通體施藍釉，上浮一條白色游龍，色調明快，對比強烈，極似矯健的白龍遨遊於萬里碧空，令人觀之神情振奮。元代景德鎮窯燒製藍釉瓷器已很罕見，此為其中珍品，極為寶貴。

# 【長子西征】

●時間：西元一二三五～一二四一年
●人物：拔都

端平二年（一二三五年）窩闊台召集諸王大會，決定繼續西征。朮赤的王位繼承者拔都為總指揮，成吉思汗的「四獒」之一，戰功卓著的速不台也任命為西征先鋒。其他諸王和萬户、千户、百户、十户長以及公主、駙馬，也都派長子從征。歷史上稱這次行動為「長子西征」。

## ⊙天為我開路

端平三年（一二三六年），諸軍會師，首先進攻位於伏爾加河中游的不里阿耳。速不台一舉征服不里阿耳都城，大肆殺掠後焚毀。接著，諸王各自率軍行動，向前攻打，占領沿途地區。

蒙哥從左翼沿著裡海海岸逼臨欽察部，一部分欽察部人歸降，而另一部首領八赤蠻拒不投降。他行蹤飄忽，帶領部下出入於伏爾加河下游的密林中，不斷襲擊蒙古軍隊。

蒙哥下令建造了二百艘船，每船載一百名全副武裝的士兵，與弟拔綽沿河搜索。

在河畔的一座樹林中，發現了新鮮的馬糞，顯然敵人剛從那裡撤離，於是催馬追趕。從老婦處得知，八赤蠻已帶著輜重轉移到裡海中的小島上。

蒙古軍追至裡海邊，正苦於無船渡海，突然刮起大風，海水退潮。蒙哥大喜道：「這是天為我開路！」

蒙古騎兵涉水登島，全殲欽察軍，生擒了八赤蠻。八赤蠻寧死不肯下跪，說：「趕緊殺我，我是一國之主，豈能苟且偷生。何況人不是駱駝，沒有理由下跪！」蒙哥下令將他砍成兩半。

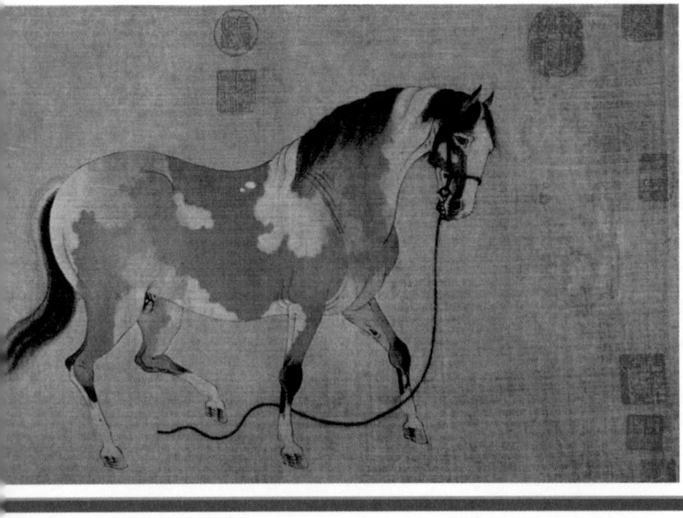

## ⊙威震歐亞

西征軍一路所向披靡，嘉熙元年（一二三七年），蒙古軍攻入斡羅思。蒙古軍在連續攻克莫斯科等十四城的戰役中，使用了威力巨大的巨型拋石機，作為攻城器械，用於拋擊的石頭需要四個人才能抬動。

嘉熙四年（一二四〇年）秋，拔都

親率大軍包圍乞瓦城（今基輔），各路蒙古軍雲集該地，兵勢極盛，刀光閃耀，駱駝嘯叫，戰馬嘶鳴，以致人們彼此說話都聽不見。拔都下令四周架砲，晝夜攻城。

三百年來乞瓦城一直是斡羅思的國都，城牆高聳，工事堅固，守將德米特爾率領軍民頑強抵抗。十一月，蒙古軍隊用火砲轟塌了乞瓦城一處城牆，蜂擁而入，縱兵殺掠。德米特爾受傷被俘，拔都讚賞他的忠勇，赦免不殺。

淳祐元年（一二四一年），拔都兵分兩路，侵入孛列兒（波蘭）、馬扎兒（匈牙利）。蒙古軍在格尼茨（今波蘭西部）大敗孛列兒、捏迷思（德意志）聯軍，速不台大破馬扎兒軍，蒙古鐵騎抵達亞得里亞海沿岸，整個歐洲為之震動。教皇和基督教國家的統治者把蒙古的入侵視為天罰，在百般無奈中，只能乞求上帝的憐憫。

青花蒙恬將軍玉壺春瓶　元

「蒙恬將軍」玉壺春瓶出土於湖南常德市，現藏於湖南省博物館。畫面中蒙恬頂盔貫甲，面相威嚴，端坐在椅上。其後一武士披甲懸劍，雙手握一桿大旗，旗上直行書「蒙恬將軍」四大字。蒙恬的前方一名高鼻深目，手持彎弓的武士前來稟告。武士的身後一頭戴氈笠，短衣束帶的士卒右手按一抓來的官吏，此人戴高冠，著花袍，作漢人裝束，跪伏於地。整個畫面繪蒙恬將軍審訊戰俘的場景。蒙恬滿面鋼髯，端然穩坐的姿態，以及背後高高樹起的大旗，展示了巍然肅殺之氣。

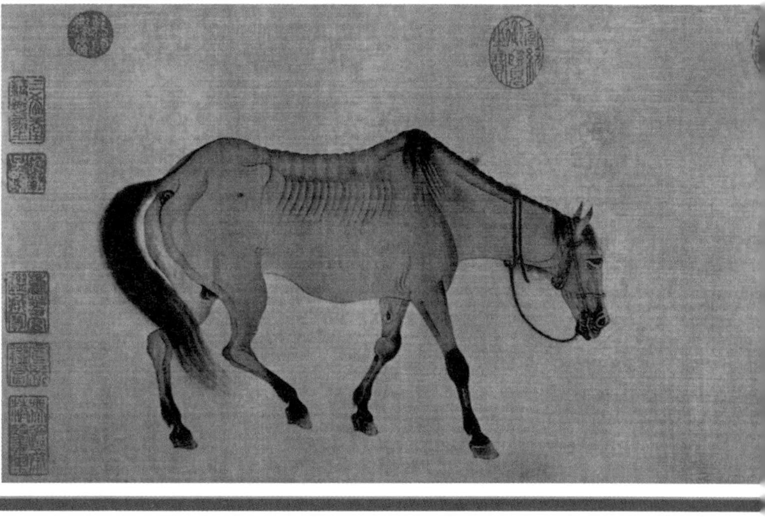

二馬圖卷　元　任仁發

任仁發（一二五四～一三二七年），字子明，號月山道人，松江青龍鎮（今上海市青浦區）人。元初著名水利家，擅畫人物，尤長畫馬。此圖畫肥瘦不同的兩匹馬：其一為膘滿肉肥的花斑馬，曳韁昂首，神氣十足。其二為瘦骨嶙峋的棕色馬，垂首而立，疲憊不堪。作品以對比手法諷諭那些「苛肥一己而瘠萬民」的貪官污吏，而讚頌那些「瘠一身而肥一國」的廉潔者。畫面簡潔，馬的造型準確逼真，用筆勁健，設色清雅。

# 【貴由汗的統治】

●時間：西元一二四六～一二四八年
●人物：貴由汗

窩闊台生前立有六個哈敦（皇后），分守四個斡耳朵（宮帳），死後，按照傳統先例應由大皇后木哥哈敦繼守大斡耳朵，發號施令，召集百姓。不料太宗死後的第二年，即一二四二年春，木哥哈敦也相繼死去，於是六皇后脫列哥那哈敦繼守大斡耳朵，稱制攝政。

## ⊙汗位之爭

窩闊台生前即有旨，將汗位傳給鍾愛的第三子闊出，不料闊出於端平三年（一二三六年）早死，於是把闊出之子皇孫失烈門立為汗位繼承人。窩闊台死後，其妻脫列哥那（乃馬真氏）臨朝，準備推翻窩闊台「以皇孫失列門為嗣」的遺詔，改立親生兒子貴由。這樣，汗位繼承問題上的衝突又一次爆發了。

脫列哥那的做法，在家族內部遭到反對。貴由是窩闊台長子，曾跟隨拔都參加西征，兩人在征服欽察等部時曾經發生過公開的衝突，積怨甚深，所以拔都堅決反對改立貴由。窩闊台次子闊端經略河西有功，也想爭取汗位，只是因為身體有疾，難以如願，於是採取中立態度，對改立貴由一事拒絕表態。

此時，成吉思汗的幼弟鐵木哥斡赤斤乘窩闊台剛死，尋恤報復，率左翼大軍向設在和林的大斡耳朵進發，要求索還原屬於他的左翼諸部人口。消息傳開，上下一片騷動，眾人認為鐵木哥斡赤斤意在爭位，於是有人主張「西遷以避之」。

在這一緊要關頭，耶律楚材站出來說：「朝廷是天下根本，根本一搖，天下將亂。」脫列哥那採納建議，派遣使者詢問鐵木哥斡赤斤出兵的用意，並轉告：「我是你的姪媳，對你存有期望，一切問題都好商量。」

當鐵木哥斡赤斤表明來意後，脫列哥那立即歸還了被窩闊台掠來的左翼家屬和奴僕。鐵木哥斡赤斤見要求得到回應後，便改口稱是為奔喪而來，隨即引兵退去，一場風波遂告平息。

脫列哥那掌握時機，爭取宗王、

**蓮花玻璃托盞　元**

由盞、托各一組成。湖藍色，半透明，內含無數氣泡，有虹彩現象。盞、托均作蓮花狀。形制優美，色澤晶瑩，宛如出水芙蓉。

貴族的支持，同時也不放過對朝中大臣的拉攏。淳祐三年（一二四三年），脫列哥那就儲嗣問題徵求耶律楚材的意見，耶律楚材無意介入汗位糾紛，回答道：「這不是外姓大臣應當議論之事。既然有先帝的遺詔在，那就應該遵從，這也是社稷之幸。」

當時，朝中外姓大臣為避免在汗位紛爭中招禍，多取觀望態度。另一位前朝重臣畏兀兒人鎮海，辭去中書右丞相的官職，前去投靠在汗位爭奪中持中立態度的闊端。主管西域財賦的花剌子模人牙老瓦赤，因誣構、貪賄事發，也畏罪逃依闊端。朝中大臣的進退，反映了這場汗位爭奪戰的激烈程度。

## ⊙貴由親政

經過努力，脫列哥那終於爭取到鐵木哥斡赤斤等東部諸王與闊端的支持，於淳祐六年（一二四六年）春，在「距昔剌斡耳朵不遠，在月兒滅怯土之地的金斡耳朵」（今鄂爾渾河上游），召集諸王百官舉行忽里勒台，議立新汗。

這次大會推翻了窩闊台的遺詔，藉口失烈門尚未成年，不是汗位繼承者的合適人選，貴由有參加西征的經歷，又是窩闊台長子，繼承汗位順理成章。於是，貴由終於在當年八月二十四日即汗位。

貴由即位後，脫列哥那繼續參與朝政。奉行窩闊台以來的各項制度和政策，並重用窩闊台統治時代的老臣，如耶律楚材仍在朝廷主管漢文文書與漢地公務。窩闊台統治時，以撲買中原賦稅而遭到耶律楚材反對的西域人奧都剌合蠻，繼續充任提領諸路課稅所官。畏兀兒人鎮海返回朝廷，

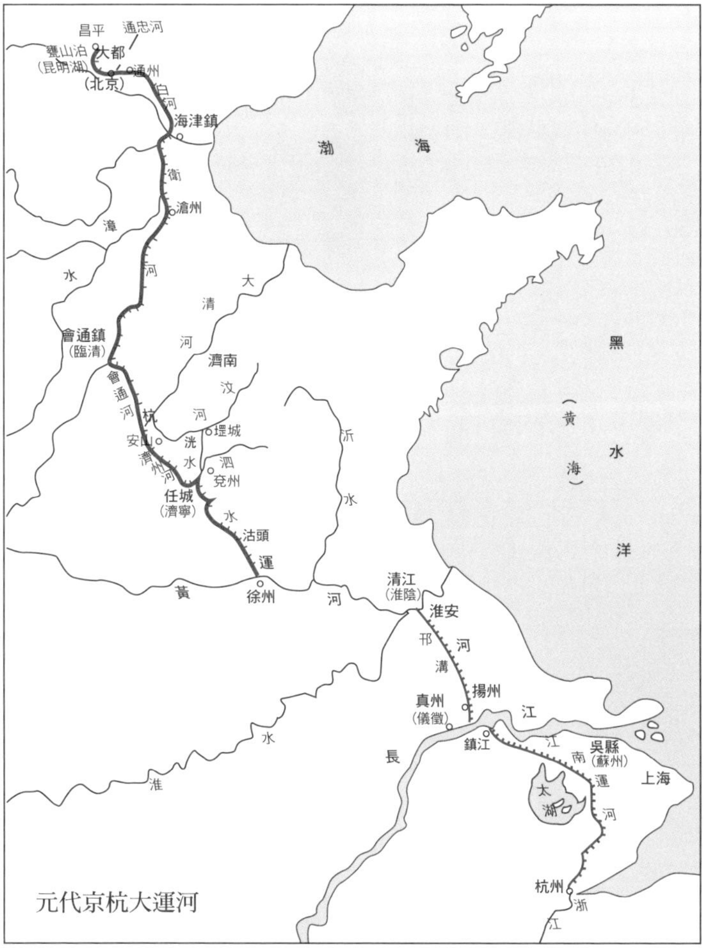

元代京杭大運河

仍拜中書右丞相。

被母親扶上大汗寶座的貴由，並非聽人擺佈的懦弱之輩。他素以執法嚴峻、可畏而聞名。以他的個性，決不會坐視母親的繼續干政，也決不會容忍諸王的違法行為而袖手旁觀。因此貴由即位伊始，便採取強硬手段以掃除一切有礙親政與樹立大汗權威的障礙。

處決女巫法迪瑪，是貴由樹立權威的第一個行動。法迪瑪原是波斯的女巫，被俘後來到哈剌和林，窩闊台在位時即開始接近脫列哥那。脫列哥那攝政時，法迪瑪成為「機密的參與者，祕務的知情人」。她在脫列哥那攝政期間，任意發號施令，權勢傾朝，她的行為早就引起了大臣的不滿。

貴由即位後，先指使人控告法迪瑪以巫術蠱害闊端，但是，法迪瑪在脫列哥那的庇護下有恃無恐。貴由多次派人向脫列哥那索取法迪瑪，均遭到拒絕，母子關係變得十分緊張，但是貴由除掉法迪瑪的決心毫不動搖，脫列哥那無可奈何，被迫將法迪瑪交給貴由處置，法迪瑪隨即處死。

法迪瑪死後不久，脫列哥那也去世了。於是貴由從母親手中奪回了權力，開始放手推行他的強硬政策。

## ⊙命歸西途

在以嚴厲的手段安頓好內部事務之後，貴由開始著手處理與汗廷有關的外部事務，這方面他明顯表現出忽視東方、偏重西方的傾向。

在短暫的執政期內，對東方的行動主要呈現在兩個方面：一是針對南宋王朝，於淳祐六年（一二四六年）遣軍「分四道入蜀」，派萬戶史權等「耀兵淮南」，進圍黃州。二是針對高麗，以高麗不納歲貢為藉口，於七年（一二四七年）遣將攻至江華島西北，八年（一二四八年）侵入高麗北界。

與東方的行動相比，貴由汗在西方的行動則帶有強烈的征服意圖。七年（一二四七年）秋，貴由「西巡」。次年新春，藉口葉密立的空氣與水土適合養病，從駐地啟程，親率大軍浩浩蕩蕩向西域諸城進發。

拖雷之妻唆魯禾帖尼見貴由倉促出行，疑心真正意圖是攻打拔都，便暗中遣使密告拔都，通報貴由的動向，要其做好迎戰準備。唆魯禾帖尼的懷疑不無依據，史書有載：「定宗皇帝征把禿王（即拔都王）。」另外，喀爾平尼在離開俄國前，也曾聽到拔都率軍東進，反對貴由的消息。種種跡象表明，貴由此舉來者不善，而拔

**元世祖出獵圖　元　劉貫道**

劉貫道，生卒年不詳，約元世祖至元時在世。中山（今河北定州）人。字仲賢。善畫。此畫描繪的是北方沙漠之地，黃沙浩瀚，一望無垠。人騎數衆，中騎黑馬衣著白裘者，應為元世祖。與世祖並轡衣白袍者，似為帝后。餘男女八騎，應是其侍從。或彎弓，或架鷹，或縱犬，或攜獵豹。上方遠處沙丘之外，有駝隊一列，緩緩而行。完全描寫塞外大漠打獵之景。人物描繪精勁細緻，表情自然生動，其他犬、馬、駱駝，均悉得情態。幅右下角款署：至元十七年（一二八〇年）二月，御衣局使臣劉貫道恭畫。

都也早有防備。兩軍相遇，必有一番較量。

但是，第二年三月，貴由在途中暴卒於橫相乙兒（今新疆青河縣南）。當時，拔都正打著朝覲大汗的旗號，由駐地率大軍向東進發。「他是在一處叫作阿剌合馬黑的地方聞其死訊的，該地距海押立有一星期的途程」。

據一個後來曾經進入過貴由汗斡耳朵所在地的西方教士魯布魯克記載，關於貴由的死因有兩種說法：一說貴由係中毒而死，「據估計投藥者是拔都」。另一說是拔都聽說貴由要他「表示臣服」，感到害怕，便派兄弟司提堪前去見面，二人在喝酒時發生爭吵，結果互相「把對方殺死」。

貴由在位三年（一二四六～一二四八年），終年四十三歲。後追謚簡平皇帝，廟號定宗。《元史》說葬於起輦谷，但這一說法沒有確鑿的證據。據考證，貴由應當與其父窩闊台同葬於封地葉密立附近的高山上，因為「貴由死後具有優越的條件，不大可能要把遺體運到別處安葬而不葬在他的葉密立封地」。

貴由在短暫的統治期間，推行強硬政策，想消除異己勢力，卻適得其反。失烈門、闊端爭位不成，致使窩闊台系內部產生裂痕。改立也速蒙哥，使察合台舊主哈剌旭烈兀心生不滿。誅殺斡赤斤的部屬，引起東道諸王的憤恨。出征拔都，促使拔都在貴由死後推舉蒙哥。這些都為以後的汗位爭奪留下隱患，影響了拖雷系從窩闊台系手中奪走汗位。

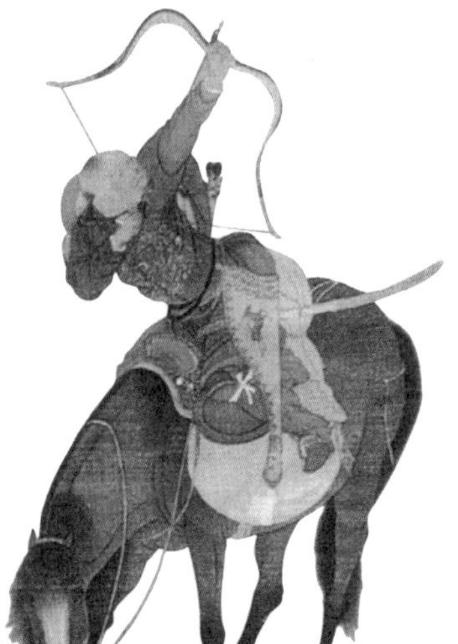

# 【蒙哥繼承汗位】

●時間：西元一二五一年
●人物：蒙哥　唆魯禾帖尼　拔都

貴由去世後，誰來繼承汗位又成為了蒙古統治集團內部最重大的問題。年齡最大、聲望最隆、兵權最大的是駐蹕在欽察草原的宗王拔都，是成吉思汗長子朮赤的兒子，也是法定的繼承人。

## ⊙朮赤家族擁立蒙哥

貴由死後，朮赤之子拔都以長兄（長支宗王）身分，接二連三向各方派出急使，邀請同族及宗親的諸王舉行忽里勒台，選舉一位能幹、合適的人選登臨汗位。

窩闊台、貴由、察合台的後裔十分不滿，說：「成吉思汗的根本在斡難河和怯綠連河，我們為甚麼要到欽察草原開忽里勒台呢？」

不過懾於拔都的威望，他們還是派出代表去見拔都，保證：「因為拔都是全體宗王的長者，他的命令是大家務必遵守的，他所贊同的，我們無論如何也不違背。」

拖雷妻子唆魯禾帖尼得知消息後，對長子蒙哥說：「既然宗王不聽長兄的話，不肯親自拜見，你就帶著兄弟去探望他，也好藉機聯絡感情。」

蒙哥遵循吩咐來到欽察草原。堂兄弟見面後，蒙哥虔誠而又恭敬問候拔都，拔都親眼看到了他的能幹和成熟，於是說：「在所有的宗王中，只有蒙哥具備一個大汗所必須的秉賦和才能，他不止一次率軍隊作戰，且才智出眾。在窩闊台可汗、其他宗王和將領的心中，他得到了充分的尊重。……他的父親是成吉思汗的幼子，按照蒙古人的習慣，父位是傳給幼子的，因此蒙哥具備登臨大位的先決條件。」

拔都說完，便向其他宗王和將領派去急使，說明所有宗王之中，只有蒙哥耳聞目睹過成吉思汗的札撒黑和詔敕，只有立他為大汗，才符合蒙古帝國的利益。唆魯禾帖尼得知後，異常高興。

拔都召集了兄弟和整個朮赤家族，以及右翼諸王中察合台的後裔合剌旭烈兀，宴飲數日，訂立協議，擁立蒙哥繼位。蒙哥堅決辭謝，兄弟末哥說：「我們在這次會上已約定並簽了名，不許不服從拔都，你怎能不服從決議而使他為難呢？」拔都聽了十分高興，蒙哥也無話可說，便點頭同意。

按照蒙古人的習俗，拔都率全體宗王與將領站了起來，一齊解開腰帶，脫下帽子，跪在地上。拔都舉起杯子，宣布蒙哥繼承汗位，全體在場人員宣誓效忠，並決定次年舉行忽里勒台。

接著，拔都派兄弟別兒哥與不花

帖木兒率軍和蒙哥同行，前往成吉思汗的根據地怯綠連河地區，準備將蒙哥正式擁上大汗寶座。

## ⊙終登汗位

消息傳開後，最忙碌的是蒙哥的母親唆魯禾帖尼，她先派人向拔都表示感謝，又向所有的宗王發出邀請，希望他們出席為兒子登基而舉行的忽里勒台。

但是，窩闊台和貴由系的部分宗王、察合台的後裔也速蒙哥、不里拒絕出席，多次轉告拔都說：「我們不同意蒙哥出任大汗。帝位應當是我們的，你怎麼能給別人呢？」

拔都回答道：「我已在宗王面前表白。既然有言在先，怎能無故撤銷？如果不立蒙哥為大汗，帝位繼承便會遭到無可補救的損害。你們如果仔細考慮就會明白，立蒙哥為大汗，已經考慮了窩闊台子孫的利益。要統率廣袤的蒙古帝國，只有蒙哥能擔此重任。」這一年便在爭吵中度過，忽里勒台一直未能開成。

時間過得飛快，第二年也即將過去一半，蒙古各派勢力仍然沒有達成協議。蒙哥和唆魯禾帖尼對此焦灼不安，向所有的反對者派出使者，但都沒有結果。

在這一年臨近結束時，蒙哥及母親再次向四面八方發出通知，要宗王在怯綠連河流域聚會。窩闊台、察合台兩派仍不肯前去，認為不參加，忽里勒台便開不成。

別兒哥派人報告拔都說：「時間已經過去兩年了，窩闊台、貴由的後裔以及察合台的兒子也速蒙哥還沒到來。」拔都說：「你只管擁立蒙哥登位吧，那些背棄札撒黑的人都得掉腦袋。」至此，宗王懾於壓力，才姍姍前來。

淳祐十一年（一二五一年）七月的一天，太陽穿雲破霧，冉冉升起，蒙哥在都城哈剌和林（今蒙古國哈爾和林）登上了汗位。

延伸知識

### 元代陶瓷

元代時，江西景德鎮已成為全國最重要的瓷器生產地。元代瓷器的重大發展，主要反映在青花瓷和釉裡紅瓷器的成功燒製。

元代青花瓷造型多樣，色彩鮮豔，成為景德鎮瓷器生產的主流。釉裡紅在元代中期於景德鎮創製，用銅的氧化物作為彩繪的原料，花紋為紅色。釉裡紅燒製難度大，元代的傳世品不多，釉色純正者更是稀少。明宣德和清康熙、雍正時期的釉裡紅瓷器頗負盛名，其成就便是在元代工藝的基礎上取得的。

元代時，龍泉窯主要出產青釉瓷器，鈞窯出產花釉、變色釉，磁州窯出產白釉黑花瓷，德化窯出產白釉和象牙黃釉瓷。

青花牡丹紋塔式蓋罐　元

肩部堆貼對稱的獅、象首，腹部繪纏枝牡丹紋，蓋面繪荷葉莖脈紋。青花料採用國產料，色澤較灰暗，紋飾疏朗，畫筆草率。此器出土於元代早期紀年墓葬，是研究元代青花瓷的起源、發展、斷代的重要參考資料，十分珍貴，有極高的科學和學術研究價值。

# 忽必烈奪位建元

●時間：西元一二六〇年
●人物：忽必烈　阿里不哥

蒙哥即位以後，派弟弟忽必烈主管整個北方地區的軍事、行政事務，忽必烈因此有機會結識了有學問的漢族知識分子。像僧侶劉秉忠、學者張文謙、王鶚、郝經、姚樞等，都是忽必烈搜羅來的謀士。在這些謀士的影響下，忽必烈對中原地方的制度開始傾心。忽必烈在灤河北岸的龍崗（今內蒙古自治區多倫縣西北）建造了一座新的城市開平，開平後來成了忽必烈的勢力中心。

## ⊙攻南宋蒙哥病死軍中

元世祖像

南宋理宗寶祐六年（一二五八年），蒙哥發動三路大軍，進攻南宋。親率主力攻打四川，命忽必烈攻鄂州（今湖北武漢），老將速不台的兒子兀良合台從雲南包抄，攻打潭州（今湖南長沙）。三路大軍準備在鄂州會師，一起進攻南宋都城臨安（今浙江杭州）。

蒙哥的大軍攻占利州（今四川廣元）後，沿嘉陵江南下，準備進攻重慶。年底，蒙古軍向合州（今重慶合川）進發。合州在嘉陵江東岸，地勢險要，是重慶北邊的門戶。十多年前，南宋名將孟珙在合州東邊釣魚山築城修堡，防備蒙古軍隊。孟珙死後，部將王堅守合州，調集十萬軍民擴建了釣魚城，加強防禦能力。

第二年春天，蒙古軍隊到達合州城下，雙方展開激烈的攻守戰，蒙古軍隊始終沒能攻破合州與釣魚城。夏天來臨，天氣炎熱，從北方來的蒙古兵士不能適應這裡的氣候，許多人得了痢疾。

蒙哥很著急，親自率軍猛攻合州城，還是攻不下來。前鋒汪德臣選擇了一批精兵組成敢死隊，趁黑夜爬上城牆，王堅率領宋軍拚命抵抗，再次將蒙古軍擊退。合州城未下，汪德臣病死。不久，蒙哥也病死營中，蒙古軍隊只得退兵。

## ⊙開平和林兩汗立

蒙哥在合州城苦戰時，忽必烈正向鄂州推進。蒙哥的死訊傳來後，為了能盡快北上和林（今蒙古國烏蘭巴托西南），忽必烈加緊進攻鄂州。然而，南宋援軍已到，鄂州一時無法攻取，而幼弟阿里不哥正準備搶先在和林登上大汗寶座，忽必烈一籌莫展。

## 忽必烈征服大理

窩闊台汗末年以來，蒙古與宋雙方在長江沿岸和四川地區處於拉鋸狀態。蒙哥即位以後，派忽必烈領兵進攻南宋。忽必烈意識到南宋在正面防守嚴密，一時難以進攻，於是奏請蒙哥先攻占大理，然後從側後包抄南宋，得到蒙哥汗的同意。

淳祐十二年（一二五二年）秋，忽必烈率軍出征，由大將兀良合台總督軍事。寶祐元年（一二五三年）夏天，忽必烈大軍取道吐蕃境內（今四川西部），分兵三路進攻大理。冬天，蒙古軍渡過金沙江，降服麼些（今麗江納西族）諸部，包圍了大理城。大理國王段興智派兵出城迎戰，大敗，棄城逃跑，蒙古軍占領了大理城。

二年（一二五四年）春，忽必烈留下兀良合台領兵繼續攻打大理還沒有歸服的部落，自己則率領軍隊北還。同年秋，兀良合台攻占善闡（又稱押赤，今昆明），俘虜了大理國王段興智。

到寶祐三年（一二五五年），大理全境被蒙古征服，蒙古統治者設立了十九個萬户府進行統治。從八世紀中葉以來，歷時五百餘年，一直處於半獨立狀態的雲南地區，到這時也併入蒙古統治下，從而使雲南與中原重新歸於統一。

延伸知識

這時候，南宋宰相賈似道遣使求和，謀臣郝經向忽必烈獻計：派遣軍隊迎接蒙哥的靈車，搶先奪下大汗的印璽，並和賈似道議和，簽訂密約，迅速撤軍，以輕裝騎兵趕至燕京（今北京），阻止阿里不哥的勢力南下。

忽必烈聽從，於中統元年（一二六〇年）春天趕至開平，召集支持的諸王貴族開會，宣布即汗位。並且按漢人紀元的方法，把當年定為中統元年。元朝有年號，即自忽必烈始。

阿里不哥是拖雷的小兒子，按照蒙古人「幼子守竈」的習慣，他負責留守蒙古國的都城和林。阿里不哥周圍的蒙古貴族都反對「漢法」，主張用蒙古法治理國家，反對忽必烈的漢化政策，擁護阿里不哥繼承汗位便成了他們的理想。

蒙哥死訊傳來，阿里不哥立刻開展奪位行動：搶先發布大赦令，任命支持者擔任各級官吏。並派遣軍隊占領燕京與陝西一帶，擺開陣勢，準備阻止忽必烈北上。孰料，忽必烈的動作更快，出其不意攻下燕京之後，已經在開平即位了，阿里不哥只好匆忙在和林召開大會，自己宣布為大汗。

### ⊙忽必烈建元

阿里不哥豈是忽必烈的對手！正當他在和林大赦大封時，忽必烈已經採取了軍事行動。忽必烈先派畏吾兒

元世祖皇后像

人廉希憲到陝西，將阿里不哥的支持者全部清除，自己則親自領兵攻打和林。

阿里不哥不敵，從和林逃走，怕忽必烈追來，便使緩兵之計，向忽必烈表示懺悔，並承認忽必烈為大汗，並說：「本應立即親自朝拜，只因現在馬匹瘦弱，等馬養肥之後，再和察合台汗國的阿魯忽王等一起前來朝拜。」

忽必烈回答道：「我相信弟弟說的話，但是希望弟弟不必等待其他諸王，可先到我這兒來會面。」命堂弟也孫哥駐守和林，等待阿里不哥，自己先回開平。

中統元寶交鈔（至正版）　元

青花釉裡紅牡丹紋蓋罐　元

中青花與釉裡紅均為釉下彩瓷，兩種工藝同施於一器，燒製難度很大，這件瓷罐上的青花紋飾色澤純正豔麗，釉裡紅彩同樣色澤純正，且具浮雕效果。兩者合璧，達到元代製瓷藝術的高峰。

中統二年（一二六一年）秋天，阿里不哥眼看馬兒已經養肥，便假意派人到和林向也孫哥投降，也孫哥信以為真，毫無防備。阿里不哥發動突襲，將和林奪了回去。忽必烈得知，

### 伊兒汗國

伊兒汗國是元朝西北藩國之一，又稱為伊利汗國。在極盛時代，伊兒汗國的領土東起阿姆河和印度河，與察合台汗國和印度為鄰。西臨地中海，領有今天小亞細亞半島的大部分，與埃及和歐洲相望。北至太和嶺（高加索山脈）和花剌子模，與欽察汗國接壤。南臨波斯灣和阿拉伯海。

伊兒汗國由拖雷之子旭烈兀建立。蒙哥汗時期，旭烈兀仍不是獨立的君主，只是負責一方軍政事務的蒙古宗王，軍隊也是從其他諸王抽調而來的。蒙哥汗死後，忽必烈、阿里不哥爭奪汗位。在這場爭奪中，旭烈兀支持了忽必烈。

至元元年（一二六四年），阿里不哥投降以後，忽必烈正式冊封旭烈兀為統治阿姆河直至敘利亞和密昔兒之間疆土之王，稱為伊兒汗。這樣，一個新的蒙古汗國——伊兒汗國，就在西亞地區出現了。在元代，伊兒汗國是與中央政府保持聯絡最緊密的藩國。伊兒在蒙古語中的意思是「從屬」。

立即迎戰，雙方交戰於戈壁沙漠以南。阿里不哥大敗，逃回和林。

不料，阿魯忽王此時也起兵反對阿里不哥，阿里不哥只得逃往今天新疆一帶。此後，阿里不哥多次敗仗，加上自然災害，草原上發生了饑荒，支持的諸王眼看阿里不哥無力東山再起，紛紛向忽必烈投降歸順。

走投無路的阿里不哥只得在至元二年（一二六五年）硬著頭皮向忽必烈請罪，雖然被赦免，但一個月後便「病死」了。

忽必烈在平定阿里不哥以後，將政治中心從和林移往中原，繼續推行漢法。至元八年（一二七一年），在進攻南宋不斷勝利的形勢下，忽必烈根據劉秉忠的建議，取《易經》「大哉乾元」之意，將蒙古國改為「大元」。次年，忽必烈將燕京改名為大都，正式定為都城。

青花雲龍牡丹紋罐　元

罐高二十八公分，口徑二十二．三公分。直口，鼓腹，圈足，足內無釉。通體青花裝飾，頸部飾串枝花紋，肩腹處飾雲龍紋，腹下飾纏枝牡丹紋，近足處飾蓮瓣紋，通體青花線十二道。此器形制渾厚飽滿，紋飾繁密而有氣勢，是元代典型青花瓷器。

# 賢內助察必皇后

●時間：元世祖時期
●人物：察必皇后

元世祖忽必烈是元代非常有作為的一位皇帝，成就很大。妻子察必皇后也有一份功勞。《元史》上對察必皇后評價頗高，說為人聰敏，有辦事能力，對元初的政治不無匡正之功。

## ⊙居安思危

至元十三年（一二七六年），元滅南宋，元世祖忽必烈大擺宴席。席間，君臣酒酣耳熱，無不喜笑顏開，只有皇后察必若有所思，悶悶不樂。

釉裡紅蓮花式大盤　元

忽必烈便問道：「現在江南已經平定，從此不必再大動干戈，大家都高高興興舉杯慶賀，為甚麼妳一人面無喜色呢？」皇后答道：「我聽說，從古到今不曾有過一個朝代能千年相傳，但願我們的子孫不會蒙受亡國的厄運。」忽必烈聽了，連連點頭稱是。

忽必烈將宋朝國庫的珍寶搬到殿庭上，陪同皇后參觀。皇后漫不經心看了一下，便轉身就走。忽必烈感到納悶，追問原因。皇后說：「宋人珍藏這麼多寶物，打算留給趙家後代，可是他們的不肖子孫卻無法守住，現在全都歸我們所有，我怎麼忍心從中挑選呢？」

忽必烈知道皇后是在提醒要居安思危，力保長治久安。說道：「講得對，人無遠慮，必有近憂。還是皇后有遠見！」從此勵精圖治，不敢怠慢國事。

## ⊙慈賢懷仁

一天，朝臣上奏請在京城近郊割地作為牧場，牧養宮中的馬匹，忽必烈欣然應允。皇后感到不妥，但又不便直言，便責備一旁的太保劉秉忠：「你是個聰明的漢人，皇帝對你言聽計從，你明知這樣不對，為甚麼不勸阻呢？我們剛到這裡時割地牧馬還講得通，現在天下已定，郊外的田地也各有其主，大家安居樂業，再強行將良田變為牧場，不是太過分了嗎？」這席話其實是說給皇帝聽的，忽必烈感到言之有理，便打消了割地放牧的計畫。

察必皇后對被俘的南宋皇室成員也比較照顧，發現宋太后全氏在北方水土不服，三次請求將她遣歸江南。

忽必烈說：「妳這個女人沒有見識，如讓她們南歸，一旦謠言傳開，她們會有生命之虞。妳讓她們南歸不是害了她們嗎？還不如在這裡對她們多加關照。」皇后想想也不無道理，此後對全氏照顧更加周到。

察必皇后善於規勸皇帝，自己也勇於改過。有一次，她向太府監取了一些絲綢布料。忽必烈知道後就說：「這些布料不是私家物品，都是供軍用的，怎麼可以擅自索取呢？」

皇后知錯就改，從此常帶領宮女紡紗織布，並利用舊的弓弦織成衣服，把廢棄的羊皮縫製成地毯，在宮中倡導勤儉的風氣。

當時，蒙古人的帽子沒有前簷，忽必烈射箭時，覺得太陽刺眼，回宮後對皇后說起此事，皇后便在帽子前面加了個遮陽的帽簷。忽必烈大喜，下令命部下仿效。察必皇后另外設計了一種前短後長便於騎射的馬服，名為「比甲」，在當時頗為流行。

密集金剛像唐卡 元

# 【忽必烈推行漢法】

●時間：西元一二六〇～一二七七年
●人物：忽必烈

忽必烈於中統元年（一二六〇年）四月，頒布了即位詔書。在詔書中指明成吉思汗創業以來的五十餘年中，「武功迭興，文治多缺」，表示「爰當臨御之始，宜新弘遠之規」，決心「建極體元，與民更始」。他大力推行漢法，使大蒙古國面目一新。

## ⊙建元立制

忽必烈在蒙古歷史上開創年號、國號和禮儀制度，並把都城移向中原地區。

在即位當年的五月，便宣布建元「中統」，採用中國傳統的年號紀年法。在建元詔中說：「建元表歲，示人君萬世之傳；紀時書王，見天下一家之義。」

中統五年（一二六四年）八月，阿里不哥歸降後，改年號為「至元」。

至元八年（一二七一年）十一月，他又宣布將「大蒙古」國號改為「大元」。新國號取義於《易經》「大哉乾元」一句，表示國家極其廣大。

此外，至元三年（一二六六年），忽必烈在燕京設立太廟，祭祀祖先。七年（一二七〇年）制定朝儀，採納中原的禮儀制度。

蒙古國的都城原在漠北的和林，忽必烈放棄舊都，在漠南與中原設置兩個都城。中統四年（一二六三年）五月，升開平府為上都。次年八月，又改燕京為中都。最初以上都為主，但從至元三年（一二六六年）始，忽必烈積極在中都營造新的皇宮和城牆，九年（一二七二年）命名這座新城為大都（包括原有的中都）。後來，大都的地位逐漸超過上都。而和林，則變成了地方機構宣慰司的治所。

忽必烈並建立了完整的國家機構與職官制度，確定了中央集權的統治方式。

蒙古國原有一套國家制度，但比中原王朝的體制要簡略得多。在征服

藏族生存圈　元
在篤信佛教的藏人心目中，生與死只是生命輪迴的必然經歷，他們相信人的靈魂並不因身體的死亡而消失。生存圈藏語稱斯貝闊羅，意即生死輪迴，是用來表示輪迴現象的一個圖案。它常以壁畫和唐卡兩種形式出現於寺院大殿進口處的牆壁上，圖案中繪有生、死、再生之因果現象。

中原的過程中，木華黎、窩闊台也曾沿用金朝舊制，但沒有一定的規程。忽必烈即位後，命劉秉忠、許衡考定前代典式，並參照當時的情況，逐步確立了國家機構和職官制度。

中統元年（一二六〇年）四月，忽必烈在中央正式建立中書省，執掌政事。中書令由皇太子兼領，實際負責政務的是左右丞相、平章政事和左右丞。

四年（一二六三年）設立樞密院，主管軍務，樞密使也由皇太子兼領，實際負責的是知樞密院事、同知樞密院事和樞密副使。

至元五年（一二六八年）設立御史臺，行政長官為御史大夫，副職為御史中丞，掌握對百官的糾察。平定南宋後增置江南行御史臺，後又置陝西行御史臺。

另設大宗正府，設達魯花赤（斷事官）主持，但只管理蒙古公事。

在地方上，忽必烈即位之初便設置宣撫司（後改稱宣慰司），主持日常軍民政事，上隸行中書省，下轄各路府州縣。又設提刑按察司（後改為肅政廉訪司），隸屬於御史臺或行御史臺。遇有征伐，在特定地區設置臨時機構行樞密院。

忽必烈訂立制度後，使官有常職，位有常員，食有常祿，並且盡量錄用了故老舊臣、山林遺逸和具有才學之人。

延伸知識

### 設立十路宣撫司

中統元年（一二六〇年）五月，忽必烈在中原地區設置了十路（又稱十道）宣撫司，作為地方行政機構。十路（道）分別是：燕京路、益都濟南等路、河南路、北京等路、平陽太原路（河東南北路）、真定路、東平路、大名彰德等路、西京路、京兆等路（陝西四川等路）。

每個宣撫司分領一路或數路，由忽必烈派遣藩府的舊臣廉希憲、趙璧等人出任宣撫使、副使，大多數是漢人或者是漢化程度較高的色目人，作為朝廷特命的使臣，監督和處理地方財賦、刑罰、農桑等政務。

設置宣撫司的主要目的是要整飭各路政治，以穩定社會，並為北征阿里不哥徵集錢糧，是一種臨時的差遣。但是，由於宣撫司只能處理民政而沒有處置軍務的權力，宣撫使、副使不能應付發生叛亂或社會治安等方面特殊情況，於是忽必烈又在部分地區改設行中書省，作為統治軍民的機構。到中統二年（一二六一年）十一月，十路宣撫司就取消了。

也里可溫教徽章　元

加封孔子碑　元

八思巴文銅幣　元

為了加強中央集權，在建立國家機構與職官制度的同時，忽必烈又限制諸王勳貴的特權，禁止越規違制的行為，如不許任意使用驛傳，不許擅取官物，不許擅徵賦役，不許擅招民戶等等。

## ⊙農業政策

忽必烈實行勸農政策，使農業生產得到恢復和發展。

早在中統元年（一二六〇年），忽必烈設置十道宣撫司時，便規定宣撫使有勸農的職責，後來的慰司、行中書省都是如此。自二年（一二六一年）始，忽必烈又在中樞建立勸導督察農事的機構，先稱勸農司，後改為司農司、大司農司。這個機構的主要職責是「勸誘百姓，開墾田土，種植桑棗」。

從至元元年（一二六四年）起，規定以「戶口增，田野辟」作為考課官吏的首要標準。且每年都採取一系列措施召集逃亡，鼓勵開荒，發展屯田，興修水利，限制「抑良為奴」，禁止軍隊占農田為牧場和踐毀莊稼，禁止擅興妨礙農時的勞役。

到十三世紀六十年代末七十年代初，中原地區長期遭到破壞的農業生產基本上逐漸恢復，部分地區甚至發展快速。使得中原文明的保存和延續有了可靠的基礎，使蒙古社會制度中原化有了新的內容。

## ⊙提倡儒學

忽必烈承認和提倡以儒學為主體的漢族傳統文化，並設立國子學，用漢文化教育勳戚子弟。

忽必烈在任藩王時即已深受儒家影響，所延聘的儒士不斷講述儒學的思想。淳祐十二年（一二五二年），元好問與張德輝請忽必烈做「儒教大宗師」，他欣然接受。忽必烈的封地在京兆，於寶祐三年（一二五五年）二月任宿儒許衡為京兆提學，廣設學校。

即位後，忽必烈對儒學大師尊敬有加。中統初，任王鶚為翰林學士承旨，起草了許多重要詔書。不久以後

察合台汗國銀幣

成吉思汗西征回歸後，將其轄地分給四個兒子，次子察合台分得西遼全境，並逐漸形成了汗國，稱察合台汗國。圖為該汗國銀幣。銀幣正面壓印有庫法文和阿拉伯文，意為「安拉（伊斯蘭教的神）是唯一的神」，反面平滑無字。

大食人陶俑　元

西亞雜技陶俑　元

成立翰林國史院，由王鶚主持。中統二年（一二六一年）五月，授姚樞為大司農，許衡為國子祭酒，竇默任侍講學士。

許衡與王文統不和，離京到河東懷州、孟州一帶教授生徒。至元四年（一二六七年）四月，忽必烈在上都重建孔子廟。十月，命許衡為上都的國子祭酒。此後，許衡長期在燕京主持國子監。

忽必烈規定，蒙古諸王勳貴和七品以上朝官的子孫充任國子生，三品以上朝官可推舉「民之俊秀者」為陪堂生。至元十四年（一二七七年）增設蒙古國子監，從此蒙漢兩個國子監並列。在忽必烈的支持下，各地的學校也逐漸恢復和發展，對中原傳統文化的保存和儒士的培養起了很好的推動作用。

忽必烈推行漢法，說明蒙古游牧民族在征服中原後必然要適應發展程度較高的中原漢族文明的歷史趨勢。在這方面，忽必烈是蒙古貴族中的傑出代表。就他而言，接受並推行漢法，使蒙古對中原的統治長久維持，是正確的抉擇。正是由於大行漢法，忽必烈使草原上的大蒙古國終於轉變成了中原的元朝，元初出現比較穩定的「中統至元初治」，並在此基礎上滅亡南宋，實現了中國歷史上一次新的大統一局面。

### 歷史詞典

#### 元大都

在非漢文的文獻中被稱為「汗八里」，即汗城。大都是元代的都城之一。南宋嘉定八年（一二一五年），成吉思汗攻占了金的中都，恢復了燕京的舊稱，作為統治漢族地區的中心。中統元年（一二六〇年），忽必烈在開平登上汗位，在燕京設立行中書省，同時開始整修燕京的舊宮室。中統四年（一二六三年），升開平為上都。至元元年（一二六四年），又改燕京為中都。

至元四年（一二六七年），正式動工，在金中都舊城的東北修建新城。城址的選擇和規畫主要出自於劉秉忠，主持工程的先後有張柔、段天佑和回回人也黑迭兒等。五年（一二六八年）十月，宮城建成。八年（一二七一年），開始修建大內。至元九年（一二七二年）二月，改中都為大都，正式定為都城。十三年（一二七六年），大都城全部建成。

元代的大都城周圍約二十八．六公里，呈坐北朝南的矩形，環城共開了十一道城門。在建城時，劉秉忠把海子（什剎海）湖沿岸地區作為新的城址的中心，滿足了新城對於用水的要求。皇城位於全城的西南，周圍約十公里，是官署和皇宮的所在地，城內並有元代皇帝的園囿。在新的大都城建成以後，舊燕京城仍然保留，成為大都的一部分。

元代在大都設立都總管府管理城區的民事和供需。並在大都設立大都留守司，負責守衛宮廷，都城和宮廷的修繕。大都不僅是當時元朝的政治中心，也是東西方交流的重要城市。

# 【元建行省】

●時間：西元一二六〇～一二九四年
●人物：忽必烈

忽必烈建立的元朝實現了中國歷史上一次新的大統一。元朝的疆域是中國歷史上最大的，超過了漢唐盛世。元代行省制度的確立，是中國行政制度的一項重大變革，省作為一級地方行政區劃的名稱，一直沿用至今。

## ⊙設立行省

元代在政治上的一大貢獻是實行了行省制度。元朝中央政務機構中書省直轄河北、山東、山西，這些地方稱為「腹裡」。其他地方劃為十個行中書省，分別是嶺北、遼陽、河南、陝西、四川、甘肅、雲南、江浙、江西和湖廣。

常樂驛站銅印

行中書省簡稱行省，又簡稱省。初時蒙古統治者在部分地方設行省，作為臨時的軍政機構。忽必烈滅南宋以後，逐漸固定行省的設置。個別行省是在忽必烈死後才設立的。

中國地方行政區劃中的「省」制起源於元代。不過，元代行省的轄區一般要比現在的省大得多。當時的行省是中央的派出機構，官員配置與中書省大致相同，品級也相當，設丞相一員、平章政事二員、右丞一員、左丞一員、參知政事一員。只是為了防止外職過重，行省的丞相一職往往空缺。行省的職責是「統郡縣，鎮邊鄙，與都省為表裡。……凡錢糧、兵甲、屯種、漕運、軍國重事，無不領之」。行省的主要官員直接向皇帝負責，行省以下又有路、府、州、縣等。

與前代相比，元代的行政管轄範圍進一步擴展，延伸至嶺北、遼陽、甘肅、四川、雲南和湖廣等邊地。這些地區，在其他朝代都是些國家管理不及的地方，到了元代，便和中原一樣設置了行政機構，徵收賦稅。

## ⊙經營西域、西藏

除了已設行省的地區以外，元朝並對新疆、西藏等地進行了有效的行政管轄。

蒙古興起時，天山南北一帶有畏兀兒亦都護（王）的政權，治所在哈喇火州（今吐魯番偏東），依附於西遼。嘉定二年（一二〇九年），畏兀兒亦都護主動歸附成吉思汗，蒙古國統治者一直優待畏兀兒，仍讓亦都護管理當地事務，只派達魯花赤監督。

成吉思汗西征以後，別失八里地區以西至阿姆河流域是察合台的封地。淳祐十一年（一二五一年），蒙哥曾在今新疆東部、西部及以西地區設置別失八里等處行尚書省、阿姆河等處行尚書省。

## 歷史詞典

### 元代的站戶

成吉思汗建國以後，仿效中原的驛傳制度，在境內恢復或新建了一批驛站，供來往使臣等使用。窩闊台汗時，擴大設驛站範圍，建立了貫通整個大蒙古國疆域的站赤系統，並初步制定了有關站赤的管理制度。忽必烈即位後，尤其是統一全國後，在各地普遍設立驛站，構成了以大都為中心的稠密交通網。

元代在驛站承當差役的人，稱為站戶。站戶是在普通民戶中按一定財產標準簽發出來的。站戶除了按規定為使臣提供交通工具外，部分站戶還要提供肉、麵、米、酒等食品。驛站系統的功能是傳達中央與地方間的消息，所以乘騎驛馬和使用驛站車輛要有官府的證明或宗王的令旨。

管理站赤的中央機構在世祖初年為中書省右三部，至元七年（一二七〇年）設立諸站都統領使司，至元十三年（一二七六年）改名為通政院。

忽必烈繼位以後，為鎮壓西北諸王的叛亂，以阿力麻里（今新疆霍城西北）為軍事重鎮，並一度在當地設置行中書省。

滅宋以後，忽必烈進一步加強對天山南北的治理，至元十八年（一二八一年）設北庭都護府於哈喇火州，二十年（一二八三年）又設別失八里、和州等處宣慰司。元朝中央在該地設站赤，立屯戍，行交鈔，徵賦稅，治理方式基本上與中原一樣。不過，畏兀兒的首領仍負責軍站差役的攤派和處理內部的爭訟。

驛站乘馬銅牌　元

此外，塔里木盆地南緣的斡端（今新疆和田）等地也是忽必烈與西北叛王爭奪之處，從至元十五年（一二七八年）、十六年（一二七九年）起，忽必烈派兵進駐該處，二十三年（一二八六年）又設置了四驛。

從九世紀中葉起，西藏長期處於割據紛爭的局面，這種情況一直延續到蒙古興起之時。十三世紀中葉，駐在涼州（今甘肅武威）的蒙古宗王闊端與西藏喇嘛教薩迦派座主薩迦班智達建立了密切聯絡。

寶祐元年（一二五三年），忽必烈從涼州延請八思巴到位於漠南桓州的王府。繼位後封八思巴為國師，後又稱帝師，依靠八思巴實現對西藏的治理。至元初，忽必烈設總制院，後改為宣政院，由八思巴執掌。宣政院有兩重任務：一方面要管理全國釋教僧徒，一方面要管理西藏的「軍民財穀事體」。在藏族聚居地方，宣政院設有多處宣慰使以及宣撫使、安撫使、招討使。

# 經略之才王文統

●時間：？～西元一二六二年
●人物：王文統

中統元年（一二六〇年）忽必烈在開平即位之後，與占據著和林的阿里不哥展開了激烈的戰鬥，忽必烈沒有在開平設中書省，而是在燕京設了一個「行中書省」，意思是將來在戰敗阿里不哥的時候才在和林設置中央的中書省。忽必烈任命大臣王文統擔任了這個「行中書省」的主官。

## ⊙李璮幕僚

王文統（？～一二六二年），字以道，金北京府路大定府人，早年曾中經義進士。王文統雖然以經義中舉，其為學並不局限於儒家。據史書記載，他「少時讀權謀書，好以言撼人」，又曾「聚歷代奇謀詭計為一書」，儒學名臣姚樞、竇默都曾指斥他「學術不正」。

其實，這也是金朝末年北方許多知識分子的風尚，不獨王文統一人如此，如耶律楚材、劉秉忠等都兼通天文、地理、術數、釋道、醫卜之學，只不過王文統的興趣在法家和縱橫家而已。在當時戰亂未停的歷史背景下，謀略、經濟之才比純粹的儒學更為積極和實用，王文統所學，實在無可厚非。

蒙古的連年進攻，使得金朝在河北、山東的統治迅速瓦解，各地豪強乘時而起，盤踞一方。當蒙古軍到來時，他們大多俯首歸降，被蒙古統治者任命為各地官員，准許世襲統治其地，也可以自辟僚屬，當時稱為世侯。身處亂世的知識分子，或為尋求庇護以保全身家性命，或為乘機施展才幹建立一番事業，紛紛投奔各地世侯。

王文統也「以游說遍干諸侯」，

緙絲儀鳳圖　元

初時沒有得到認同，後前往山東見李璮，「璮與語，大喜，即留置幕府」，並命其子李彥簡以老師禮節尊重他，又娶王文統之女為妻。從此，凡軍旅之事都向他諮詢。

李璮在當時各路諸侯中有特殊地位，自其父李全以來一直占據山東全境，勢力深厚，擁有比其他世侯更大的自治權。李璮不僅「善用兵」，而且重用士人參謀軍事政務，志向頗大。王文統謀略超群，與李璮結為翁婿，成為其親信謀主，可謂如魚得水，大展雄才，多有建樹。

《元史》記載：「李璮歲上邊功，虛張敵勢，以固其位，用官物市私恩，取宋漣、海二郡，皆文統謀也。」

李璮轄境緊鄰南宋佈有重兵的淮東路，蒙宋開戰以來，蒙古統治者需要用他來承擔東線攻防之責，李璮也藉此為籌碼。蒙古朝廷多次想徵調他的軍隊，都被他以本境防務重、不宜分軍為由巧言拒絕，而且多賜金、銀獎賞所部有功將士。當時各地世侯均出兵從征，百姓深受其苦，唯獨山

## 歷史詞典

### 盧世榮理財

元世祖忽必烈在王文統死後，任用阿合馬主理財政。阿合馬被殺後，元世祖起用蒙古元勳的後裔和禮霍孫執政，執政重點是清除阿合馬的黨羽，改革吏治，汰度冗官，裁撤阿合馬當政時增設的許多理財機構。但是和禮霍孫當政短短兩年多，由於缺乏理財的經驗，國家收入便發生了很大的問題。國家財政陷入崩潰，迫使政府不得不多印鈔票來平衡收支，造成了嚴重的通貨膨脹。

至元二十一年（一二八四年）十一月，忽必烈罷免和禮霍孫等人，任命剛剛由漠北南歸的安童為丞相，用桑哥推薦的漢人盧世榮主持財政。但是，盧世榮以言利獲得任用，在朝廷中沒有有力的支持者，理財不過四個月時間，就遭到御史臺的參劾，並在追查中又進一步暴露了擅自提升六部品秩、擅調兵馬、紊亂選官等問題，很快被忽必烈罷職並誅殺。

**緙絲八仙拱壽圖軸　元**

此緙絲圖以十餘種色絲裝成的小梭在白色絲地上依畫稿緙織出八仙人物及南極仙翁的形象，表現出八仙祝壽的主題。人物面目清晰，神情平和，服飾飄逸。鶴、鹿、流雲、山石、修竹等襯景為畫面增添了動感和高雅脫俗的仙境氛圍。此圖鈐「乾隆鑑賞」、「三希堂精鑑璽」、「宜子孫」、「乾隆御覽之寶」等六印。《盛京書畫錄》《祕殿珠林》均有著錄，是研究元代緙絲作品的重要實物資料。

方日晷　元

東一地免於徵調。

淳祐十二年至寶祐五年（一二五二～一二五七年），李璮先後出兵，奪取了南宋海州（今江蘇連雲港市西南）、漣水諸城，擴大了轄區，並向蒙古朝廷報功邀賞。

開慶元年（一二五九年），忽必烈統兵攻鄂州，南宋右丞相賈似道親督諸軍守禦。守城宋軍一夜之間樹起木柵環城，阻擋了蒙古軍的進攻。忽必烈十分讚賞，認為賈似道很有才能，對扈從諸臣說：「我如何才能得到像賈似道這樣的人才啊？」劉秉忠和張易當即進言，薦舉王文統。忽必烈問廉希憲，廉希憲也對王文統之名早有所聞。

## ⊙受命秉政

中統元年（一二六〇年）三月，忽必烈即帝位。四月設立中書省，「以總內外百司之政」，起用王文統為中書平章政事（副宰相）。

忽必烈藩府中人才濟濟，如劉秉忠、張文謙、廉希憲、姚樞、竇默、郝經、張易等，都是多年追隨的親信家臣謀士或早經聘問的名儒。按照以往蒙古朝廷慣例，新汗即位總是首先委任親臣掌理政務，忽必烈卻選擇了漢人世侯李璮的幕僚王文統，而且迅速拔擢為主持國政的宰相，原藩府舊臣張文謙、廉希憲、張易等反居其次（任左、右丞和參政）。這一方面固然出於忽必烈與眾不同的用人膽略，同時也因為王文統確實「材略規模，朝士罕見其比」，他的任相顯然得到了忽必烈最親信的謀士劉秉忠和家臣廉希憲等人的支持。

由諸侯幕僚一躍而為朝廷宰相，王文統實現了生平的最大轉折。忽必烈「授之政柄」，「委以更張庶務」，使他得以盡其才智，施展抱負。同時，也使他成為權力爭鬥的焦點。

王文統任中書平章政事，具有深遠的歷史背景。自蒙古進入中原以來四十餘年，一直未能建立一套適合中原漢地的統治制度。窩闊台統治時期，耶律楚材試圖推行漢制，受到蒙古貴族的強力阻撓，所定制度「見於設施者十不能二三」。郝經這樣描述當時漢地不治的情況：「法度廢則綱紀亡，官制廢則政事亡，都邑廢則宮室亡，學校廢則人材亡，廉恥廢則風俗亡，紀律廢則軍政亡，守令廢則民政亡，財賦廢則國用亡，天下之器雖存，而其實則無有。」蒙哥統治時期，「舊弊未去，新弊復生」。忽必烈即位，決意進行改革，便把「更張庶務」的責任交給了由王文統主持的中書省。

中書省成立後的第一件大事，是設立十路宣撫司。當時，各路行政官員多為世侯，享有兵民財賦之權，州縣官吏皆為部屬，子承父職。數十年來，上下相傳，自行其政，視轄境為領地，百姓為私奴，任意盤剝欺壓。如平陽、太原路，「官世守，吏結為朋黨，侵漁貪賄，以豪強相軋」，「賦役素無適從，官吏狼狽為奸，賦一徵十，民不勝其困，故多逃亡」。他們一方面對人民淫刑暴斂，另一方面又隱漏戶計，侵蝕官賦。因此各地戶口減耗，國家賦稅嚴重受損。

中統元年（一二六〇年）五月，忽必烈下令設立十路宣撫司，對各路諸侯實行監督，整肅州縣吏治，旨在使百姓安於田稼，稅賦能如數徵收。

**釉裡紅飛雁銜蘆紋匜　元**

器物敞口，底略內凹，長方槽形短流，流下有一卷方形系，口沿無釉，砂底。四外施青白釉，釉面光澤瑩潤。內壁的釉裡紅繪一周寬帶紋，內刻水波紋，底心繪飛雁銜蘆紋。

對宣撫司官員的考覈標準即是：「戶口增，差發辦，方為稱職」。並先後幾次下旨，規定了宣撫司對所管地方官吏以及戶口、財賦、刑罰等各方面政務的確實權責。宣撫使除由忽必烈原藩府舊臣出任外，大多是王文統薦舉。

## ⊙牽連被殺

王文統不愧為忽必烈的一位得力能臣，李璮反叛之前，也看不出他對元朝有何貳心。然而，李璮甫亂，即有人檢舉王文統曾派其子王蕘與李璮私通之事。

忽必烈查到王文統與李璮的來往信件，內有「期甲子」之語。忽必烈將這封信給王文統看，王文統辯解道：「離甲子還有好幾年，我說這話，是要推遲他的反期。」

忽必烈召集竇默、姚樞、王鶚、僧子聰及張柔等人，拿出王文統的書信，問該定王文統甚麼罪。諸臣都說：「當死！」

中統三年（一二六二年）二月二十三日，忽必烈將王文統及子王蕘處死。

王文統究竟是否確有反意，已經成為歷史懸案。王文統生長在金與蒙古相繼統治的北方，似乎並未自以為漢人，心向宋朝，如果說他反對當時的元朝統治，並無任何事實依據。況且他在元朝也深得忽必烈的器重，本身為官十分賣力且出色，並無謀反的必要。

忽必烈沒有聽信王文統的辯解，將之作為遁詞，現在人們想一想，也許確實是王文統的真心話：一方面是拿著他的俸祿、對自己栽培有加的英明主子忽必烈，一方面又是有著姻親關係的女婿李璮，王文統想兩全其美，卻陷入了兩難的境地，也許正是在這兩難的狀況，斷送了王文統的身家性命。

忽必烈殺王文統後，對漢人幕僚心增疑慮，逐漸疏遠，朝中的漢人慢慢失去了顯赫的位置。

# 李璮叛亂

●時間：西元一二六二年
●人物：李璮　忽必烈　合必赤　史天澤

當忽必烈正與阿里不哥相持不下時，中統三年（一二六二年）二月，山東爆發了軍閥（當時稱爲世侯）李璮的武裝叛亂。

## ⊙獻城聯宋，倉促起兵

李璮是叛降蒙古的南宋民軍首領李全養子。李全領導的紅襖軍原本反抗金朝統治，後來蒙古軍隊占領了山東，李全向蒙古投降。

紹定四年（一二三一年），李全進攻南宋江北重鎮揚州，結果大敗，退卻途中連人帶馬掉進南宋的陷阱裡，亂槍戳死。

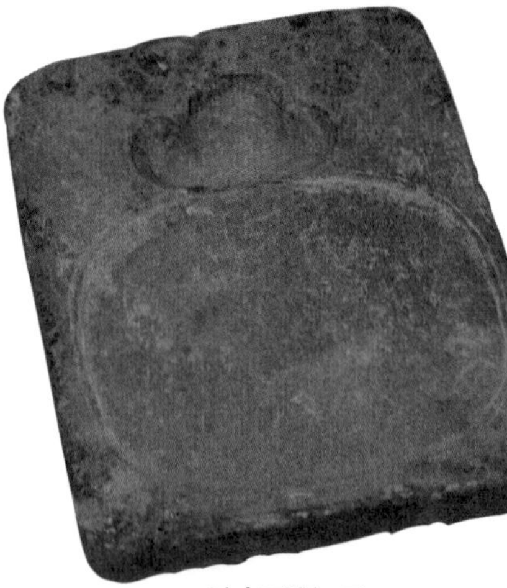
長方石硯　元

李全死後，李璮承襲父職，轄地設為益都行省，成為割據一方的軍閥。景定元年（一二六〇年），忽必烈繼位，加封為江淮大都督。

李璮雖非李全親生，卻承繼了李全叛逆的「血統」。忽必烈北征阿里不哥時，李璮藉口防禦南宋，拒不出兵相援。李璮以為忽必烈沒有力量兼顧兩頭，又以為北方的漢族軍閥、官僚都與他一心，只要起兵，就會一呼百應。當時他的岳父王文統，正在朝中任中書平章政事一職，也方便他探聽朝廷的虛實。

李璮又匆忙派人與南宋聯絡，承諾獻出今蘇北沿海的三座城池，作為投靠南宋的獻禮。李璮此舉目的是為了避免遭到蒙古和南宋的兩面夾擊。事實上，還沒有等到南宋的答覆，他便匆忙起兵了。

景定三年（一二六二年）二月初三，李璮占領山東益都，正式發動叛亂，將漣、海等城獻於南宋，還軍益都。當時，忽必烈正在今內蒙古南部的草地過冬，指揮軍隊全力攻打阿里不哥，中原防務空虛。但是忽必烈對李璮一直存有戒心，叛亂一發生，便處死李璮的岳父王文統。

## ⊙取下策，困死濟南

李璮叛變後，忽必烈請姚樞分析形勢。姚樞說：「假如李璮趁我們打阿里不哥時，率領部隊沿著海邊直搗燕京，關閉居庸關，把我們阻止在關外，以致人心惶惶，這是上策。假如他聯合南宋，堅守山東，出兵騷擾我方邊境，使我方疲於奔命，這是中策。假如出兵濟南，等待山東各地軍

延伸知識

## 漢人世侯

蒙古軍進入中原以後，各地的土豪紛紛聚集宗族，召集壯丁，組織武裝，並乘亂爭奪地盤，擴大勢力範圍。為了能夠順利進攻中原地區，蒙古軍往往會利用當地的官僚和土豪擴大占領區。尤其是在木華黎專征金朝時，凡是獻土歸降、擴地有功的軍閥，都按照實力給予大小不等的官職，允許世襲管領原來占有的地方或者是新占領的地區，這些軍閥既是管民官，也是管軍官，並可以自由聘請幕僚，建立幕府，擁有很大的政治、軍事權力。這些軍閥後來就發展為在元朝初年有極大勢力的漢人世侯。著名的漢人世侯有真定史氏、東平嚴氏等等。

在李璮之亂平定以後，掌握中原兵民大權的大小世侯，成為新王朝鞏固統治的極大障礙。為了消除後患，忽必烈實行了兵民分治，罷管民官世襲，解除一家有多人居於要職的世侯的職務，設立樞密院以總管軍權，實施一系列削弱世侯勢力的措施，有效控制了北方地區，鞏固了自己的後方，奠定了汗位之爭的勝利基礎。

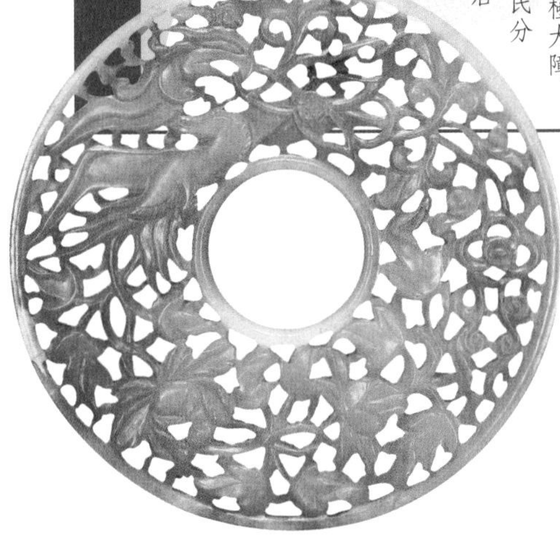

白玉鏤空鳳穿花璧　元

青白色，正面鏤雕一隻展翅飛翔的鳳，並襯以纏枝牡丹，背面平磨，內外緣各有弦紋一周，雕琢精美，風格華麗。

閥的響應支持，這是作繭自縛，是下策。」

忽必烈問：「李璮將會選擇何策？」姚樞毫不猶豫說：「出下策。」

李璮既沒有奇襲燕京的勇氣，又得不到南宋的支持和配合，果然選擇了出兵占領濟南。以為在濟南坐等，北方的漢族地方武力都會出兵支持，可以一舉奪取忽必烈的蒙古政權。但是李璮並沒有真正分析清楚形勢，忽必烈的政權已經相當牢固，不管是真心還是迫於忽必烈的威勢，這些漢族地方軍閥已經無心再反抗忽必烈了。李璮於是陷入孤立無援的境地。

忽必烈急召諸路蒙漢軍前往濟南，命宗王合必赤總督諸軍。景定三年（一二六二年）三月，史樞、韓世安等在高苑老僧口大敗李璮，李璮退守濟南。

四月，忽必烈又命右丞相史天澤征伐。史天澤與合必赤合議，準備築環城，長期圍困濟南。

五月，史天澤等蒙古軍隊將濟南團團圍住，李璮成了甕中之鱉，城中士氣低落，糧盡彈絕，只能以死人肉維持。李璮的部下三五成群，紛紛從城牆爬下逃命。

七月，李璮走投無路，投大明湖自盡，因水淺未死，被俘，史天澤斬首於軍前。

李璮之亂只局限於益都、濟南一隅，而且起兵五月即軍敗身死。但是，李璮之亂的爆發卻對忽必烈的統治政策和當時的政局產生了深遠的影響。

# 大將伯顏

●時間：西元一二三七～一二九五年
●人物：伯顏

大將伯顏在元攻克南宋平定內亂中立下赫赫戰功，元世祖忽必烈稱他有將相之才。

## ⊙女色不動心

伯顏（一二三七～一二九五年）的曾祖父和祖父曾隨成吉思汗南征北戰，伯顏也是在父親西征途中出世的。有一次，伯顏作為西征軍的使者向忽必烈奏事，忽必烈見他相貌堂堂，談吐不凡，便說：「伯顏是個大才，還是留在我的身邊吧！」

至元十一年（一二七四年），忽必烈拜伯顏為中書左丞相，領兵南下伐宋。伯顏辭行時，忽必烈說：「當年宋太祖的大將曹彬奉命進攻南唐，曹彬從不濫殺無辜，一舉平定江南。你要體會我的這種心情，效法曹彬，不要讓我的百姓橫遭鋒刃。」

伯顏與另一大將阿朮領兵二十萬，水陸並進，一路所向披靡，連敗宋軍，直逼江州（今江西九江）。南宋兵部尚書呂師夔不戰而降，伯顏讓他擔任江州太守。

呂師夔設宴款待伯顏，酒酣耳熱之時，呂師夔送上兩個盛裝打扮的女子，聲稱是從南宋宗室中挑選出來，作為禮物獻給伯顏。伯顏大怒道：「我奉聖天子之命，以仁義之師來向宋朝問罪，女色豈能動搖我的志向？」嚇得呂師夔趕緊跪地求饒。

人鶴紋爐頂　元

白玉質，有紅褐色沁。爐頂雕琢一棵樹，下部為雙鶴及人物，其神態刻畫惟妙惟肖，生動傳神，極富自然的鄉野風趣，具有較高的藝術水準。

## ⊙攻陷臨安

攻宋期間，正逢疫病流行，百姓飢餓難耐。伯顏下令開倉賑饑，發藥治病，百姓大為感激，稱伯顏的軍隊為王者之師。

當時天氣暑熱，北方人水土不服，忽必烈下詔停戰，等第二年秋天再行出兵。伯顏上奏道：「我軍攻宋，正如追逐獵物，好不容易才扼住牠的咽喉，稍一鬆手，就會逃掉。現在不該回兵，而應乘勝前進，才能一舉獲勝。」忽必烈命使者傳言：「將在外，君命有所不受，一切戰事由丞相決斷。」

至元十三年（一二七六年）正月，伯顏軍包圍南宋都城臨安（今杭州）。宋朝大臣懇求伯顏寬恕年幼的宋帝與年邁的太后，談和退兵。伯顏冷冷說：「你們趙宋當年就是從孤兒寡婦手中奪得政權的，今天又從孤兒寡婦手中失去政權，這不是天意嗎？」

二月，宋恭帝在太后的授意下，上表求降，並交出傳國玉璽。南宋就此滅亡。

## ⊙不帶江南物

南宋都城臨安商業繁榮，「金玉錦綺，珍異奇古之玩，所在充溢」，但是伯顏不為所動，下令封存府庫，登記錢穀，將士不得擅自進城，有暴掠者，軍法懲治。因此，南宋雖已亡國，但臨安市區繁華如故，生意照常進行。

三月，伯顏將南宋皇宮中的祭器、儀仗、圖書全部北運，宋皇室成員也押解至上都。忽必烈大喜，預計嘉獎伯顏，伯顏拜謝道：「全靠陛下英明決斷，將士英勇拚殺，我沒有多少功勞。」

伯顏平宋歸京時，忽必烈命百官在郊外迎接，權臣阿合馬為了討好伯顏，先在半道表示祝賀。為表謝意，伯顏解下隨身佩帶的玉鉤帶回送，並說：「南宋皇宮中寶物確實不少，可是我分毫不取，但願不要嫌棄我的禮薄。」

阿合馬以為伯顏輕視自己，懷恨在心，便在皇帝面前造謠，稱伯顏私藏宋室至寶玉桃盞。忽必烈命人清查，因無證據便不了了之。

阿合馬死後，有人向忽必烈獻上玉桃盞，忽必烈愕然歎道：「差一點讓忠良受了冤屈。」

「擔頭不帶江南物，只插梅花三兩枝。」這是伯顏平宋後寫的兩句詩。不愛色，不貪財，像伯顏這樣的忠臣良將在元朝確實少見。

《金剛般若波羅蜜多經註釋》書影 元

### 歷史詞典

### 《元典章》

《元典章》本書全名《大元聖政國朝典章》，六十卷，附〈新集至治條例〉，編者不詳。是一部元朝法令公牘文書的彙編，所收文件的年代，上起世祖中統元年（一二六〇年），下至英宗至治二年（一三二二年）。分為詔令、聖政、朝綱、臺綱、吏部、户部、禮部、兵部、刑部、工部十大類。

書中抄引的聖旨和中書省、御史臺的文件，保存了元朝最高統治集團議決政務的原始記錄，從中可以看出元朝政府決定，以及處理政務的準則、方法和過程。本書可以補充和印證《元史》和其他史籍中的許多記載。

《元典章》文體獨特，不僅使用一般書面語，詞訟文字中又常用元代口語，此外還有聖旨、令旨和省、臺文件中使用以口語硬譯蒙古語的特殊文件，其語法特徵與漢語大不相同，也是研究元代語言的重要參考資料。

# 海都爭位

●時間：西元一二六八～一三〇一年
●人物：海都　鐵連　昔班　伯顏　海山

海都是窩闊台的孫子，世居北方邊陲。成吉思汗生前曾與諸王約定，大汗之位由窩闊台子孫世襲。窩闊台之子貴由只當了三年大汗，汗位便轉到了拖雷系，由拖雷之子蒙哥繼位。海都不服，忽必烈與阿里不哥爭汗位時，海都支持阿里不哥，阿里不哥失敗後，海都便發動了叛亂。

## ⊙鐵連探營

海都密謀叛亂，不料消息走漏，被忽必烈得知。忽必烈對群臣說：「海都是朕的宗室，應當以恩德感化，可選一名謹慎穩妥之人前往。」群臣一致推舉平陽（今山西臨汾）達魯花赤鐵連擔此重任，忽必烈立即召見。

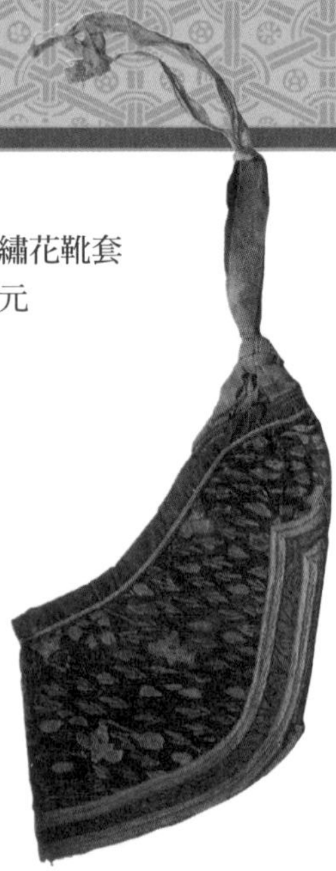

繡花靴套
元

忽必烈向鐵連提出問題，鐵連一一回答。忽必烈非常滿意，交代鐵連說：「此事非你前往不可。你可先到宗王蒙哥鐵木王處，商討對策。」又派了兩人作為鐵連的副使。

鐵連受命後，預計先到海都處查探虛實，然後再與諸王商討對策。副使擔心遭到海都暗算，不願前去，鐵連厲聲說：「我親領天子密旨，不聽令者格殺勿論。」副使害怕，只得隨行。

到了海都處，海都天天宴請，伺機尋找機會殺了鐵連。鐵連看出，故意對副使說：「多吃飯，少說話，免得被人抓住口實定罪。」海都愕然道：「你說話直爽，我不怪你。」

酒宴過半，鐵連要求賞賜衣服。海都打算把自身皮裘賞給他，被后妃制止，只賞賜了兩件皮衣。海都告誡部下道：「當使臣的像鐵連那樣就不錯了。」

鐵連離開海都處，前往蒙哥鐵木王處，講述了海都的情況。蒙哥鐵木王說：「祖宗有成訓，凡是反叛者，人人得而誅之。如通好不從，朝廷發

影青透雕人物紋瓷枕　元

兵進剿，我即舉兵響應。」

鐵連回到朝中，上奏道：「海都的軍隊既多又精，不宜速戰，應該堅壘以待，長期消耗，令他無力作亂。」

忽必烈非常高興，將海都賜給的衣服飾以黃金，供鐵連朝會時穿戴。又下詔封皇子那木罕為北平王，率兵鎮守北方，以防患於未然。

## ⊙海都叛亂

至元五年（一二六八年），海都正式舉兵反對忽必烈。消息傳來，忽必烈迅速檢閱軍隊，準備迎戰。又派戶部尚書昔班前往海都處，命海都罷兵來朝。昔班向海都講明利害，海都表示願意聽從。

不料，昔班尚未離開海都軍營，丞相安童的部隊已和海都軍隊衝突，並奪取了對方的輜重。海都對昔班說：「我本打算殺你。但念我父曾和你讀過書，這次就放過你。回去把安童進攻的事上奏天子，這次戰爭可不是我的過錯。」

海都善於用兵，士兵皆剽悍異常，多次打敗忽必烈的軍隊。忽必烈命皇孫甘麻剌與大將土土哈等征討，在薛良格河（蒙古色楞格河）被海都打敗。幸虧土土哈設伏，海都方才退兵，但和林已經陷入海都之手。

### 歷史詞典

### 大聖壽萬安寺白塔

至元八年（一二七一年），由當時在中國做官的尼泊爾著名的建築師阿尼哥（一二四四～一三〇六年）參與設計，在大都的阜成門內建造了著名的藏傳佛教建築——大聖壽萬安寺，作為文武百官演習禮儀和做佛事的地方。寺內設有忽必烈及其太子真金的影堂，並建立了一座磚砌的喇嘛塔。

後來寺廟因火燒毀，只剩下喇嘛塔。明代重修這座寺院，改寺名為妙應寺。這座喇嘛塔由於外面塗著白堊，也就稱為妙應寺白塔。

白塔的形制模仿尼泊羅（尼泊爾）式樣，塔高五十．九公尺，塔基為三層方形折角須彌座，高九公尺。塔身是碩大的白堊色覆缽體，形狀如同葫蘆，上半身為圓錐形的長脖子，有十三節，稱「十三天」，頂上花紋銅盤的周圍懸掛三十六個小銅鐘。銅盤上豎八層銅質塔剎，有五公尺高，重四噸，分為剎座、相輪、寶蓋和剎頂四部分。妙應寺白塔是現存元代最大的喇嘛塔。

緙絲東方朔偷桃圖　元

藍釉白龍紋瓷盤　元

## ⊙伯顏領兵

得知和林失陷，忽必烈急忙從上都趕至漠北，親自征討海都。但海都已聞風遠遁，忽必烈命老將伯顏出鎮和林。

伯顏鎮守和林數年，海都多次來攻，均被擊退。這時，有人誣告伯顏遠居北方，與海都通好，所以無尺寸之功。忽必烈疑信參半，命御史大夫玉昔帖木兒取代，伯顏退居大同（今屬山西），另行安排。

玉昔帖木兒即將到達時，海都又來進攻，伯顏派人告訴玉昔帖木兒：「請你暫停前進，等我擊退海都，你再前來。」

伯顏與海都交兵七天，且戰且退。部下諸將認為他怯懦，忿忿說：「將軍如果懼戰，為甚麼不把兵權交給御史大夫？」

伯顏笑說：「海都孤軍深入，半路出擊，他必然逃跑，我誘敵深入，才能一舉擒獲。你們一定要出戰，如果海都逃跑，誰來負責？」諸將都說：「我們負責。」伯顏於是縱軍出擊，海都果然兵敗逃走。

伯顏將玉昔帖木兒請至軍中，授予領兵符印。皇孫鐵穆耳當時受命撫軍北方，置酒為伯顏餞行，席間問伯顏道：「你就要離去，可有甚麼話要說？」伯顏舉著酒杯說：「對酒和女色要謹慎，軍中紀律要嚴，恩德不可廢。」鐵穆耳點頭同意。

## ⊙海都兵敗

至元三十一年（一二九四年）正月，忽必烈辭世，平叛重任落在了汗位繼承人孫元成宗鐵穆耳肩上。元貞三年（一二九七年），長年與海都交手的將領土土哈去世，子床兀兒襲職。

床兀兒多次與海都交戰，互有勝負。一次，海都的部下篤哇偷襲駙馬闊里吉思的防區，闊里吉思部署迎戰，並通知相鄰的三個戍守將領帶兵相助。但是三人酒醉不能帶兵，闊里吉

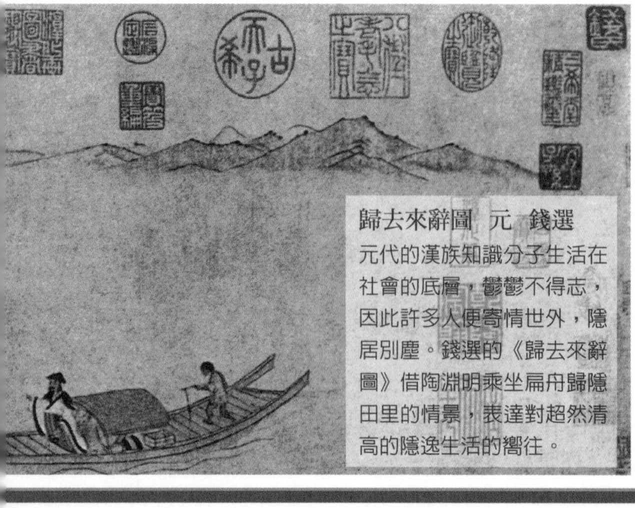

歸去來辭圖　元　錢選

元代的漢族知識分子生活在社會的底層，鬱鬱不得志，因此許多人便寄情世外，隱居別塵。錢選的《歸去來辭圖》借陶淵明乘坐扁舟歸隱田里的情景，表達對超然清高的隱逸生活的嚮往。

延伸知識

## 恢復科舉取士制度

金朝滅亡以後，科舉考試停止。元代中葉重開科舉，科舉取士制度在蒙元政權下停廢長達八十年之久，是科舉制推行以來停廢最久的時期。

元代中期以後，蒙古、色目上層人士的文化素養逐漸提高。元仁宗為提高官吏素質，決定實行科舉取士制度。皇慶二年（一三一三年），元朝廷頒布舉行科舉的詔書，宣布次年開考。

元朝科場，每三年開試一次，分為鄉試、會試、殿試三級考試。鄉試為地方考試，於八月舉行。鄉試合格的舉人，於鄉試次年二月在京師舉行會試，由禮部主持。會試最多可以錄取一百人，其中蒙古、色目、「漢人」、「南人」各二十五名，錄取的舉人於會試次月在翰林院參加殿試。

殿試根據考試結果對會試合格者重新排列名次，分為兩榜公布。蒙古、色目人作右榜（蒙古人以右爲上），漢人、南人作左榜。兩榜都分為三甲，第一甲各一人，賜進士及第，任從六品官員。這兩個人俗稱都是「狀元」，但按當時制度，真正的狀元只有蒙古狀元一人。

科舉取士在元代的官吏選拔中始終不占主要地位，規模遠遠不足以與唐宋兩代相比較。

思兵少被擒，不屈而死。元成宗下令逮捕玩忽職守的三名將領。

這時，追隨叛軍的諸王藥不忽兒、兀魯思不花與大將朵兒朵哈向成宗投降。成宗怕事情有詐，派人監視，兀魯思不花一怒之下，縱兵抄掠，成宗隨即將他拘捕。朵兒朵哈也兩次叛逃，但都被抓住。成宗本想殺他，但朵兒朵哈請求將功折罪，藥不忽兒要求同行，成宗批准。二人在哈喇火州（今新疆吐魯番）設伏攻擊篤哇，大獲全勝。

成宗命寧遠王闊闊出鎮守北方，但闊闊出指揮無方，改由皇姪海山取代。大德五年（一三〇一年），海山與海都激戰於和林附近。戰場上鼓聲震天，旌旗蔽日，雙方殺得難解難分。海山部將見篤哇縱馬奔馳，一箭射中他的膝蓋，篤哇慘號逃走。海都勢單力孤，只得鳴金收軍。

海都苦心孤詣，十年生聚，指望此役大獲全勝，不料慘敗，抑鬱成疾而死。

# 【襄樊之戰】

●時間：西元一二六八～一二七三年
●人物：阿朮　劉整　阿里海牙
　　　　張順　張貴

襄樊地處南陽盆地南端，襄陽和樊城南北夾漢水互為依存，「跨連荊豫，控扼南北」，自古以來為兵家必爭之地，也是南宋抵抗蒙古軍隊的邊陲重鎮。「無襄則無淮，無淮則江南唾手可下也」，這是南宋降將劉整向忽必烈進獻攻滅南宋策略時說的一句話。咸淳三年（一二六七年），劉整向忽必烈獻策：「先攻襄陽，撤其捍蔽。」建議為忽必烈所採納。

## ⊙步步為營圍襄樊

在劉整的建議下，忽必烈開始實施對襄陽戰略包圍。忽必烈首先建立陸路據點，作為攻宋的根據地。

襄陽砲（模型）
這是蒙古大軍從阿拉伯地區引進的新式拋石車，俗稱「回回砲」。這種拋石車在槓桿後端掛有一塊巨大的鐵塊或石塊，平時用鐵鉤鉤住槓桿，放時只要把鐵鉤扯開，就能拋出「鐵彈」或「石彈」。在窩闊台之後，忽必烈曾於至元十年（一二七三年）靠回回砲攻下了數年不克的襄陽城，此後回回砲又稱「襄陽砲」。

早在景定二年（一二六一年）夏，忽必烈根據劉整的建議，以玉帶賄賂南宋荊湖制置使呂文德，請求在襄陽城外置榷場，呂文德應允。接著，蒙古使者以防禦盜賊、保護貨物為名，進一步提出要求在襄陽外圍築造土牆，目光短淺的呂文德竟然也同意了。於是，蒙古人在襄陽東南的鹿門山修築土牆，內建堡壘，建立了包圍襄陽的第一個據點。

咸淳四年（一二六八年），蒙古將領阿朮在襄陽東南鹿門堡與東北白河城修築堡壘，切斷援襄宋軍之路。六年（一二七〇年），另一蒙古將領史天澤在襄陽西面的萬山包百丈山築長圍，又在南面的峴山、虎頭山築城，連接諸堡，完全切斷了襄陽與西北、東南的聯絡，襄陽成了一座孤城。

蒙古軍步步為營，在襄陽外圍修築了十餘處城堡，建立起長期圍困襄陽的據點，完成對襄陽的戰略包圍。

## ⊙知己知彼練水軍

忽必烈深知宋軍習於水戰，於是也建立了水軍，訓練對抗南宋的戰術。

咸淳三年（一二六七年）秋，阿朮率軍攻打襄陽，俘人略地而歸。宋軍乘蒙古回軍之際，在襄陽以西的安陽灘以水軍扼其歸路，然後騎兵直衝其陣，蒙古軍隊大亂，都元帥阿朮墜馬，險些被宋軍活捉。蒙將懷都急忙選派善識水性的士卒泅水，奪得宋軍戰艦，其餘將領奮勇拚殺，才將宋軍擊退，轉敗為勝。

安陽灘之戰，蒙古軍隊雖然最終打敗了宋軍，卻也暴露出蒙古水軍的弱點。六年（一二七〇年），忽必烈命劉整「造戰船，習水軍」。劉整於是造船五千艘，日夜操練水軍，又得到四川行省所造戰艦五百艘，建立一支頗具規模的水軍，彌補了戰術上的劣勢，積極準備戰略進攻。

## ⊙三年爭奪困城

從咸淳四年（一二六八年）蒙古軍築鹿門堡，修白河城，到六年（一二七〇年）完成包圍襄陽，蒙古軍隊在戰略上已占有優勢，南宋政府為挽救危局，進行了反包圍戰與援襄之戰。

三年（一二六七年）冬，南宋任命呂文煥知襄陽府，兼京西安撫副使。次年十一月，為打破蒙古軍鹿門、白河之圍，呂文煥命襄陽守軍出戰，但被蒙古軍隊打敗，傷亡慘重。

五年（一二六九年）三月，宋將張世傑率部與包圍樊城的蒙古軍交戰，又被阿朮打敗。七月，沿江制置使夏

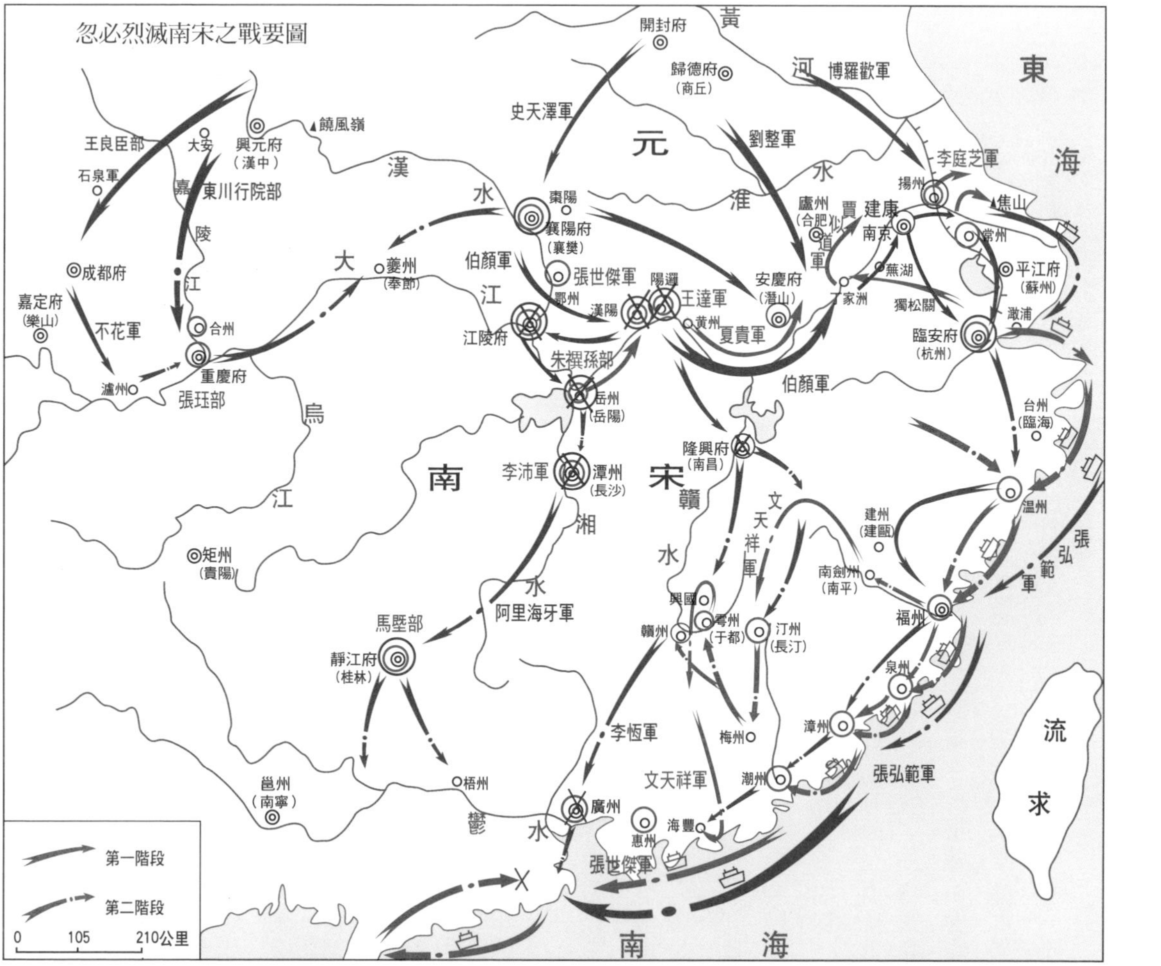

**青白釉觀音坐像　元**

通體施青白釉，晶潤光潔，如冰似玉。觀音體態碩壯，廣額豐頤，帔帛、長裙線條流暢，是元代景德鎮窯瓷塑藝術的傑作。

貴率軍救援襄陽，遭到蒙古軍與漢軍的聯合伏擊，兵敗虎尾洲，損失二千餘人，戰艦五十艘。

六年（一二七〇年）春，呂文煥出兵攻打萬山堡，蒙古軍誘敵深入，乘宋軍士氣衰退，蒙古將軍張弘範、李庭大舉反擊，宋軍大敗。九月，宋殿前副都指揮使范文虎率水軍增援襄陽，蒙古軍水陸兩軍迎戰，大敗宋軍，范文虎逃歸。

七年（一二七一年），范文虎再次援襄，阿朮率諸將迎擊，宋軍戰敗，損失戰艦一百餘艘。

宋蒙兩方雖然在襄樊外圍進行了長達三年的爭奪戰，但因蒙軍包圍之勢已經形成，不但南宋援襄未能成功，而且襄樊城中宋軍反包圍的戰鬥也無法取勝，宋軍只好困守襄陽。

## ⊙水陸夾攻取襄樊

咸淳八年（一二七二年）春，元軍對樊城發動總攻擊。三月，阿朮、劉整、阿里海牙進攻樊城，攻破外郭後，增築重圍，進一步縮小了包圍圈，宋軍只好退至內城堅守。

四月，南宋京湖制置大使李庭芝招募襄陽府（今湖北襄樊）、郢州（今湖北鍾祥）等地民兵三千餘人，由總管張順、路分鈐轄張貴率領，連同輕舟百艘及大批物資馳援襄陽。

五月，救援戰鬥開始，二張在高頭港集結船隊，將船連成方陣，船上安裝火槍、火砲及強弓勁弩，張貴在前，張順在後，突入元軍重圍。船隊到達磨洪灘，被佈滿江面的元軍船艦阻擋，無法通過。張貴率軍強攻，將士一鼓作氣，先用強弩射向敵艦，然後持大斧與元軍短兵相接，衝破重重封鎖，勝利抵達襄陽城中。此役，元軍戰死及溺亡者不計其數，張順陣亡，而此時襄陽被困已有五年之久。

這次勝利雖然給襄陽守軍帶來希望，但在元軍的嚴密封鎖下，形勢仍然相當嚴峻。張貴聯絡郢州的殿帥范文虎，商議南北夾擊，打通襄陽外圍交通線，約定范文虎率精兵五千駐龍尾洲接應，張貴率軍與范文虎會師。

張貴在約定日期辭別呂文煥，率兵三千順漢水而下。檢點士兵時卻發現少了一名因犯軍令而被鞭笞的親兵，張貴知道軍情已經洩露，隨即果斷改變行動計畫，乘夜放砲開船，殺出重圍。

元軍將領阿朮、劉整得知張貴突圍，派數萬人阻截，將江面堵死。張貴且戰且行，接近龍尾洲時，在燈火中遠遠望見龍尾洲方向戰艦如雲，旌旗招展，以為是范文虎的接應部隊，便舉火聯絡，對方船隻見燈火便迎面駛來。等到近前，才發現來船全是元軍。

在這場遭遇戰中，宋軍極其疲憊，明顯處於劣勢，張貴陣亡。元軍派四名南宋降卒抬著張貴屍體前往襄陽城，迫使呂文煥投降。呂文煥殺掉降卒，將張貴與張順合葬，立雙廟祭祀。

咸淳八年（一二七二年）秋，元軍採取分割圍攻戰術。為切斷襄陽的援助，元軍對樊城發起攻擊。

九年（一二七三年）初，元軍分別從東北、西南方向進攻樊城，忽必烈又派遣回回砲匠至前線，造砲攻城。元軍燒毀了樊城與襄陽之間的江上浮橋，使得襄陽城中宋兵無法救援，孤立樊城。劉整率戰艦抵達樊城下，用回回砲打開樊城西南角，進入城內。南宋守將牛富與偏將王福因寡不敵眾，投火自盡，樊城陷落。

脣亡齒寒，樊城失陷以後，襄陽陷入無力固守又無援兵的絕境，形勢更加危急。

二月，元將阿里海牙由樊城攻打襄陽，砲轟襄陽城樓，城中軍民人心動搖，將領紛紛出城投降。呂文煥無力回天，舉城降元。襄樊戰役宣告結束。

襄樊之戰的最終失利，敲響了宋朝的喪鐘。

枯木竹石圖　元　李衎

絹本，水墨，縱一百六十．一公分，橫八十五．八公分，（美）印第安納波李斯藝術博物館藏。圖中畫枯樹三株，近處一株高大偉岸，粗幹繁枝，虬曲多姿。另外兩株較為矮小，分立左右，相互穿插。坡石平緩，雜草叢生，竹影依稀。對岸一抹淺灘，使畫面空間開闊深遠。全圖筆墨沉雄，佈局勻整，意境蕭疏淡遠。

玉馬　元

# 猛將阿朮

●時間：西元一二二七～一二八七年
●人物：阿朮

阿朮（一二二七～一二八七年）蒙古兀良合部人。祖父速不台是著名的「四狗」之首，父親兀良合台也是蒙古的名臣宿將。阿朮繼承了祖父和父親的勇猛風氣，很早就在戰場上英勇殺敵。阿朮年輕的時候就隨父從軍，參與蒙軍從西南面迂迴包抄南宋的萬里遠征，平定大理。史書上稱他擔任開路先鋒，「率精兵作候騎」，屢建奇功，堪稱一員猛將。

## ⊙帶兵攻打南宋

伐宋之戰中，阿朮跟隨父親兀良合台從西南方向迂迴包抄南宋，與南下的忽必烈遙相呼應。在攻打押赤城（今昆明）時，阿朮在宋軍不知不覺情況下潛入城內。之後，兀良合台病倒，將軍事指揮權交給阿朮。阿朮不負所望，一舉攻破西南的許多池城。西南諸部族聽說阿朮軍到，紛紛大懼請降。

眾仙圖　元

圖中既有儒家的聖人，又包括了佛、道神仙。三教共棲，濟濟一堂，構成了一個和諧的神界。

開慶元年（一二五九年），兀良合台奉命率兵自西南方突入南宋境內，北上與忽必烈的主力會師於湖南長沙。南宋軍在邕州附近的老蒼關、橫山寨一帶陳兵數萬，攔截阿朮父子。阿朮從背後包抄宋軍，父子聯合夾擊，衝破宋軍主力，大敗宋軍，成功突破了宋軍的防線。此役之後，蒙軍一路勢如破竹，連破諸多州府，直抵潭州（今長沙）城下。不久，阿朮隨父撤軍北還。

忽必烈繼位後，阿朮入調宿衛。景定三年（一二六二年），平定叛亂有功。九月，由宿衛將調任征南都元帥，駐紮於開封。阿朮上任後，以開封為基地，在兩淮地區部署，不斷攻戰取勝，軍威大振。

元軍吸取以往的經驗教訓，將主要攻擊目標放在漢水中游的軍事重鎮襄陽。宋元雙方都投入了大量兵力，為爭奪襄陽展開長達數年的拉鋸戰。

咸淳三年（一二六七年），阿朮任為元軍總指揮，負責攻打襄陽。八月，阿朮在仔細偵察襄陽周圍地形及宋軍的佈防情況後，親率精騎突入宋軍陣內，退兵時避開宋軍的攔截，佈下埋伏，一次殲敵萬餘。

阿朮深知襄陽城堅池深，不可強攻，決定採取長期圍困之策，使宋軍自斃。從咸淳四年（一二六八年）起，在阿朮的要求下，忽必烈不斷增兵襄陽，尤其是增加了善於進攻水柵和山寨的漢軍。為了適應水上作戰，阿朮奏請忽必烈，造艦數千艘，訓練數萬名水軍。此舉不但加強了元軍對水上的控制能力，也為後來南下渡江滅宋做了充分的準備。

阿朮決定從水上和陸上同時對宋軍實行包圍。環繞襄陽修築長圍，在白河口、鹿門、新城、楚山等地建造了夾江城堡，在漢水中築臺，與夾江堡相呼應。這一包圍圈形成了對襄陽的戰略包圍，有效切斷了宋軍的水陸援道。

咸淳五年至八年（一二六九～一二七二年），阿朮採取圍點打援的戰術，與宋軍在新堡、萬山堡、鹿門、櫃門關等地展開了數場大的戰鬥，阿朮親自指揮，挫敗前來支援的宋軍。阿朮並多次派遣元軍不斷襲擊襄陽外圍州郡，於是襄陽幾乎成為一座孤城。

八年（一二七二年），元軍攻破與襄陽夾江對峙的樊城外郭，對襄陽形成更大的威脅，兩城僅能通過漢水中的浮橋互相支持。阿朮將宋軍植入江中保護浮橋的木柵、鐵索破壞，放火燒了江中的浮橋，一舉斷絕了襄、樊之間的聯絡。十二月，阿朮攻下樊城，沒過多久，襄陽守將呂文煥無法支撐，舉城出降。

九年（一二七三年），忽必烈命阿朮任路樞密院，管轄襄陽。十年（一二七四年）正月，阿朮入朝，向忽必烈奏請出兵，掌握時機一舉滅宋，但久議不決。阿朮堅持勸諫，指出南宋已今非昔比，如果不利用機會，時不

延伸知識

### 永樂宮建成

永樂宮位於山西省芮城縣，這裡相傳是民間神話故事中的八仙之一呂洞賓的誕生地。金、元之際全真教興起以後，呂洞賓被尊為北五祖之一，並被敕封為「純陽演正警化真君」。

在全真教的主持下，從淳祐七年（一二四七年）開始，歷經十五年，建成了「大純陽萬壽宮」，以後歷代又陸續擴建，並改名為永樂宮。這裡是全真教的三大祖庭（芮城永樂宮、鄠縣萬壽宮、北京白雲觀）之一。

永樂宮最有代表性的藝術形式是壁畫，在從元代開始的一百一十多年時間裡，永樂宮製作了包括各種道教神話、全真教祖師王重陽的生平等大量精美的壁畫。

「永昌等處行樞密院斷事官府印」銅印　元

方體，長方形立鈕。印文為八思巴文字「永昌等處行樞密院斷事官府印」。背面右側陰刻漢字同印文，左側刻「天元元年二月禮部造日」。為北元時期的珍貴文物。

山居圖　元　錢選

《山居圖》以「三遠法」相結合構圖，畫山樹環抱，柴門竹院；門外野水平坡，土橋斷岸；遠天寥廓，二人乘舟蕩遊湖中。畫面景緻幽靜開闊，宛若蓬萊仙境。本幅自題詩，詩書畫內容相得益彰，是畫家寄情世外，隱居別塵的自我寫照。

再來。最終，阿朮說服忽必烈下定決心滅宋。

忽必烈隨即增兵十萬，晉升阿朮為平章政事，與丞相伯顏、參政阿里海牙共同指揮滅宋之役，在荊湖一帶指揮作戰。

九月，元軍水陸兩路軍沿漢水而下，開始了滅宋戰爭。首先抵達設防堅固的郢州，根據情報，阿朮命大軍捨棄郢州，繞間道而過，自帶數十騎殿後。不久，郢州數千南宋騎兵追擊而來，阿朮挺身迎戰，殲敵數百，擊退了宋軍的追趕。

咸淳十年（一二七四年）年底，元軍到達長江北岸。宋軍在江中和兩岸嚴密防守，控制渡口及要塞。元軍駕戰船迂迴作戰，但連攻三日仍未能克服一處戰略要點。

阿朮暫停攻城，主動請求帶領半數軍船，沿長江西上，在宋軍防備疏鬆的青山磯登陸。丞相伯顏同意了。於是，阿朮率精兵駕舟飛渡長江，在江中與巡江的宋軍水師展開血戰，最終登上靠近南岸的沙洲，占領了一塊灘頭陣地，為元軍主力部隊渡江開闢了道路。

## ⊙橫掃江南

在爭得一個戰略要點後，元軍開始策劃下一步進軍方向。阿朮決定先取上游諸城，有所依靠，然後往下游進取。天險失去之後，漢陽、鄂州的南宋守將已是聞風喪膽，面對西上而來的元軍，立即拱手投降，確保了渡江後的元軍得以站穩腳跟。而後的安慶等州府也都懾服於元軍的威勢，先後降服。

德祐元年（一二七五年）正月，元軍前鋒直逼蕪湖。昏庸無能的南宋丞相賈似道擁重兵前來迎戰。戰前，賈似道先派使者到元軍營中求和。正

山居惟愛靜日午掩柴門寡合人
多忌無求道自尊鵾鵬俱有志蘭
艾不同根安得蒙莊叟相逢共細論
吳興錢選舜舉畫并題

巧，丞相伯顏也接到元朝的詔令，駐守待命。

阿朮深感以往元軍得而復失、勞師無功的教訓，力主拒和進兵。提醒伯顏道：「如果放過賈似道，恐怕攻下的州郡再也難守了。」並誓言：「現在只有出兵，如果事情失敗，我願意接受懲罰。」在阿朮的強烈建議下，丞相同意拒和迎戰。

二月，宋元雙方數十萬水陸大軍在丁家洲決戰。阿朮身先士卒，勇冠三軍。挺身登舟，親自把舵衝向宋軍，最終大敗宋軍。

丁家洲大戰使南宋軍隊元氣大傷，宋軍只在江北、兩淮地區尚保存一定實力，尤其是駐守在揚州的李庭芝部隊，是南宋賴以支撐危局的主要力量。

四月，阿朮奉命北上，圍攻揚州，以掩護向東進發的元軍主力，阻止兩淮宋軍增援臨安。阿朮有效策應、配合了主力部隊的正面攻勢，從而使丞相伯顏順利滅宋。

景炎元年（一二七六年）二月，元軍已擊破宋軍大部分兵力，唯有堅守揚州和泰州的李庭芝誓死不降。阿朮多方佈置，收緊對揚州等地的分割包圍。在揚州西北設障，以切斷通往高郵等地的糧道，又在揚州和泰州之間的灣頭駐屯精兵，以斷絕宋軍從海上逃亡之路。

五月，元軍攻下新城，南宋揚州守軍企圖往東從海上逃走，但在灣頭堡被逼回。七月，揚州、泰州守城宋將無法堅持，開門投降，李庭芝等被元軍擒獲斬殺。至此，元軍完全占領兩淮地區。

滅宋之後，阿朮調至北方鎮壓昔剌木等諸王叛亂。

至元二十四年（一二八七年），阿朮受命西征，在哈剌火州（今新疆吐魯番）病亡。

史書評論阿朮的一生，「南征北討四十年間，大小百五十戰，未嘗敗衄」，不愧為勇猛與智慧並俱的將才。

# 阿合馬專權

●時間：西元一二六一～一二八二年
●人物：阿合馬　王著

阿合馬是回回人。李璮之變以後，忽必烈開始重用西域人士。中統二年（一二六一年）時，阿合馬任上都同知。次年，已領中書左右部兼諸路都轉運使。至元元年（一二六四年），左右部併入中書省，阿合馬拜為中書平章政事。後曾兼制國用使，改尚書省平章政事。九年（一二七二年），尚書省併入中書省，仍任中書平章政事，直至敗亡。從中統三年（一二六二年）算起，阿合馬主持財政達二十年之久，在元初政治經濟生活中影響很大。

## ⊙斂財有術

阿合馬之所以得寵於忽必烈，主要是因為他「善於理財」。換言之，他懂得如何大肆搜刮，增加朝廷收入，以滿足忽必烈在財政上的鉅額需求。

首先，阿合馬極力追徵賦稅，加重人民負擔。征宋戰事不斷，人民困頓，部分地方要求減免賦額，阿合馬認為這會使國用不足，堅持按舊額徵收。此外，鹽、茶、酒、醋的稅額也不斷增加。因此，勸農政策恢復的農業生產，沒有為農民帶來好處，而是經過阿合馬之手充實了元朝的國庫。

其次，大辦官辦礦冶，其中鐵冶的規模最大。原本，冶鐵業與農業生產的關係十分密切，它的發達應有助於農業生產。但是阿合馬實行的官辦鐵冶，鑄造農器官賣，價高路遠，很不方便，甚至耽誤耕作。

再次，阿合馬通過大量發行無本的紙鈔來收斂社會上的財富。於是，「鈔輕物重」，紙鈔貶值，物價踴貴。至元十三年（一二七六年）江南平定前後，阿合馬力促忽必烈在江南以中統鈔更換南宋的交會，並實行鹽與藥材的官賣。

阿合馬感到遵循漢法建立的國家機構有礙於「理財」，便千方百計控制、變更或削弱這些機構。至元三年（一二六六年），增立制國用使司，他兼領使職。五年（一二六八年）御史臺新立，他害怕監察職能會不利，屢屢奏請撤銷，未能得逞，又百般鉗制不使發揮作用。

這時，木華黎的後裔安童為相，站在漢法派一邊，對他構成威脅。至元六年（一二六九年），阿合馬奏請升安童為太師，企圖架空安童，但又未得逞。

第二年，阿合馬又奏立尚書省，自任尚書省平章政事，以排擠和取代中書省的權力。從此，大肆排斥漢法派官員，將心腹安插在重要崗位。

安童干預，阿合馬公然說：「大小事情都交給我辦了，用甚麼人，應由我來挑選。」

九年（一二七二年），兩省合併，

表面上是尚書省併入中書省，實際上是阿合馬以尚書省的人員控制中書省，「一門悉處要津」，子姪都擔任重要官職。譬如，至元十年（一二七三年），其子忽辛任大都路總管兼大興府尹。江南平定後，另一個兒子抹速忽出任杭州達魯花赤。

他又廣羅黨羽，不少商賈向他行賄而取得官職。又廣占美女，甚至獻美女的人也可以得到高位。從忽辛開始，部屬往往利用職權經商，並且侵盜國庫大量財物。漸漸地，阿合馬家族占有了大量的土地和財寶。

## 破壞漢法

阿合馬的行為對元初即已推行的漢法造成了很大的破壞，針對這種情況，漢法派大臣如史天澤、張文謙、廉希憲、許衡等紛紛抗爭。但是，阿合馬「多智巧言」，史天澤等人都辯不過他，雙方爭執，皆由忽必烈親自裁斷。有時候忽必烈似乎也稍微抑止阿合馬，但是認為阿合馬理財有效，這方面大多還是聽從阿合馬的主意。

至元十一年（一二七四年），安童見阿合馬擅權日重，企圖匡救，毅然奏劾阿合馬蠹國害民。忽必烈不予理會，反而稱讚唯有阿合馬是回回人中的相才。第二年，安童受命出鎮北邊，實際上被排擠出了朝廷。在此前後，劉秉忠、史天澤、趙璧等人又先後去世。朝廷中漢法派勢力愈來愈弱，他們便站到皇太子真金的旗幟下，與阿合馬抗衡。

真金雖任中書令兼樞密使，但實際上並不主持政事，一切由忽必烈親自決定。至元十六年（一二七九年）十月，在漢法派巧妙活動後，忽必烈終於同意國家庶務由真金臨決，而後向他報告。真金積極支持推行漢法，對阿合馬十分厭惡。阿合馬儘管專橫跋扈，但卻非常懼怕這位皇太子。

阿合馬專權暴斂，引起朝野普遍

### 歷史詞典

### 《至元新格》

元朝初年，一直沒有制定本朝的法典，而是沿用了金朝的《泰和律》作為斷案的依據。至元八年（一二七一年），禁止使用《泰和律》，元朝政府開始制定本朝的新的法典，《至元新格》就是這一時期編訂的。

《至元新格》是元代的第一部法典，由右丞相何榮祖編撰，在至元二十八年（一二九一年）由忽必烈頒行全國。內容包括了公規、治民、御盜、理財等十個方面，是當時已經頒布的法律條文的總結。

但《至元新格》中所收錄的各方面法規仍然是極不完備的，因而當時的立法行政以及判決案件仍是以隨時頒布的詔書和其他公文作為標準。《至元新格》也未能顯示出作為法典的重要作用。

《至元新格》今天已經失傳，只有在一些元代法律文件，如《元典章》《通制條格》中有九十多條的留存。此外，《永樂大典》中也有一些相關的記載。

中統元寶交鈔（中統版） 元

朝元圖　元

永樂宮三清殿西全壁《朝元圖》為元代壁畫，縱四百二十六公分，橫九四六八公分，繼承了北宋時期宗教壁畫的傳統，繪製著以八位著帝、后裝束的立像為中心的二百九十來個神祇朝謁元始天尊的盛大場面。

不滿與怨恨。但是，阿合馬一黨控制了權力機構，凡是反對的人都遭到排擠打擊，甚至迫害致死。至元十五年（一二七八年），中書左丞崔斌又奏陳阿合馬的奸惡，忽必烈也開始覺察阿合馬的問題，但還捨不得罷黜他。第二年，崔斌竟被阿合馬誣搆罪名，慘遭殺害。

崔斌之死，「天下冤之」。人們普遍意識到阿合馬是國家大害，非除掉不可。至元十七年（一二八〇年），廉希憲病危，真金派侍臣慰問。廉希憲說：「我病已重，聽天由命好了。我所擔心的是，現在大奸專政，群小阿諛附和，誤國害民，這才是大病。趕快要除掉他，否則，病情愈來愈嚴重，就不可救藥了。」

## ⊙最後歸途

至元十九年（一二八二年）三月，忽必烈依慣例離開大都前往上都，真金隨同，阿合馬、張易（中書平章政事兼樞密副使）等留守大都。益都千戶王著看到人心憤怨，密鑄一柄大銅錘，立誓以錘擊斃阿合馬。

三月十七日夜，王著與高和尚合謀，聯絡八十餘人，假稱皇太子還京做佛事，進入大都。守宮官員忙兀台、張九思等察覺有異，召集衛士防備。但張易信了王著矯傳的皇太子令旨，發兵來到東宮。

王著等到達東宮南門，呼喚阿合馬出來迎接。阿合馬剛一出門，王著當即將他抓住，用藏在袖中的銅錘砸碎了他的腦袋。接著又將阿合馬同黨郝禎殺害，囚禁張易。這時，張九思趕到，指揮宿衛出擊，亂箭齊發，起事者潰散。王著挺身而出，泰然就縛。接著，高和尚也被捕。

忽必烈聞報震怒，派樞密副使孛羅、司徒和禮霍孫等急赴大都鎮壓。

二十一日，王著、高和尚、張易被處死。王著臨刑時，「氣不少挫而視死如歸」，大聲說：「我王著為天下除害，今天要死了，將來必定會有人記述我的事蹟。」死時年僅二十九歲。

事後，忽必烈從孛羅處得知阿合馬的奸惡罪行，包括侵吞大量的財寶，於是將阿合馬戮屍並餵狗。阿合馬的子姪全部處死，家產全部沒收，同黨也多被罷黜。

阿合馬雖死，忽必烈卻仍然需要像阿合馬那樣的人。儘管南宋已亡，忽必烈還想征服日本、占城、安南、緬甸和爪哇等國。對宗親勳貴的賞賜更有常例，而且不斷增長。因此，忽必烈繼續需要「善於理財」的人，以增加國庫收入。

在這方面，忽必烈仍然在某種程度上表現出蒙古貴族嗜好征戰和掠奪的本性。這一消極、保守的方面，使他在晚年不能堅持推行漢法，並且留下了「黷武嗜利」的惡名。

忽必烈以後重用的盧世榮和桑哥，與阿合馬一脈相承，甚至有過之而無不及。桑哥一直到至元二十八年（一二九一年）才被誅殺，這時，忽必烈也不久於人世了。

# 【掘宋陵】

●時間：西元一二八五年
●人物：楊璉真珈

至元二十二年（一二八五年）八月，紹興路會稽縣泰寧寺僧侶宗允等人偷盜南宋皇陵地區的樹木，與守陵人發生衝突。宗允向由元世祖忽必烈派來江南做「江南釋教總統」的楊璉真珈進言，宣稱亡宋陵墓中有金玉異寶。楊璉真珈貪心頓起，盯上了宋陵，派遣手下僧人大肆強挖宋陵。

## ⊙挖宋陵

元至元二十二年（一二八五年），時任江南釋教總統的番僧楊璉真珈，夥同宗允等人，以寺院田地被占為藉口，帶領惡徒衝入宋陵，準備盜墓。宋陵使中官守陵人羅銑盡力阻止，暴徒將其打得半死，強行拖出陵園。一夥強盜開始瘋狂盜墓，先挖開宋寧宗、理宗、度宗、楊后四個陵墓，大肆劫取隨葬品。

傳說，理宗陵中寶物最多，理宗的棺木打開時，衝出一股白氣，理宗面色如生，身下枕著錦緞，錦緞下墊以竹絲細簟。一個小和尚提起絲簟，往地上一扔，發出金屬碰擊聲，原來是金絲織成的。為了拿到理宗含在口中的夜明珠，暴徒將屍體倒掛在樹上，讓體內的水銀流出。

屍體在樹上掛了三天以後，宋理宗的腦袋與屍身分離，下落不知。有人說是因為他們相信得到帝王的骷髏可以帶來好運，所以偷走了死人腦殼。也有人說是盜墓者把理宗的腦殼做成酒杯，送給了楊璉真珈。

這幫盜墓者將墓中的珍寶搶掠一空後，揚長而去。羅銑歸來悲痛欲絕，買來棺木，將殘骸收斂重埋。周圍的南宋遺民無不失聲痛哭。

## ⊙罪不加誅

掘陵盜寶的消息傳出後，馬上引發了新一輪的盜墓狂潮。宋徽宗、欽宗、高宗、孝宗、光宗五個帝王的陵墓先後被盜，孟、韋、吳、謝四個皇后的陵墓也一掃而空。被盜的南宋皇陵和大臣塚墓達一百多座，大量地下珍寶散失殆盡。令人吃驚的是，徽、欽二陵皆空無一物，只有一段朽木。高宗和孝宗墳中也是空空如也，連屍骨都沒見到。

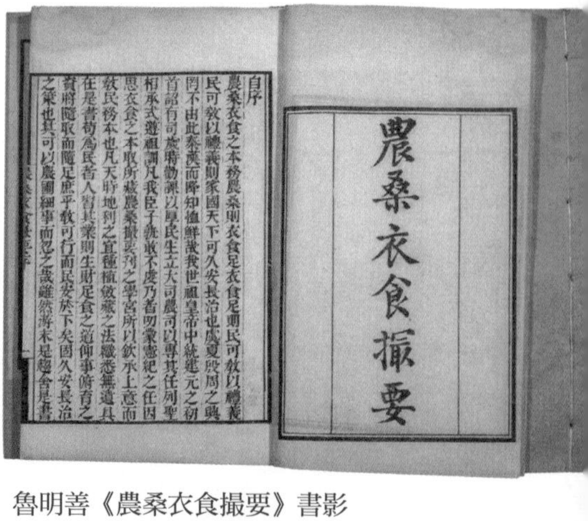

魯明善《農桑衣食撮要》書影

在這場瘋狂的盜墓狂潮中，楊璉

臥佛寺銅臥佛　元

真珈大發橫財，得到了走馬烏玉筆箱、真珠戲馬鞍、交加百齒梳、香骨案、伏虎枕、穿雲琴、金貓睛、龍肝石、綠玉磬等稀世寶物。南宋皇帝的遺骨棄置荒野，在南宋遺民中激起極大的憤慨。後來，楊璉真珈命人將遺骨草草收斂，與牛馬枯骼埋在一處，在上面建塔一座，名為鎮南塔。

楊璉真珈的胡作非為連元朝中的官員也有反感，當楊璉真珈的靠山桑哥事敗處死後，朝中大臣彈劾楊璉真珈，但忽必烈仍對他罪不加誅。畢竟，在忽必烈看來，毀掉幾個亡國帝王的陵墓算不上甚麼大事。

楊璉真珈盜掘宋陵，固然是為了攫取金寶以滿足貪慾，實際上也反映了元代對南人的極端蔑視。歷代陵墓雖多有盜掘，但像這般慘不忍睹的卻不曾有過。有人賦詩詠歎南宋陵園所遭受的破壞：「昭陵玉匣走天涯，金粟堆寒起暮鴉。水到蘭亭轉嗚咽，不知真帖落誰家。」

青花牡丹紋罐　元

罐唇口，直頸，鼓腹，腹下斂，淺圈足。通體青花紋飾，頸部飾海水紋，肩腹部飾纏枝牡丹紋，近足飾忍冬紋和蓮瓣紋，意蘊之美，超凡出俗。

# 推行漢法的真金

●時間：西元一二四三～一二八五年
●人物：真金　忽必烈

忽必烈統治後期，漢法派與理財派之間爭鬥激烈。當忽必烈本人趨於消極保守，往往傾向於理財派，真金成了元廷中力圖繼續推行漢法的主要代表人物。

## ⊙真金冊立

真金（一二四三～一二八五），是忽必烈的長子。真金成年後，正好經歷了元初激烈的政治紛爭。中統三年（一二六二年），真金封為燕王，守中書令，後又兼樞密院使。但是，長期以來朝政都是由忽必烈親自掌握。

從成吉思汗起，汗位繼承制度不明確，繼位之事非常混亂。窩闊台以後，每逢汗位繼承，都是一次貴族內部的激烈爭奪，導致蒙古帝國的政局嚴重不穩。元朝建立以後，漢法派認為汗位繼承的混亂狀態必須改變，應當確立中國傳統王朝的嫡長子繼承制度，並以此制度預立皇太子，使王朝穩定，國祚久長。

後來，阿合馬控制朝政，破壞漢法，漢法派更把立國本視為當務之急，心目中的皇儲是真金，而真金則是堅決支持漢法的。

至元四年（一二六七年），姚樞議政，十分強調「建儲副以重祚」。次年，又有人上《三本書》，又提出「太子國本，建立之計宜早」。

確定嫡長子繼承，預立皇儲的制度，是多數蒙古宗室成員難以接受的。但是，當時的忽必烈具有最高權威，新制度能否確立，關鍵還在於忽必烈的態度。漢法派大臣反覆勸說忽必烈。

有一次，忽必烈召見張雄飛，問：「當今甚麼是急務？」張雄飛說：「百姓有點積蓄，懂得託付給後代。這麼大的一個國家，怎麼能不早立皇儲呢？如果蒙哥皇帝懂得這個道理，陛下今天還能坐在皇位上嗎？」張雄飛講時，忽必烈正躺著，聽到最後一句話，霍地坐了起來。

忽必烈最終接受了立皇儲的建議，至元十年（一二七三年）三月，正式冊立真金為皇太子。

## ⊙傾心儒學

從少年時起，真金就在忽必烈的要求下，接受儒家教育。

真金完全奉行儒學，對阿合馬十分厭惡，見到他便面有怒色，甚至當著忽必烈的面責打他。立為皇太子後，真金在東宮有一支怯薛（宿衛、禁衛軍）部隊與一批官員，形成了一股新的漢法派力量。至元十二年（一二七五年）安童鎮北後，真金成了漢法派的靠山與主要代表人物。

漢法派在真金的支持下擁有相當的實力，漢法派老臣雖多半已卒，但新的一批漢法派官員陸續出現，並悉心培養和聯絡了一批支持漢法的蒙古顯要。此外，新的漢法派官員中除漢人外，還有南人。滅宋後，忽必烈大量召用南人儒臣，這些南臣與漢臣存在一定問題，有的人後來甚至與桑哥合流，但大部分南臣還是主張維持漢法的。

真金為了繼續推行漢法，又進一步徵召儒士。對儒臣說：「你們學孔子之道，今天才開始得以應用。現在，你們就努力施行平生所學吧！」甚至明確要求蒙古生員主要學習漢文，對學習蒙古文則不以為然。

朝野中關於科舉制度的爭議也很多，不僅蒙古貴族與西域官僚極力反對，而且在漢人官僚儒士中意見也不一致。因此，科舉制度長期得不到推行。至元二十一年（一二八四年），忽必烈遲遲不推行的科舉，和禮霍孫重新提議，終於在真金的支持下，準備推行。

## ⊙革新失敗

然而，真金與父親已有很大的分歧。阿合馬死後，朝廷之中諱言財利，忽必烈十分不滿。至元二十一年（一二八四年）十一月，忽必烈罷去和禮霍孫等人的官職，重新任命從北邊返回不久的安童為右丞相，並任命原先投靠阿合馬的盧世榮為右丞。

盧世榮苛刻誅求，真金認為不僅害民，而且是「國之大蠹」。盧世榮任右丞不到半年，御史陳天祥即進行彈劾，得到安童的支持。忽必烈為了挽回聲譽，不得已在至元二十二年（一二八五年）十一月誅殺盧世榮。結果，「中外歸心」，真金的威望更高了。

但是，這時發生了奏請忽必烈禪位事件。至元二十一年（一二八四年）底或二十二年（一二八五年）初，南臺御史上奏：「皇帝年事已高，應當禪位給皇太子，皇后不應當干預朝政（當時忽必烈已通過南必皇后以過問朝政）。」漢法派的這一大膽行動，用意昭然若揭，同時也激起了忽必烈惱怒。真金聽到消息後，深感不安。御史臺都事尚文索性祕藏這封奏章。

阿合馬的餘黨答即歸阿散等人得知後，奏請以鉤索天下錢穀為名，清查各官衙案牘，企圖揭發此事。尚文趕緊告知安童、月律魯（御史大夫），抵制清查。答即歸阿散等立即上奏明言，忽必烈下敕索取奏章。

見事情緊急，安童、月律魯求見忽必烈，先發制人，揭發答即歸阿散等人以前的罪行，同時發動多人奏劾，忽必烈大怒，將其治罪。但是，真金受了驚嚇，竟於至元二十二年（一二八五年）十二月去世。

真金一死，漢法派失去了有力的靠山，新的儒臣政治影響畢竟尚弱，漢法派的力量大不如前。因此，後來至元二十四年（一二八七年）到二十七年（一二九〇年）間，桑哥再行聚斂之政時，更加變本加厲，超過了阿合馬，而漢法派對抗桑哥也力不從心。

真金死後，忽必烈統治時期支持漢法派的蒙古重臣中，只有安童碩果僅存。但僅過了一年，安童也罷相了，從此不再積極從政。

真金推行漢法之舉，最終以猝死宣告失敗。

# 儒臣姚樞

●時間：西元一二〇一～一二七八年
●人物：姚樞

姚樞（一二〇一～一二七八年），字公茂，號雪齋、敬齋。山西汾陽人，元初政治家、理學家。姚樞的父輩曾是金朝的官吏。金末，因其父調任許州（今河南許昌），於是全家遷到許州。少時學習勤奮，自期甚高，閒居許州的名士宋九嘉對他倍加賞識，認為有「佐王之略」。

## ⊙傳播理學

紹定五年（一二三二年），蒙古軍攻破許州，姚樞逃至燕京（今北京），投靠了楊惟中。楊惟中又將他引薦給大汗窩闊台。當時，漠北的漢族士大夫還不多，窩闊台非常器重，姚樞因此留居漠北多年，對蒙古族的風俗習慣和文化有較深的認識與瞭解。

端平二年（一二三五年），窩闊台出兵攻宋，姚樞跟隨楊惟中出征，任務是到漢地求訪儒、道、釋、醫、卜、酒工、樂人等各類人才。姚樞隨軍到達德安（今湖北安陸）時，從俘虜口中得知，江漢間有一名儒趙復，便在軍中約見趙復。趙復見到姚樞身穿戎服，以為是西域人，經過交談，對姚樞的才識十分欣賞，便拿出所寫的數十篇文章贈送給姚樞。姚樞將趙復留於軍中。

當夜，姚樞醒來時，發現趙復已不在床上。追出帳外，四處尋找，只見趙復脫履披髮，仰天而號，準備投水自盡。原來，趙復家人都在戰爭中遇害，心中悲絕，所以不想苟活。姚樞勸道：「只要你活下去，你的子孫也許可傳諸百世。」

在姚樞的苦勸下，趙復答應北上授徒。姚樞親自護送趙復至燕京，並創立太極書院，趙復為師儒，教授程朱理學，從學者達數百人，理學從此在北方傳播。姚樞本人得以研讀趙復所贈的「程朱二子性理之書」，很快成為北方闡揚理學的重要人物。

淳祐元年（一二四一年），姚樞任燕京行臺郎中，成為中州斷事官的幕僚成員。中州斷事官牙老瓦赤性喜貨賄，漢地世侯紛紛討好賄賂。牙老瓦赤經常從接受的賄賂中分送給姚樞。姚樞潔身自好，棄官而去，攜家小到輝州蘇門（今河南輝縣北）隱居。

姚樞在蘇門出資墾荒田數百畝，

銅鎏金獨占鰲頭筆架　元

設置私廟，潛心讀書，奉祠設孔子及宋儒周敦頤像，倡導理學。由於北方常年戰亂，儒家經典，尤其是理學書籍缺乏。姚樞便親自刊行小學、四書等類書籍，同時並勸說鄉人刊刻圖書，四處傳播。

姚樞經常與隱居在蘇門的儒生竇默、許衡等人聚會，朝暮講習經學。竇默、許衡也經姚樞的介紹，得以接觸二程、朱子著述。後來，許衡回到家鄉魏地（今河南魏縣南），授徒講學，傳播理學。竇默也回到肥鄉（今屬河南）教書授徒。蘇門也因此成了當時北方理學傳播的中心。

延伸知識

### 元刻本

元代的刻本書籍大多都由各個書院刊印。由於元代書院圖書的刊刻精於校讎，使元代的書院刻本品質相當精細，為後人所稱道。元代刻本顯著的特點是在印刷時印上中線，裝訂時按照中線摺書，稱為「黑口」。元代刻書大多數採用趙孟頫的字體作為刻板的標準字體。此外，木活字的大量使用，彩色套印技術的發展，都使元代的刻本成為精品。

## ⊙效力元世祖忽必烈

胸懷天下的忽必烈十分注重廣羅人才，對姚樞的政治經歷及學識名聲久有所聞。當時，忽必烈周圍已聚集了劉秉忠、李德輝等名流儒士。淳祐十年（一二五〇年），忽必烈將姚樞召至漠北，從此，姚樞投身忽必烈帳下。

忽必烈經常與姚樞共談國事，姚樞曾上書數千言，極力勸說忽必烈採用漢法治理漢地，並推薦儒家倫理綱常和程朱理學。姚樞又進一步列時政要務三十條，包括立省部、辟才行、班俸祿、舉逸遺等。因此，忽必烈日漸信任姚樞，姚樞也成為忽必烈幕府中的重要謀士。

淳祐十一年（一二五一年）六月，忽必烈的哥哥蒙哥繼承了蒙古帝國的汗位。為了使大權控制在拖雷家族手中，蒙哥將漠南漢地全權委託給忽必烈掌管。

忽必烈因此大宴家臣。席間，姚樞悶聲喝酒，忽必烈問：「大家都在為我慶賀，只有你不作聲，這是為甚麼？」姚樞回答道：「如今漢地廣大，人民殷實，非漠北所能比。如果有人離間，大汗必定後悔，出兵爭奪，豈不是禍患？不如只把握兵權，凡軍中所費，都向負責的機構領取，那麼形勢必定安寧，力圖將來。」

忽必烈聽了恍然大悟，依照姚樞的建議，將漢地政務交還蒙哥，自己韜光養晦，圖謀將來。

淳祐十二年（一二五二年），姚樞建議忽必烈，在蒙宋交界地段屯墾戍邊。總結了自端平二年（一二三五年）以來征宋過程中蒙古軍隊存在的失誤：在歷年的征戰中，蒙古軍隊燒殺掠奪，將漢人盡沒為私奴，不僅讓漢人誓死抵抗，而且戰後一片荒蕪，無法鞏固戰果。根據這些經驗教訓，姚樞建議將殺掠的短期軍事行動，變成分屯要地、以守為主、亦戰亦耕的長期戰略，等到兵精糧足時，再大舉攻宋。

忽必烈贊同，在徵得蒙哥同意後，在河南、陝西等地實行姚樞建議的墾邊政策，屯駐軍隊，構置工事，耕戰結合，與南宋邊境上的重鎮襄陽形成犄角之勢，宋兵至則防禦，去則耕種。不到一二年，河南大治。更重要的是，河南成為日後蒙古軍隊進攻襄樊的重要根據地，這與姚樞的治理策略是分不開的。

寶祐元年（一二五三年），姚樞受命，以王府尚書身分與楊惟中等人共同治理關中。幾個月之後，民風和諧，史書甚至說出現了「道不拾遺」的局面。

秋天，姚樞跟隨忽必烈南下，一直攻至大理。忽必烈派使者前往大理城內宣詔，卻被大理守將殺死。忽必烈大怒，攻入大理城，姚樞竭力勸諫，才使大理城免遭破壞。

寶祐二年（一二五四年）春，姚樞隨忽必烈北歸，駐軍六盤山。忽必烈命他為勸農使，治理關中地區。這時姚樞身患重病，但不顧疾病纏身，親自到各地州縣催種。經過幾年的治理，關中地區的經濟狀況有所好轉，而且儒學教育也逐漸恢復。

有了姚樞的輔佐，忽必烈在漢地的勢力與聲望大大提高。

寶祐四年（一二五六年），大臣進讒言誣告忽必烈，蒙哥對忽必烈起了猜忌之心。忽必烈與蒙哥的關係頓時緊張。蒙哥派親信阿蘭答兒到關中「鉤考」（意即財務審計）錢穀。阿蘭答兒倚仗大汗的聲威，聲稱對漢地的世侯與忽必烈委任的關中、河南官員有擅殺之權。

姚樞建議忽必烈不要與蒙哥較勁，並自行北歸，久居漠北，以消除蒙哥的疑慮。忽必烈猶豫不決，思之再三，在姚樞的再三敦促下，最終接受了。

冬天，忽必烈先後兩次遣使求見蒙哥，表達歸牧嶺北的意願。在蒙哥同意後，忽必烈旋即北歸。

忽必烈以行動表示了對蒙哥的忠誠，兄弟相見，蒙哥大受感動，於是敕罷鉤考，不過還是解除了忽必烈的兵權，忽必烈留居嶺北。一年後，蒙古軍隊進攻南宋連連失利，蒙哥不得不再次起用忽必烈。

開慶元年（一二五九年），大汗蒙哥在征宋前線受傷，死於四川。當時，忽必烈已進軍至湖北鄂州。為了爭奪汗位，忽必烈在鄂州城下與南宋祕密訂立和約，撤軍北歸。

景定元年（一二六〇年）春天，忽必烈在開平（今內蒙古正藍旗東）舉行忽里勒台，即位稱帝。蒙古帝國的統治重心從此由漠北轉移到漠南漢地。

## ⊙與元初權臣不和

忽必烈繼位不久，弟阿里不哥也宣布即位，爭奪汗位的戰爭不可避免。以漠南漢地為基礎的忽必烈，失去了家族中多年來在漠北汗庭積聚的大筆財富，急需通過增加中原財賦以支持新政權，抗衡弟弟。

忽必烈任用王文統，全面負責漢地的錢穀大計與行政事宜。王文統與姚樞等人有門戶之爭，精權術，擅機變，不拘泥於儒家的綱常名節，所以竇默等人斥為「學術不正」。在理財治國的問題上，王文統反對理學派儒臣倡言的藏富於民、舒緩民力的意見，而是主張管理財賦，增加國家收入，正符合了忽必烈的眼下之需。因此，王文統一度為忽必烈所寵信。

中統三年（一二六二年）春，益都世侯李璮叛亂。忽必烈召姚樞商量對策，姚樞準確預測了李璮的新動向，更得忽必烈信服。而王文統則很快被發現與李璮有牽連，被忽必烈處死。

經李璮兵變後，忽必烈對漢人的疑懼與防備心理日漸加深。因此，姚樞雖然於中統四年（一二六三年）正月任為中書左丞，但忽必烈同時擢升回回人阿合馬為中書右丞，予以牽制。不久，姚樞帶相銜，先後在河南、山西等地治理。

忽必烈乘平定李璮之亂，斷然改變中原世侯各據其地的局面，在各路設置官員，實行軍民分職。但是這一重大體制改變的過程中，忽必烈急於求成，措置失當，一度出現朝令夕改的狀況。姚樞及時向忽必烈說明了保持政令穩定的必要性，並進一步向忽必烈提出建設宏圖遠業的建議，忽必烈大悅。

洞庭東山圖　元　佚名

姚樞在擔任中書左丞後，政績並不十分顯著。加之姚樞以傳播、顯揚理學為己任，經常向蒙古貴族灌輸「三綱五常，先哲格言」等，令忽必烈產生了只善言談、不切實際的印象，導致逐漸疏遠。而此時的阿合馬卻穩步高升，至元元年（一二六四年），阿合馬官拜中書省平章政事，從此開始逐步控制政權中樞。

至元五年（一二六八年），姚樞再次離開京城前往河南任職，主管屯田事宜。隨後的幾年中，姚樞不斷調遷。

至元十三年（一二七六年），姚樞改任翰林學士承旨，此時正值阿合馬權勢如日中天，姚樞就在這個翰墨詞臣的位置上，明哲保身，一直到至元十五年（一二七八年）病死。

# 【帝師八思巴】

●時間：西元一二六〇～一二八〇年
●人物：八思巴　薩班　忽必烈

所謂帝師，乃是元代皇帝從吐蕃請來喇嘛充當的一種最高神職。八思巴（一二三五～一二八〇年）是元朝的第一位帝師。為甚麼這第一位帝師名垂青史，而其他帝師卻藉藉無聞，這並非只是因為他占著「第一」這個名頭，而是他在元朝歷史上確實是一位了不起的人物。

## ⊙八思巴拜見忽必烈

九世紀時，藏族領袖松贊干布建立的吐蕃政權瓦解，西藏陷入分裂狀態。十二世紀時，喇嘛教中的薩迦派大力發展，薩迦派曾經試圖統一西藏，但沒有成功。此時，蒙古勢力正蒸蒸日上，積極向外擴張。

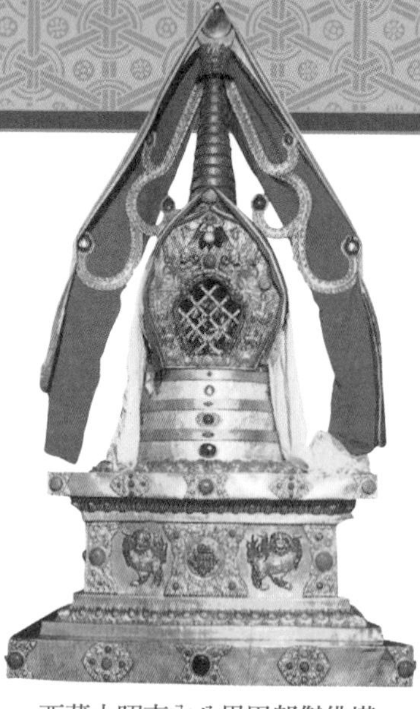

西藏大昭寺內八思巴郎傑佛塔

南宋理宗嘉熙三年（一二三九年），窩闊台次子闊端太子駐紮在涼州（今甘肅武威），派多達那將軍進攻西藏。藏民驚恐萬分，無法抵抗蒙古軍隊，便請求薩迦派的首領薩班和蒙古人談判。

淳祐七年（一二四七年），薩班來到涼州，與闊端進行談判，期間，並替闊端治病。

這時候，蒙古人的宗教信仰也受到了藏族宗教的影響。蒙古人原本信奉薩滿教，薩滿教對天十分敬重，相信整個宇宙是由天主宰的。現在，薩班帶來了喇嘛教，又善於治病，因此，闊端對喇嘛教產生了好感。

經過談判，西藏歸附蒙古，每年向蒙古進獻金銀、獸皮、珠寶等貢品，蒙古不再派兵入藏。薩班為此寫信給西藏的宗教領袖與貴族，要他們向蒙古人歸附。西藏領袖願意歸附蒙古。從此西藏歸入中國版圖，受歷朝歷代中央政府的有效管轄。

薩班弟弟桑查·索南堅贊，跟隨薩班學習各種顯密教法。桑查·索南堅贊的長子八思巴，自幼也隨薩班受沙彌戒，學習薩迦派顯密教法。西藏完全臣服蒙古時，薩班已經去世，作為薩班的繼承人，八思巴前往六盤山拜見忽必烈。

「八思巴」在藏語中是「聖童」的意思，這是藏民送上的美稱。因為八思巴從小聰明伶俐，七歲時就能熟讀佛經，並且能瞭解經文的大致內容。淳祐七年（一二四七年），薩班前往涼州與闊端談判時，便帶著八歲的八思巴。談判後，八思巴當作人質留

八思巴會見元廷使臣圖

八思巴，出身於吐蕃款氏家族。受封元帝師，掌全國宗教事務及管理吐蕃地區政務，加強中央對吐蕃的行政管理，增進漢蒙藏文化交流。圖為西藏薩迦寺壁畫，描繪了八思巴會見元廷使臣時的情形。

在涼州。八思巴到六盤山拜見忽必烈時年僅十五歲，忽必烈見了非常喜愛，留在身邊。

## ⊙元代帝師之始

八思巴十九歲時即開始為忽必烈傳授《喜金剛》大灌頂。曾對忽必烈說：「西藏人信奉的喇嘛教，是從天竺傳來的。佛法的宗旨是要救度一切眾生，引導眾生到達涅槃境界，過極樂世界的生活。要達到這個境界，必須嚴格遵守三藏經典（經、律、論三類經典）中所闡述的戒律修行。假如有人用糞、尿、血玷污了神，他將轉生在腐爛的屍體淤成的泥淖中。假如有人違背了三藏中的戒律，他將轉生在阿鼻地獄中受苦……」

忽必烈很感興趣，同時出於政治考慮，中統元年（一二六〇年）忽必烈繼位不久，即封八思巴為「帝師」。

至元元年（一二六四年），忽必烈設立了總制院，專門管理全國佛教事務與西藏地方軍政事務，命時年二十九歲的八思巴掌管。元朝政府又在西藏設立了地方行政機構，並且派官員到西藏普查戶口，設立二十七個驛站，根據物產分佈情況，重新劃分行政區域。又在前藏與後藏共設立十三個萬戶，各萬戶兼管軍事、民政，都聽命於八思巴的領導。

八思巴既是西藏的宗教領袖，也是行政首腦，「政教合一」的新政體在西藏出現了。

## ⊙創制蒙古新字

八思巴在歷史上的貢獻，不僅使元朝統治者接受了佛教，更加重要的是創造了「八思巴文」。

八思巴文銅印　元

高六．九公分，邊長六公分，內蒙古清水河縣出土。印面陰刻有八思巴文「忠翊侍衛親軍弩軍百戶之印」。印背刻款為印文之漢字譯寫。

中統元年（一二六〇年），八思巴奉命創制新的蒙古文字。蒙古最初沒有文字，直到成吉思汗滅乃蠻部以後，才讓畏吾兒人塔塔統阿制訂標準，用畏吾兒文書寫蒙古語。但是在使用過程中發現有很多不完善的地方，忽必烈很想創制一種新的文字，供全國通用，於是就把這個任務交給了八思巴。

八思巴借用藏文字母，創制了四十一個新字母以拼寫蒙古語，於至元六年（一二六九年）正式公布使用，從此元朝官方文書一律用八思巴創制的蒙古新字譯寫。至今，我們仍能從保留下來的元朝碑刻上看到這種文字。所以，「八思巴文」象徵著蒙古與西藏文化的交流。

八思巴和弟子並把西藏佛教造型藝術傳到中原，又將中原的雕版印刷術傳至西藏。

後來，忽必烈又升任八思巴為「帝師、大寶法王」。至元十一年（一二七四年），八思巴回到西藏，弟弟亦鄰真留在大都，接替作為帝師。至元十七年（一二八〇年），八思巴去世。

自八思巴始，歷代西藏喇嘛教首領皆是元朝「帝師」，受朝廷的委託，執行朝廷法令，管理西藏政事。

青花蕭何月下追韓信梅瓶　元

高四十四．一公分，口徑五．五公分。線條圓潤流暢，通體繪青花紋飾。肩部為「雜寶」紋及纏枝牡丹紋，腹部繪漢代典故「蕭何月下追韓信」的人物故事及梅、竹、松、芭蕉、山石等紋樣，下部有寶蓮紋。雖通體裝飾各種圖案，但繁而不亂，層次分明，其藝術成就之高，在元青花中似可奪冠。

### 歷史詞典

#### 《大元大一統志》

《大元大一統志》是元代官修的總志。至元二十二年（一二八五年），忽必烈下令搜集全國的地方志編修一部總志，由祕書監主持這項工作。祕書監在至元二十三年（一二八六年）根據中原地區和南方原有的文字圖冊，再加上回回圖冊，合成一部。除了這些，至元二十四年（一二八七年）又得到了《統同志》的稿本，加上在各地採集到的圖志進行綜合添改，於至元三十一年（一二九四年）完成了此書的大部分，共四百八十三冊，七百八十七卷。

元成宗即位不久，雲南、遼陽等邊遠地區陸續上報了當地資料，根據新補充的資料，大德二年（一二九八年）二月又編成雲南等處圖志通計五十八冊。次年，又編成遼陽等處圖志並至元《大一統志》全部目錄，共計八冊。大德四、五兩年（一三〇〇～一三〇一年）又對原已編好的《大一統志》進行校勘並添改了一些建置沿革。

直到大德七年（一三〇三年），才最後完成了這部鉅著。全書共六百冊，一千三百卷，定名為《大元大一統志》。本書內容廣泛，包羅詳細完備，是中國古代最大的一部輿地書。後來元代修撰《經世大典》以及明代修《明一統志》都以此書為藍本。

# 【賽典赤治滇】

●時間：西元一二七四～一二七九年
●人物：賽典赤

賽典赤是回族人，出生於西域不花剌（今屬烏茲別克斯坦布哈拉），一名烏馬兒。本名贍思丁，是伊斯蘭教創始人穆罕默德的後代。「賽典赤」是「聖裔」（聖人的後代）的意思，成吉思汗經常叫他「賽典赤」，「賽典赤」也就成了他的新名字，人們一般習慣叫賽典赤・贍思丁。

## ⊙歸順蒙古

據說，早在宋神宗在位期間（一〇六八～一〇八五年），賽典赤・贍思丁的祖先便已來到了中國，定居在今天山西省北部。賽典赤的父親是個小部族的首領，成吉思汗西征時，只有十幾歲的賽典赤率千餘騎歸順，收為宿衛，隨同蒙古軍隊來到蒙古。後來，跟隨成吉思汗東征西伐，建立不少戰功。

賽典赤先後在成吉思汗、窩闊台、貴由、蒙哥、忽必烈五位大汗的底下為臣，可謂「五朝元老」，深受蒙古與元朝統治者的信任。

蒙古軍隊平定雲南後，對當地的管理與控制一直不理想。忽必烈即帝位後，封第五個兒子忽哥赤為雲南王，意圖加強對雲南的控制。不料忽哥赤竟被部下毒死，雲南形勢一度發生動盪。忽必烈決定在雲南建立行省，由中央派遣大臣對雲南進行全面整頓。

至元十年（一二七三年）六月，忽必烈任命賽典赤為雲南行省平章政事。賽典赤從沒到過雲南，受命後遍訪熟悉雲南情況的人，獲得了豐富的人文地理資料，精心繪製了一幅圖表呈送忽必烈，並奏明安撫、治理的設想。忽必烈大喜，為賽典赤賜宴壯行。

## ⊙治理雲南

至元十一年（一二七四年），賽典赤來到雲南。當時，當地豪強掌握著雲南的地方政權，針對具體情況，賽典赤進行了多項重要改革。

首先是改革原先的軍事統治建制，建立各級行政機構。規定原有的千戶、萬戶等武職官員一律不得干涉民政，設置路、府、州、縣等各級政權及軍事組織，並相應設置總管、知府、知州、知縣等行政職位。在少數民族地區，委任本民族官員管理，化解民族問題，安撫山官土司，不到不得已不使用武力。

接著，賽典赤著手清查戶田，整理貨幣，整頓賦役，屯田墾荒，賑災恤苦，設立州、縣學堂，提倡儒學。這些改革措施有效促進了雲南地區的全面發展。

在賽典赤的整頓下，政治形勢很快便穩定，賽典赤於是全力發展農業生產。原先雲南滇池地區的水災相當嚴重，由於政事不通，管理混亂，滇池水利無人管轄，連年成災。賽典赤決定對滇池進行大規模整治。

經過周密的調查與規畫，賽典赤帶領隨從，在盤龍江源頭到滇池周圍進行實地考察，並製定出治理滇池水系的工程規畫，分上、中、下三段佈置實施。

工程的上段在松華山谷修建松花壩。大壩位於鳴鳳山與蓮峰山之間最狹窄處，用來積蓄青龍潭、黑龍潭兩股水源與雨季降水，壩上設水閘，旱時啟閘灌溉田地，澇時封閘減緩下游水患。

工程的中段重點整治盤龍江等河道。賽典赤部署人力開挖銀汁河、金汁河、馬料河、寶象河等，分流盤龍江水，使河道溝渠形成網路，既減輕水患又便利了灌溉。並命人在河堤上種植柏樹，既穩固堤壩又美化景觀，現今部分河堤上仍存活著已有七百餘年的元朝古柏。

**北海團城瀆山大玉海　元**

至元二年（一二六五年）製成。當時置廣寒殿供忽必烈飲宴儲酒之用。黑玉白章，高七十公分，周長四百九十三公分，重達三．五噸，是我國現存形體最大的傳世玉器。

工程的下段重點放在海口河的疏濬。賽典赤與兒子親率二千多民夫，疏濬出長二十餘里的河道，使滇池水與螳螂川溝通，經普度河匯入金沙江。如此，滇池水位大大降低，既減少了水患，又得萬頃良田。經過治理，滇池水患基本解決。

## ⊙推行漢化政策

賽典赤到雲南任職不久，雲南羅波甸（今云南省麗江納西族自治縣西北）的納西族叛亂。

在發兵前往征討途中，賽典赤的隨從見他面露憂色，問有何心事。賽典赤說：「我並不是怕出兵打仗，憂慮的是你們要冒刀槍兵禍，無辜喪生。我又憂慮你們會搶掠平民百姓，

**大理國梵像圖（局部）**
**大理　張勝溫**

大理國是五代、宋時以白蠻族為主體所建立的政權，地域在雲南、四川東南一帶。圖為大理張勝溫畫的《大理國梵像圖》（局部），作於嘉熙四年（一二四〇年）。

使民不聊生，引起百姓叛亂，還得派兵征服。」

大軍到達羅波甸城後的前三天，賽典赤並不急於攻城，先派使臣進城勸降。納西族叛軍佯裝同意，可是三天過後，並無誠心投降的舉動。元軍將領再次請求攻城，賽典赤還是沒有同意，官兵沉不住氣，擅自進攻。賽典赤大怒，命令立即停止攻擊，並將為首的官兵綁了起來。這一舉動頗具當年諸葛亮平南的風範，納西族人大受感動，終於開城投降。西南其他地方的少數民族酋長也紛紛歸附。

賽典赤忠實貫徹「漢化」政策，到達雲南後，便在昆明興建孔廟，傳播「三綱五常」等孔、孟之道。並注意改變雲南少數民族的舊風俗，提倡禮儀，推廣拜跪禮節，婚姻須由媒人介紹，死者用棺材埋葬等。通過這些傳統文化與中原風俗的推廣，雲南地區的文化風俗與中原進一步接近，從而加強了雲南與中原的聯絡。

在雲南任職不到三年，賽典赤已經政績顯著，法令暢通。在雲南平章政事任上六年，可謂為善甚多。

至元十六年（一二七九年），賽典赤死於任上，子納速剌丁接替任平章政事，繼續推行賽典赤的治滇政策。

延伸知識

### 元代聖旨碑

元代石刻保存至今數量較多的是聖旨碑。聖旨碑在石碑上刻寫元代皇帝的聖旨，或者皇后的懿旨、皇子的令旨，刻寫內容是中央政府有關保護佛教、道教、景教等寺觀產業和減免僧道賦稅差役的規定。

和中國古代其他時期的石刻相比較，元代聖旨碑有兩個特點。一個是生肖名紀年，就是將十二生肖和十二地支相配合用來紀年，每十二年為一週期，其相配法，子鼠、丑牛、寅虎、卯兔、辰龍、巳蛇、午馬、未羊、申猴、酉雞、戌狗、亥豬。

另一個特點就是元代聖旨碑的文字均依照當時漢語白話文體刻寫，但由於糅合進蒙古語語法，現在不太好懂。漢語白話文體旁並鐫刻有蒙古畏兀兒文或八思巴文加以對照，這種漢蒙兩個民族文字合璧的元代聖旨碑，在我國古代石刻中別樹一幟，有極其珍貴的史料價值，豐富了我國古代石刻的文化藝術內涵。

# 【書畫家趙孟頫】

●時間：西元一二五四～一三二二年
●人物：趙孟頫

在元朝一百多年的歷史裡，出現了許多著名的畫家、書法家，其中最有成就的是趙孟頫。他在繪畫上開創了元朝一代的新風氣，後來的元四家——黃公望、倪瓚、吳鎮、王蒙以及其他畫家，都以他為祖師爺。他在書法上，篆書、隸書、楷書、行書、草書諸體精通，揚名天下。是中國古代最有成就的書畫家之一。

## ⊙苦研書畫

趙孟頫（一二五四～一三二二年），字子昂，號松雪道人，湖州（今屬浙江）人，宋太祖趙匡胤第十一世孫。趙孟頫多才多藝，詩詞文章都寫得非常好，又精通音律，善於鑑定文物，而成就最高的當屬繪畫與書法。這些成就的取得，是和他幾十年如一日勤學苦練、謙虛謹慎分不開的。

趙孟頫自五歲讀書時即開始練習書法，幾十年間，總是每天清晨起床，盥洗完畢後，點好香，開始練字，一天少則幾千，多則要寫上萬字。早年，臨摹王羲之的後裔隋朝智永和尚的《千字文》與王羲之的《蘭亭序》。僅《千字文》便臨摹了不知多少遍，真正達到了嫻熟的地步。

有一位書法家田良卿，從街市上買到一卷《千字文》，憑著書法知識，開始以為是唐人的筆法，看到最後，才知道是趙孟頫寫的。他拿著這卷《千字文》請趙孟頫題字，趙孟頫這樣寫道：「這是我好幾年前寫的，當時學唐朝書法家褚遂良的《孟法師碑》，因此練就了這樣的風格。沒想到我隨便練習的字，被人拿去賣錢了。」

原來，趙孟頫喜歡搜集各種古帖，對各位書法名家的字跡全都認

浴馬圖　元　趙孟頫
圖中繪碧波清溪，九位奚官在綠陰溪邊為群馬洗刷沐浴的場面。此畫情景生動感人，人馬畫法有唐人遺韻，古麗中兼有逸趣。

真臨摹過，因此，他能吸收各家長處，融會為一體，形成了自己獨特的風格，後人稱之為「趙體」或「趙字」。

趙孟頫寫字十分講究筆力，認為執筆要用千鈞之力，方能寫出有氣勢的字。教兒子寫字時，常常不動聲色站在背後，突然抽手中的毛筆。假如抽不出來，他會很高興，要是抽出來了，就很不高興，還要責罰兒子。

趙孟頫從小愛畫馬，即使撿到一張廢紙，也要畫上一幅馬才扔掉。他畫的馬惟妙惟肖，千姿百態，栩栩如生。他也愛畫梅、竹、山川，畫的墨竹使人有清高之感，畫石則用筆輕拂，像飛雲的形狀，畫梅頗具新意，畫水仙尤其清雅。作畫時，初時好像漫不經心，在紙上點點染染，漸漸地畫卷上出現山水、樹木，最後一幅精美絕倫的畫便完成了。

趙孟頫在世時，書畫便已十分珍貴，有不少人模仿，甚至冒充他的作品。他的作品不僅在國內享有盛名，也為外國人所喜愛。印度有個和尚不遠萬里來到中國，請求趙孟頫為他寫字，後來把趙孟頫的字帶回印度，成了他們國家的藝術珍品。

## ⊙官場如戲場

元朝滅宋後，趙孟頫長期在家閒居。知道在政治上不會再有作為，於是發憤讀書，鑽研書畫，成就很大，聲望也漸漸提高。忽必烈為了籠絡漢族，便派程巨夫到江南搜羅有名望的知識分子來京做官。程巨夫在江南調查走訪後，開列了二十多人的名單，趙孟頫名列第一。

趙孟頫跟隨程巨夫來到大都，忽必烈單獨接見。忽必烈非常賞識，留在朝中，但遭到蒙古與色目貴族的反對，只好委任他做兵部郎中。後來，趙孟頫要求到地方做官，忽必烈同意了。十多年以後，才調回京城。

元仁宗時做了地位很高但沒有實權的翰林學士承旨。三年後去世，時年六十九歲。

# 元代書法

元代對書法的重視不亞於前代，書法得到一定的發展。據明陶宗儀《書史會要》記載，元代書法家達三百餘人，其中以趙孟頫、鮮于樞、康里巎巎等成就最為突出。

趙孟頫擅長篆、隸、楷、行、草諸體，法度謹嚴，用筆遒勁，體勢朗逸，風格姿媚，創造了獨具面目的趙體。

著名書法家還有鄧文原，擅長楷、行、草書，運筆清勁秀麗，韻致古雅。

元中、後期的康里巎巎擅長楷、行、草書，能擺脫趙孟頫對當時書壇的影響。他的書法行筆迅急，筆畫遒媚，轉折圓勁，是趙孟頫、鮮于樞之後成就最為突出的書法家。

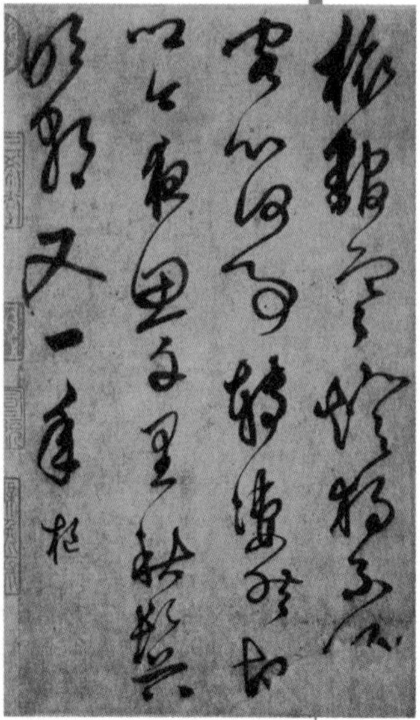

◀行草真跡　元　鮮于樞

鮮于樞的草書淋漓縱橫，氣勢雄壯，頗得旭、素風韻，是趙氏未曾涉獵的。此草書字大近掌，疏放中寓沉穩，酣暢中見精微，疏放中不失法度，是後人所不及的。

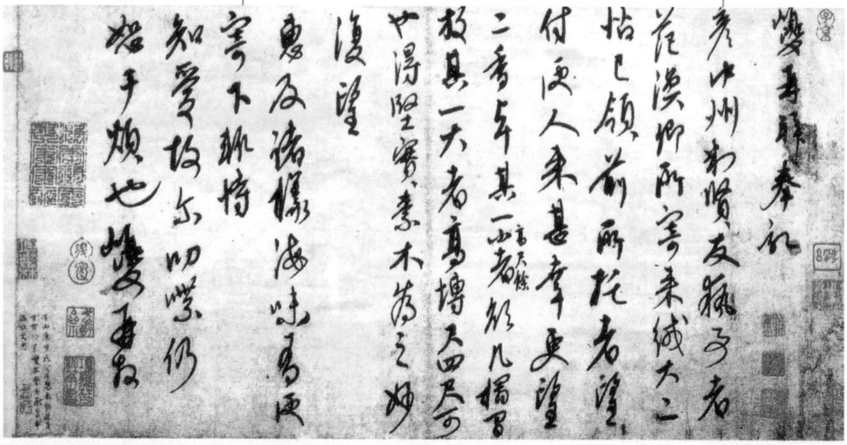

▼奉記帖　元　康里巎巎

本幅為信札，共計三十行。書法奔放自然，蒼老成熟。其用筆圓勁流暢且多尖筆露鋒，筆勢迅急飛動，氣勢雄奇連貫，深得王羲之行草之精髓，堪稱康里巎巎書法之代表作品。

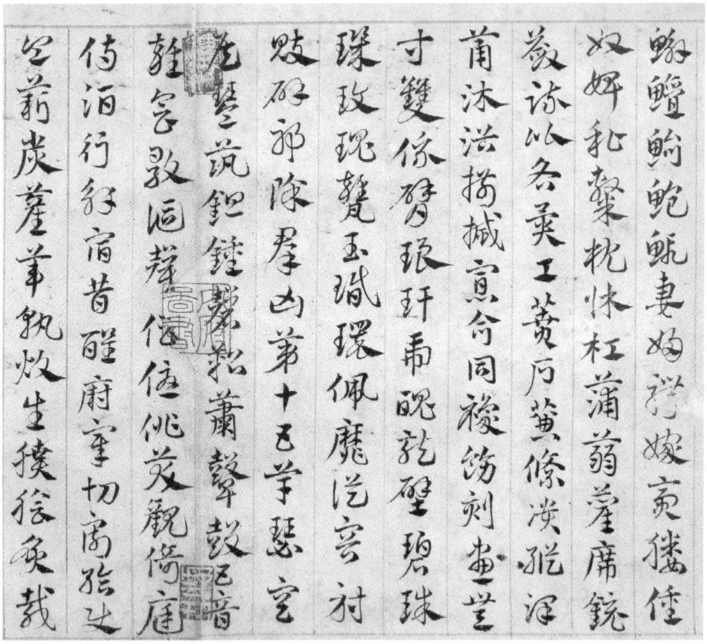

▶急就章　元　鄧文原

二十三．三×三九八．七公分，這件作品是鄧文原章草書之代表作品，臨寫三國吳皇象章草書《急就篇》而作。比起扁方古拙的古隸草書，呈現了挺健秀雅的新風貌。此卷書於大德三年（一二九九年），時年四十二歲。

◀篆書玄妙觀重修三門記　元　趙孟頫

《玄妙觀重修三門記》為元代牟巘撰文、大德六年（一三〇二年）趙孟頫書並篆額。其「玄妙觀重修三門記碑」原在正山門內，「文革」時失落。一九九〇年，蘇州碑刻博物館受市道教協會委託，仿刻成碑，現存正山門內。銘刻碑帖二幅，每幅縱五十二公分，橫一百三十六．五公分，計五十八行，行十一字，額三行。

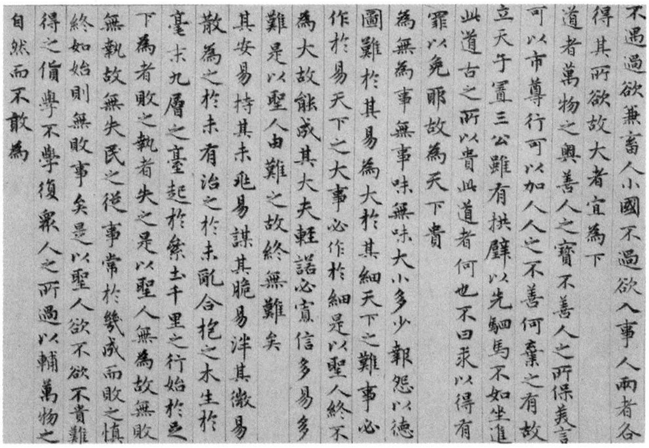

▶老子道德經卷　元　趙孟頫

《道德經》是趙孟頫的小楷代表作之一，書於延祐三年（一三一六年），時年六十三歲。字體工整秀麗，筆法穩健，肥厚中自有筋骨內含，矯捷而多姿，融晉、唐、宋人之風流、氣度適己之風神，頗具特點。卷首有明姚綬行書「松雪書道德經」六字，前隔水綾上有近人張爰二題。

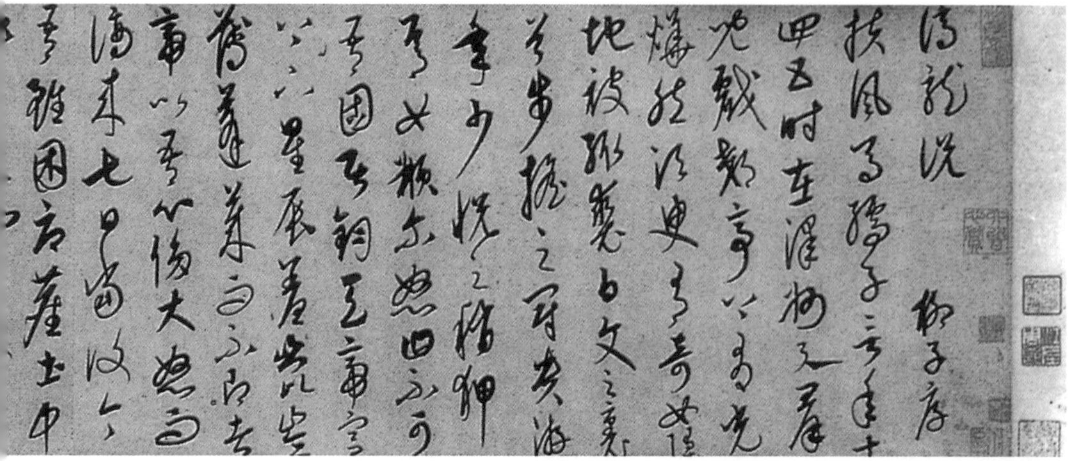

△謫龍說　元　康里巙巙

二十八．八×一三七．八公分，此卷用筆時見章草之波挑法，為其原本流利酣暢的行筆增添了不少古拙之趣，使節奏韻律更加明朗。此法始見於趙孟頫，因而可以看出康里巙巙的這種用筆方法實乃借鑑於趙氏。其總體風格挺勁剛健，俊逸灑脫，頗具氣勢，銳利中見委婉，與典雅秀逸的趙派書風確有異趣。

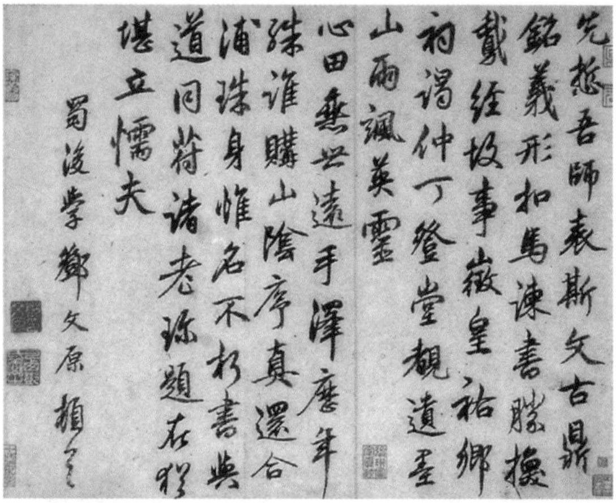

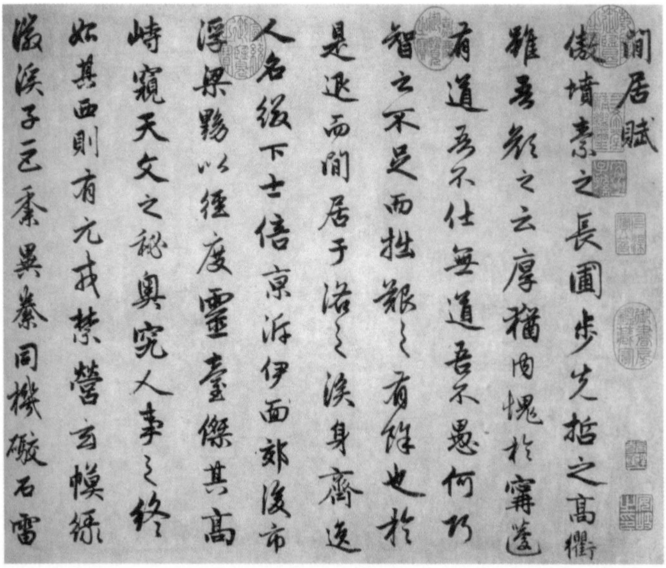

△五律詩頁　元　鄧文原

題伯夷頌二首，計十一行。鄧文原精於行草簡札，顧復說其書「天真自然，綽有唐人風致」。此札書法，字體在規矩中多姿多變，在嚴守法度的基礎上又力求舒展自然的藝術效果。充分展示了鄧氏純熟而俊美的書法風貌。

◁行書閒居賦　元　趙孟頫

縱三十八公分，橫二百四十八．三公分。故宮博物院藏。書西晉著名文學家潘岳〈閒居賦〉一首，五十六行，凡六百二十七字，款署子昂。無年月。筆意安閒，氣韻清新，通篇行楷結合，方圓兼備，體態優雅，呈現趙氏書法藝術書卷氣和富貴氣。

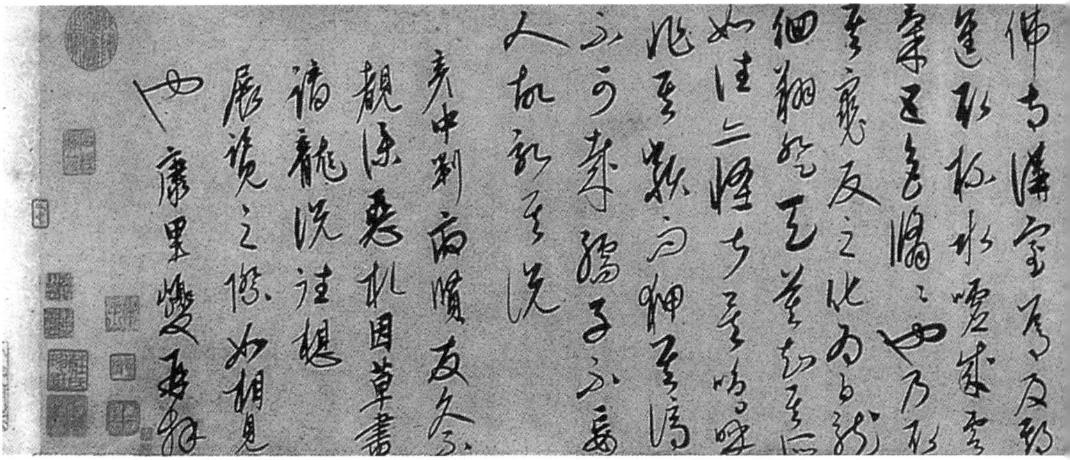

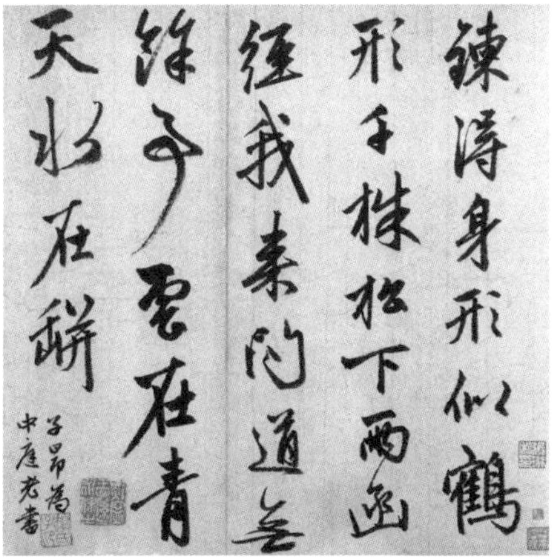

**◀行書七絕詩冊　元　趙孟頫**

紙本，縱三十四．七公分，橫三十五．三公分。此為趙孟頫書自作七言絕句一首，此帖雖僅短短五行大字，卻筆力深沉穩健，氣勢恢弘傲放，結體嚴謹端莊，首尾富於變化。書風雖顯蒼老，但依舊雍容瀟脫，是趙氏晚年大行書中的精品。

**▼論草書帖　元　鮮于樞**

鮮于樞的書法成就，主要在於行草。草書學懷素並能自出新意。執筆方法很有特點，使用獨特的回腕法。喜歡用狼毫，寫字強調骨力。行草書骨力勁健，真力飽滿，行筆瀟灑自然。

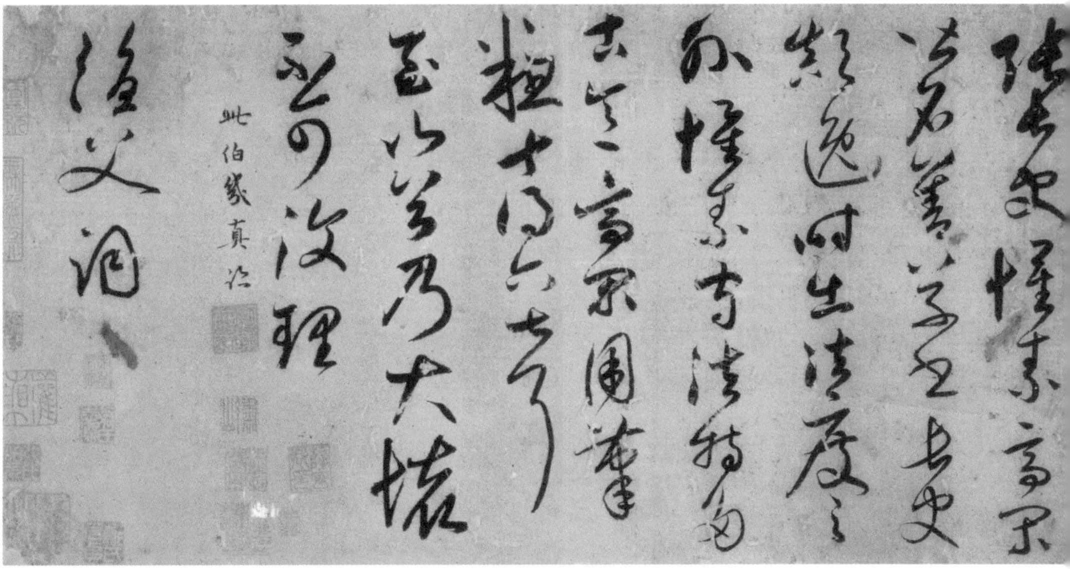

# 遠征日本

●時間：西元一二七九～一二八〇年
●人物：元世祖　北條時宗

元世祖忽必烈即位時，蒙古已是一個稱雄歐亞大陸的龐大帝國。放眼望去，東邊的高麗已成為蒙古的屬國，南宋則苟延殘喘，亡國只是早晚之事。隔海固封自立的日本，於是成為了元世祖想要征服的下一個目標。

## ⊙得不到回應的使者

至元三年（一二六六年）八月，元世祖忽必烈派遣兵部侍郎黑的、禮部侍郎殷弘前往高麗國都城，要求高麗國王協助曉諭日本，使之臣服。高麗國君臣認為，本國無法再承擔戰爭的沉重負擔，必須想辦法打消蒙古的戰爭意圖，爭取時日，休養生息。

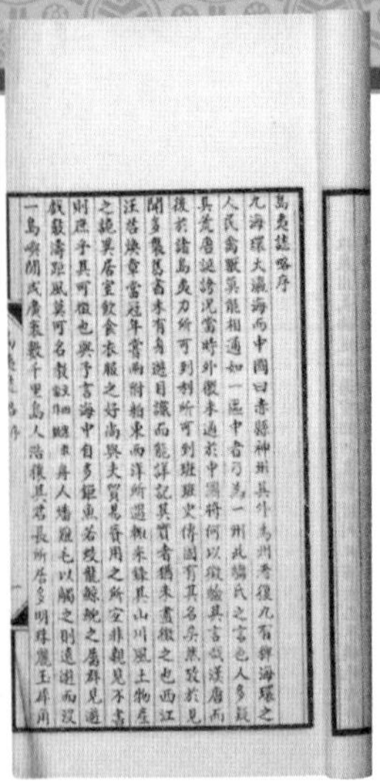

《島夷志略》書影

於是，在護送蒙古使者到達巨濟島以後，高麗宰相李藏用以「風濤險阻」為由，再三勸阻，終於使蒙古使者放棄前往日本，返回大都。

忽必烈得知使者空返而歸，勃然大怒。嚴厲申斥了不配合的高麗：「卿先後食言多矣，宜直身焉。」忽必烈嚴令高麗立即與日本交涉，要求日本對蒙古臣服進貢。

四年（一二六七年）九月，高麗被迫派遣使者前往日本勸降。

從至元六年（一二六九年）至九年（一二七二年），蒙古、高麗使者前後五次往返，要求日本臣服進貢。日本的實際統治者鎌倉幕府態度強硬，拒絕與蒙古通交，並不給予任何回應。

當時，日本正處於變革時期，社會動盪，鎌倉幕府的統治者北條時宗為了維護統治地位，態度強硬，堅決不在與蒙古的交涉中低頭，否則統治地位將在頃刻間瓦解。

忽必烈自恃強大，對於島國日本的強硬態度無法理解，再三派遣使者前往日本。顯然忽必烈對日本國內的社會狀況瞭解不清，對日本抵抗的決心也沒有充分的體會，鎌倉幕府一開始便決定徹底對抗。一直無法得到正面回應的忽必烈，認為外交壓力不可行，決定以武力征服日本。

## ⊙第一次遠征

為了遠征日本，忽必烈在高麗大量屯軍，在當地強徵兵員，迫使高麗國負擔造船的重任。

至元十一年（一二七四年），蒙古向高麗下達了造艦九百艘的命令，要求三百艘千石大船，三百艘快速戰船，三百艘汲水小船。限期急迫，高麗國內怨聲載道。由於時間緊急，最後完成的海船是依照較為輕便的高麗船式而非堅固的南宋船式建造的。

延伸知識

## 元軍遠征爪哇

元朝和南海諸國的交往開始於滅南宋之後。至元十四年（一二七七年），元軍攻占福建，南宋主管市舶的蒲壽庚投降，使元朝擁有了通往海外的主要港口泉州和大量海船，以及熟悉海外交通、國情和貿易的人才，由此開展了對南海諸國的外交活動。

爪哇是當時南海的強國，因此元朝「招撫」海外諸國，以爪哇為主要目標。忽必烈認為只要征服了爪哇，就能平服其餘各國。元朝多次派出使臣出使爪哇，爪哇也曾向元朝進貢金佛塔，但後來卻驅逐了元朝使臣。

至元二十九年（一二九二年），忽必烈以爪哇驅逐使者為理由，派兵征討爪哇。元軍對爪哇的進攻遭到爪哇軍民的抵抗，四月，元軍被詐降的爪哇軍隊偷襲，戰敗以後逃回國內。元朝遠征爪哇之役，最終失敗。

日本舞伎

年底，蒙古、高麗聯軍共計二萬八千人，分乘九百艘海船從高麗合浦出發，航向日本，開始了第一次遠征日本。

龐大的蒙古遠征船隊很快便渡過對馬島西海域，在對馬島登陸，日本幕府守護代宗助國率八十餘騎迎戰，力量對比懸殊，幕府武士全部戰死。不久，遠征軍登陸壹岐島，僅一天便攻陷島城，壹岐幕府守備部隊潰敗，守護平景隆自殺。聯軍很快逼近肥前松浦郡，守護松浦一族潰散。

九州島武士獲得急報後，在鎮西奉行少貳資能與大友賴泰的指揮下，向蒙古軍隊可能登陸的沿海地帶集結。

十月十九日，蒙古、高麗聯軍的船隊到達博多灣。第二天，聯軍在今津、博多一帶登陸，日本本土的陸上作戰正式開始。

日本武士與聯軍展開奮勇抗戰，激烈的戰鬥持續到日落，蒙古副將劉復亨在戰鬥中被流矢所傷。而日本武士在蒙古軍團的攻擊下，傷亡慘重，博多、箱崎各地相繼淪陷。稍後，逐隊趕來參戰的九州各武士團體，也在聯軍集中火力的攻擊中迅速潰敗。日本武士向大宰府水城方向退卻。

入夜後，蒙古、高麗聯軍將領對下一步戰鬥安排發生了分歧，對日本頗有瞭解的高麗名將金方慶，主張以破釜沉舟的氣勢與大宰府的抵抗者做

日本武士甲冑

日本德川幕府時代的劇院

徹底的決戰，一鼓作氣解決九州島的戰役，然後靜待己方的援軍。

而蒙古將領忻都與洪茶丘對日本武士奮力抗爭的氣勢心有餘悸，考慮聯軍士卒疲勞，將帥負傷，惟恐遭到敵方的夜襲，最終決定放棄已經取得的陸上陣地，全軍撤回海船暫歇。

當天夜裡博多灣風高浪急，多艘聯軍海船觸礁沉沒，將士落水溺亡者無數，軍心極度動搖。在這樣的狀況下，繼續征伐日本已經完全沒有可能，聯軍連夜退回高麗。蒙古對日本的第一次遠征終告失敗。

## ⊙第二次遠征

第一次遠征失敗後，忽必烈一直耿耿於懷，決心擇機再行征伐日本。

至元十六年（一二七九年），南宋滅亡。中止的征伐日本的準備工作重新開始。這次，不單在高麗建造戰艦，南宋的降將范文虎也在江南一帶督建海船。

十七年（一二八〇年），忽必烈確定了遠征日本的計畫，元將忻都、洪茶丘與高麗將領金方慶率蒙古、高麗、漢人（指原遼、金和蒙古統治下北中國的漢人）聯合的四萬遠征軍，組成東路軍，自高麗合浦出發。阿剌罕、范文虎率十萬稱為蠻子（原南宋治下的漢人）的新附軍，號稱江南軍，自浙江寧波出發，兩軍計畫在壹岐島會合。為了確保遠征軍持續作戰的能力，忽必烈指示攜帶鋤頭、鐵鍬等農具，以備登陸後就地屯墾之用。

十八年（一二八一年）五月三日，東路軍從合浦出發。五月二十一日，船隊占領對馬島、壹岐島。原本按照計畫，東路軍應該在壹岐島就地休整，等待與江南軍會合，再進攻日本本土，但是東路軍在壹岐島稍微停留，便揚長東行。

六月六日，東路軍到達博多灣，被沿海石壘阻擋，未能立即登陸，於是船隊在博多灣中志賀島、能古島下錨。

由於石壘阻礙，東路軍自始至終

無法登陸博多，只有當海水退潮時，志賀島露出通往陸地的狹長海灘，東路軍便與日本武士在這一海中通道間殊死拚殺。由於通道狹窄，元軍無法發揮集團作戰的優勢，又因為是在海上，蒙古人所擅長的騎射與火器戰術也沒有辦法施展。戰鬥持續到六月十三日，元軍傷亡慘眾，卻一無所獲。

眼見不可能獨力登陸博多，並且事先與江南軍約定在壹岐島會合的日期漸漸臨近，東路軍將領商議後，率軍退出博多灣，前往壹岐島。然而，到達壹岐島後，東路軍卻發現江南軍失約未至，欠糧缺水，疫病肆虐，東路軍軍心動搖，惶惶不安。忻都、洪茶丘提意撤回高麗，金方慶表示反對，將領之間出現了對立的情緒。

正當東路軍進退失措時，江南軍的先遣隊抵達壹岐島，原來，原江南軍統帥阿剌罕急病，忽必烈任命阿塔海代替，阿塔海卻遲遲無法到任，范文虎只得派出先遣隊通知東路軍，江南軍大隊稍後即將趕赴壹岐。

六月二十九日與七月二日，尾隨先遣隊而來的日本武士先後兩次攻打壹岐島，最終被聯軍擊退。

久等統帥阿塔海不至的江南軍，在范文虎的率領下於六月十八日離開浙江，七月上旬與東路軍在平戶島附近會合。聯軍白白損失了近一個月的時間，而日本方面則已經做好了戰鬥準備。

七月二十七日，遠征軍東進，占據鷹島，準備登陸日本本土。就在此時，遠征軍突然遭到颱風的襲擊，船隊躲避不及，海船在風浪中相互撞擊，大部分沉沒。這場颱風在日本歷史上稱為「神風」，認為正是由於這場「神風」，才使日本人免於蒙古帝國征服的命運。

颱風中，元軍將士溺死甚眾，東路軍與江南軍統帥落魄喪膽，率領殘存的船隻退回大陸。日本武士駕小船出海，捕殺在海上落難的元軍士兵。元軍被遺棄者約三萬人，除部分被俘，其餘全部戰死。俘虜中除新附軍被留做部民（奴隸），其餘蒙古、高麗戰士都被殺死，棄屍於海。

元帝國對島國日本的第二次征伐就此落幕，十四萬大軍只有三萬多人生還。

忽必烈無法容忍兩度征伐日本的失敗，征伐日本成了他的心病。第三次遠征日本的準備工作一直到至元三十一年（一二九四年）忽必烈去世才終止。而此時，由於江南民眾的反抗，征伐日本的計畫從此再也無人提起。

### 歷史詞典

## 元設澎湖巡檢司

臺灣和澎湖地區，自古就與大陸來往頻繁。元代時，臺灣同大陸之間的關係有了新的發展。至元二十九年（一二九二年）到三十一年（一二九四年）之間，元朝政府在澎湖設立了巡檢司，隸屬福建泉州晉江縣，管理澎湖列島和臺灣地區，在當地徵收鹽稅。這是中國中央政府首次在臺灣地區建立正式的行政機構。元代，澎湖巡檢司一直是管轄臺灣、澎湖地區的有效機構。

明朝建立以後，洪武二十年（一三八七年）將澎湖地區的居民遷移到泉州，廢除了澎湖巡檢司。一直到嘉靖四十二年（一五六三年），為了加強對臺灣管理，才又恢復澎湖巡檢司設置。

# 《雜劇才子關漢卿》

●時間：元初
●人物：關漢卿

關漢卿，號已齋叟，元代大都人，偉大的雜劇作家。大約生於元太宗年間（一二二九～一二四一年），卒於大德年間（一二九七～一三〇七年）。關漢卿是雜劇的創始人，他的創作大大豐富了中國古代文學的寶庫。《竇娥冤》劇中所塑造的竇娥這個形象，展現了堅貞不屈的頑強性格，和不向黑暗勢力低頭的鬥志，代表了當時人民的精神面貌。

## ⊙平民作家關漢卿

由於古代劇作家地位低下，所以關於關漢卿生平資料的記載很少。鍾嗣成《錄鬼簿》記載，他曾任太醫院尹，可能是醫生。還有人認為他是金朝遺民，因而在元朝仕途不暢。有的記載稱：「生而倜儻，博學能文，滑稽多智，蘊藉風流，為一時之冠。」

關漢卿擅長歌舞，精通音律，能吟詩，會琴簫，因此熟悉舞臺，接觸演員，瞭解觀眾，為他從事雜劇創作提供了不可缺少的經驗。至元十四年（一二七七年），他先後到過當時雜劇創作與演出的中心杭州、揚州，與造詣頗深的作家、演技精湛的演員磋商雜劇藝術，提高了創作水準。

關漢卿熟悉下層社會的生活，劇作取材廣泛，筆下的藝術形象來自不同社會階層、不同身分，主角有一般平民與官僚，也有地痞流氓與妓女，或善良正直，或歹毒凶惡，都刻畫得鮮明生動。關漢卿不僅創作，有時也登臺與演員一同演出。

關漢卿是多產的雜劇作家。一生共寫了六十六部劇本（一說六十三部），幾乎比英國戲劇家莎士比亞多了一倍，保留下來的卻只有十八部（其中包括科白殘缺的三部，只有單支詞曲的二部），代表性作品有：《感天動地竇娥冤》《閨怨佳人拜月亭》《趙盼兒風月救風塵》《關大王單刀會》等。

關漢卿的作品內容瀰漫著昂揚的戰鬥精神與強烈的現實性，深刻反映了社會現實，充滿了濃郁的時代氣息。慨慷悲歌，樂觀奮爭，是關漢卿作品的基調。

## ⊙千古名劇《竇娥冤》

關漢卿晚年的代表作品《竇娥冤》可稱得上是千古名劇，是中國古典悲劇的典範。王國維稱其可「列之於世界大悲劇中亦無愧色」。

《竇娥冤》的主要故事情節是：竇娥三歲喪母，父親是個窮困的秀才，為還清債務及籌集進京趕考的盤纏，欠下蔡婆婆數十兩銀子，只得將七歲的女兒竇娥送給蔡家做童養媳，以作抵押。

十年後，竇娥的丈夫不幸去世，家中剩下竇娥與蔡婆婆。一天，蔡婆婆外出索債，賽盧醫想謀財害命，將

延伸知

## 元曲四大家

元曲四大家是指關漢卿、白樸、馬致遠、鄭光祖四位元代雜劇作家。明代何良俊在《四友齋叢說》中說：「元人樂府稱馬東籬（致遠）、鄭德輝（光祖）、關漢卿、白仁甫（樸）為四大家。」在此以前，元代周德清在《中原音韻》序中說：「樂府之盛之備之難，莫如今時……其備則自關、鄭、白、馬，一新製作。」

關於這幾位元曲作家的排列和評論，因人因時而各有不同。元代鍾嗣成的《錄鬼簿》把關漢卿列為雜劇作家之首，賈仲明稱關漢卿是：「驅梨園領袖，總編修師首，捻雜劇班頭。」

明代前期以後，又有盛讚鄭光祖而貶低其餘三家的，如何良俊《四友齋叢說》說：「馬之辭老健而乏滋媚，關之辭激厲而少蘊藉，白頗簡淡，所欠者俊語，當以鄭為第一。」

近代王國維的《宋元戲曲史》說：「元代曲家，自明以來，稱關、馬、鄭、白，然以其年代及造詣論之，寧稱關、白、馬、鄭為妥也。關漢卿一空倚傍，自鑄偉詞，而其言曲盡人情，字字本色，故當為元人第一。」

《感天動地竇娥冤》書影

《竇娥冤》插圖

她勒死。地痞張驢兒與父親搭救了蔡婆婆，乘機要挾，硬搬進蔡家居住。不久，蔡婆婆嫁給了張老頭。張驢兒見竇娥年輕美貌，欲娶為妻，遭竇娥嚴辭拒絕。

張驢兒心生一計，買來毒藥，想害死蔡婆婆，霸占家財，強娶竇娥。不料，張驢兒卻誤將父親毒死，張驢兒轉而誣陷竇娥謀害了公公。張驢兒使錢賄賂，見錢眼開的楚州太守桃杌，不問青紅皂白，嚴刑拷打，竇娥屈打成招，判了死刑。

竇娥滿腹冤屈，無處申訴。臨刑時，發下三大「天頭願」：她的頸血濺於一丈二尺的白布上，沒有半點落地。六月的炎熱暑天，忽降大雪，掩埋她純潔的軀體。當地大旱三年。這三個預言都變成了事實。最後，她父親做官回來，才伸冤雪恨。

《竇娥冤》描寫了一個震撼心靈的故事，有著深刻的悲劇激情與現實反抗。劇本在深層意義上指向了對人的尊嚴的關懷，從而使這部劇作具有深遠的思想意義與文化意義。

# 【馬可波羅來華】

●時間：西元一二七一～一二九五年
●人物：馬可波羅

馬可波羅，義大利人，出生在義大利威尼斯的商人家庭裡。在中外關係交往史上，他是需要濃抹重彩的一個人物。他是把中國介紹給西方的第一個外國人。他寫作的《馬可波羅遊記》成為中西文明交流的媒介。他在遊記中把中國的養蠶、絲綢、造紙、紙幣、印刷、燒煤，以及城市建築、市政管理、藝術等等，詳細記載下來。西方國家正是通過他的遊記，瞭解了東方富庶繁華的中國。這本書在中西方文明交往中有其特殊作用，為後來的歷史埋下了伏筆。

## ⊙坎坷的東方之旅

中統元年（一二六〇年），馬可波羅的父親尼古拉‧波羅與叔父瑪賽‧波羅在金帳汗國做生意。回國途中經過不花剌時，遇上伊兒汗國派往蒙古的使臣，在使臣的邀請下，一起到了中國。

此時，忽必烈剛繼承蒙古帝國的汗位不久。波羅兄弟的到來，受到了忽必烈的歡迎接見。忽必烈詢問西方各國與羅馬教廷的情況，對他們的回答，忽必烈十分滿意，也很感興趣，決定派使臣柯嘉達前往羅馬教廷，並任命波羅兄弟二人為副使。

忽必烈命使臣帶上親筆國書，信中忽必烈請求羅馬教皇派一百名精通修辭、邏輯、語法、天文、數學、地理、音樂等七種學科的傳教士來中國。他還要耶穌墓中長明燈的聖油，因為忽必烈的母親信仰基督教，並且聽說有了聖油可以得福，也可以治病。

忽必烈派往歐洲的使團出發不久，大使柯嘉達便得了重病，無法繼續前進，波羅兄弟只得自行前往。途中得知教皇已經去世，所以到達義大利後，只好先回到家鄉威尼斯，打算等選出新教皇後，再去羅馬教廷。

馬可波羅像

波羅兄弟在威尼斯等了兩年，新教皇卻遲遲沒有選出，為了不辜負中國皇帝的期望，他們決定重返中國。當時，尼古拉的妻子早已去世，只留下十七歲的兒子馬可波羅，這次，他們把年輕的馬可波羅一起帶了去。

波羅一行先到羅馬教廷取得證書，又去聖城耶路撒冷取了聖油，然後踏上遙遠的旅途。當到亞美尼亞境內時，羅馬新教皇選了出來，於是，他們又返回晉見新教皇，向新教皇遞交了忽必烈的國書，但是，新教皇只派了兩名傳教士隨行。不料，上路不久，兩個傳教士聽說亞美尼亞正在戰爭，擔心行道危險，便把回覆的公文與禮品交給波羅兄弟，仍舊回羅馬覆命了。

馬可波羅與叔、父三人穿越西亞各國，越過中亞大沙漠，再翻過世界屋脊帕米爾高原，最後進入今天中國的新疆境內。在新疆的羅布城休息了一週，之後繼續在無邊無際的沙漠中前進，終於在至元十二年（一二七五年）到達元朝的上都（今內蒙古自治區多倫縣西北）。

從羅馬出發算起，三人一共用了三年半的時間。一路上歷盡艱辛，有時候一連十幾天遇不到一戶人家，空中見不到一隻鳥兒，路上看不見一棵青草。當到達上都時，忽必烈正在上都避暑。他們將教皇的回信上呈，獻上聖墓的燈油與教皇的禮物，並講述了與教皇交涉的情況以及沿途的經歷。

## ⊙旅居中國

對於三人的到來，忽必烈非常高興，封三人為榮譽侍從。從此，馬可波羅三人便在中國旅居。

馬可波羅天生聰穎，很快便學會了蒙古語及其他語言。馬可波羅辦事細心認真，又很能幹，忽必烈十分信任。馬可波羅喜歡養馬，寫過一篇關於馬的文章，忽必烈將文章與著名的

### 延伸知識

### 汪大淵與《島夷志略》

《島夷志略》，一卷，原名《島夷志》。作者汪大淵，曾兩次隨商船遊歷東西洋許多國家，每到一個地方，都要記錄當地的山川、習俗、風景、物產以及貿易等情況。

至正九年（一三四九年），汪大淵在泉州撰成《島夷志》。書共分一百條，除了末條「異聞類聚」是抄前人舊記而成者外，其餘九十九條記作者親身遊歷，每條大抵記述一個國家或地區。全書所記涉及的國名和地名達二百二十多個，其中有不少是首次記載在我國的圖書上。本書涉及的地理範圍，東至今菲律賓群島，西至非洲。是研究元代海外貿易和十四世紀亞非各國史地的十分珍貴的資料。

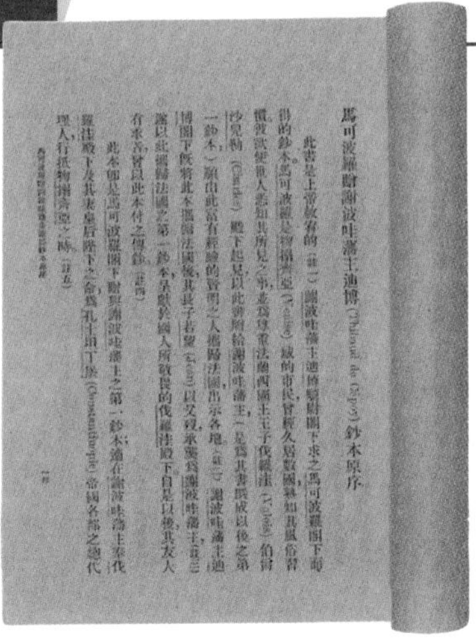

《馬可波羅遊記》書影

八駿圖並排掛在皇宮裡，可見忽必烈相當欣賞。忽必烈常常召進皇宮，讓他講述歐洲各國的風情，忽必烈總是聽得津津有味。

馬可波羅深得忽必烈信任，在大都擔任職務，此外，並經常奉命到各省巡視或出使外國。到過中國的大部分地區，據說也在揚州當過官。後來，奉命出使南洋，在東南亞的許多國家都有活動。

轉眼，馬可波羅等人已在中國整整生活了十七年，很想回家鄉威尼斯探望。這時，伊兒汗國的大汗派來三名使臣，向元朝求婚，忽必烈決定將十七歲的公主闊闊遠嫁給伊兒大汗。

不料，中亞發生戰爭，道路不通，伊兒汗國的使臣與公主又返回大都。正巧馬可波羅從印度回來，向忽必烈報告了各國的情況與航行的經過。伊兒汗國的使臣便想從海路回去，忽必烈本來不捨得讓馬可波羅父子三人離開，但因為公主出嫁，不得不讓馬可波羅父子帶領，從海上前往伊兒汗國，但是要求他們送親後再來中國。

至元二十九年（一二九二年）初，馬可波羅三人準備了十四艘大船，從福建泉州出發，帶著忽必烈寫給法國、英國與西班牙等國國王的國書。

兩年半之後，終於抵達伊兒汗國，隨行的近千人，經過路上的生老病死，這時只剩下十八人，但公主在小心照料下安然無恙。他們將公主安全送達，休息了九個月之後，決定回到家鄉。在回鄉的路上得知忽必烈去世，便徹底打消了再回中國的念頭。

元成宗元貞元年（一二九五年）底，他們回到了家鄉威尼斯。威尼斯正和熱那亞戰爭，馬可波羅應徵加入威尼斯艦隊作戰。

三年後，馬可波羅被俘虜，與作家魯思蒂謙關在一起。在獄中的一年裡，馬可波羅將在中國與亞洲各國的豐富見聞講給魯思蒂謙聽，魯思蒂謙詳細記錄和整理，這就是聞名世界的《馬可波羅遊記》。

永樂宮壁畫朝元圖
——木公與金母諸像　元
永樂宮壁畫為元代作品，面積總計千餘平方公尺，繪於龍虎殿、三清殿、純陽宮、重陽殿四壁及拱眼壁內。壁畫內容豐富，畫技高超，在青、綠冷色基調中，用色多達十餘種，並大量使用瀝粉貼金法，在莊重深沉的畫面中渲染華美富麗的藝術效果，為中國壁畫史留下了光輝的一頁。

《馬可波羅遊記》一書分四個部分：第一部分描寫馬可波羅到中國時艱苦的旅程，以及經過的國家和地區的情況。第二部分記述了中國豐富的物產與元代許多繁榮昌盛的城市。第三部分介紹中國近鄰的國家和地區。第四部分講述成吉思汗之後的蒙古諸王為爭奪王位所進行的戰爭，以及俄羅斯的情況。

書中對元大都（書裡叫汗八里，今北京）、西安、濟南、開封、蘇州、鎮江、福州、杭州、泉州等城市有非常真實的描述，對城市豐富的物產以及建築等都寫得很詳細。這樣描述壯麗豪華的元大都：「汗八里的設計像一個棋盤，一個正方形城市，四周都有城牆。汗八里人口繁多，其中還有許多外國人，有的是來做生意的，有的是來進貢方物的。城內建築華麗，貨物琳琅滿目。每天都有從國內和各國運進的貨物。僅絲一項，每天就有上千車入城」。

書中描寫了杭州城的富庶美麗：杭州城規模很大，周圍有一百多英里，城裡有石橋一萬兩千座，整個城市像建築在水上。市民有十二種行業，每種行業的從業者甚眾。杭州出產絲綢，因而居民大都穿綢衣。這裡的富商很多。在城裡有一個風景優美的大湖（即西湖），沿湖有貴族居住的美麗宮殿和住宅。

《馬可波羅遊記》所記述的東方和中國十分美麗富庶，當時的歐洲人都不相信這本書的內容。後來，《馬可波羅遊記》的真實性得到證實，歐洲人開始嚮往書中的描寫，東方和中國成為他們夢想的地方。

永樂宮壁畫朝元圖——木公與金母諸像（局部）

# 郭守敬編《授時曆》

●時間：西元一二三一～一三一六年
●人物：郭守敬

郭守敬，字若思，順德邢臺（今屬河北）人。宋理宗紹定四年（一二三一年），郭守敬出生在學者的家庭裡，祖父郭榮精通數學和水利。郭守敬耳濡目染，對天文學尤其感興趣，並動手做了一些小的天文儀器。後來祖父把他送到精通天文、地理、數學的老朋友劉秉忠那裡學習，使郭守敬的學業更有長進。

## ⊙郭守敬的水利成就

中統元年（一二六〇年），中書左丞張文謙將郭守敬留在身邊工作，巡視大名、彰德等路（今河北省西南部和河南省東北部地區），負責水利建設。郭守敬利用業餘時間鑽研蓮花漏，帶著工匠，親自動手仿製了一臺銅質蓮花漏。

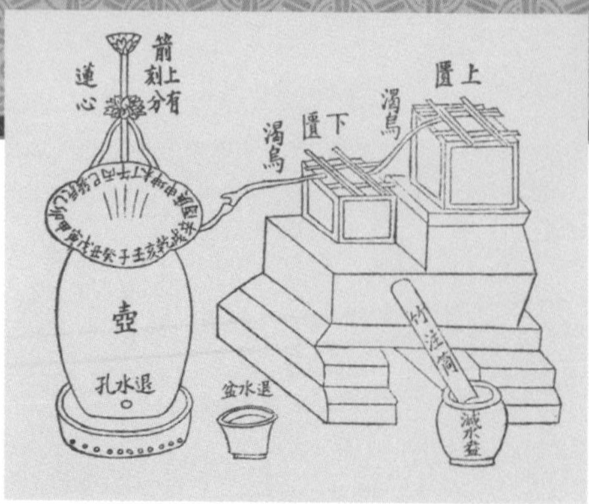


**蓮花漏圖**

蓮花漏是北宋科學家燕肅在古代漏壺的基礎上加以改進而創製的一種計時儀器，由一套水箱（上下匱）、水壺、吸水管（渴烏）、帶刻度的箭牌等一系列部件組成。由於水壺的若干部分以及刻箭都仿照了蓮花、蓮蓬和蓮葉的形狀，因此叫做蓮花漏。

兩年後，張文謙將郭守敬推薦給忽必烈。忽必烈召見時，郭守敬獻上了這個蓮花漏，同時提出了水利建設六條建議。忽必烈十分欣賞，命他負責各路河渠的整修、管理事務。

至元元年（一二六四年），郭守敬隨同張文謙在陝西、甘肅、寧夏一帶，修復了唐來、漢延兩條古渠。

十二年（一二七五年），郭守敬奉命踏勘黃淮平原地形與通航水路，同時建立「水站」（水上交通站）。在自孟津（今河南省孟津縣東南）以東，沿黃河故道，方圓數百里內進行地形測繪與水利規畫工作，畫成地圖，一一詳細說明。地圖中以海平面作為標準，初步運用地理學與測量學中的重要概念——「海拔」。

郭守敬在水利方面的最大貢獻，是開鑿從大都至通州的一段運河。至元二十八年（一二九一年），郭守敬提出了包括興修大都運糧河在內的十一條水利建議。第二年，以太史令兼領都水監事的身分，主持了這項工作。這條長一百六十里的運河及配套工程，僅用一年半時間便全部完成，取名「通惠河」。從此，南方的運糧船可以一直沿著大運河直達北京。京杭大運河至此全部完成。

## ⊙編定《授時曆》

元朝統一全國以前，一直沿用《大明曆》。《大明曆》已使用七百多年，與當時的天象漸漸不符，誤差很大。劉秉忠曾提出修改曆法的主張，但正值戰爭期間，一時無法顧及。直到南宋滅亡以後，忽必烈才決定設立專門機構修改曆法，命郭守敬與王恂主持。至元十三年（一二七六年），郭守敬調到太史局，負責制訂新曆。

在修曆過程中，郭守敬提出「曆之本在於測驗，而測驗之器莫先於儀表」的主張。為此，首先集中精力研製新的天文儀器，對舊有儀器仔細檢查，研製了近二十種天文儀器，其中最重要的有簡儀、仰儀、圭表以及配合使用的景符等儀表。

簡儀根據渾天儀改製而成。早在春秋戰國時期，中國便發明了測定天體的渾天儀，之後經歷代改進，有所發展。但在郭守敬之前，該儀器尚有許多缺點，如重疊的圓環將部分天象遮住，縮小了儀器的觀測範圍。同時，好幾個環都有各自的刻度，讀數系統複雜，使用不便。

針對渾天儀存在的缺點，郭守敬進行了大膽的革新改造。除了必須的兩個圓環系統，他將其他圓環系統全部取消，同時又將其中的一組分離出來，改造成另一種獨立的儀器。如此則不會再發生因為圓環系統過多而遮蓋星體的現象，所測得的二十八宿星距的位置也較為準確。

由於這一儀器既簡單又精確，所以又稱為「簡儀」。簡儀的結構與現代的「天圖式望遠鏡」基本一致，而歐洲類似結構的天文儀器，直到十八世紀才在英國逐漸流傳。

### 歷史詞典

## 元代的回回曆

元代由於許多西域人到中原地區定居，其中不少人並身居高位，為了照顧各個民族習俗和宗教禮儀，都需要使用回回曆。於是，元代設立了專門的機構——回回司天監，掌管回回人觀測天象，並編製回回曆。

至元四年（一二六七年），回回星曆學者札馬魯丁製作了七種西域天文儀器，並撰《萬年曆》進呈忽必烈。

至元八年（一二七一年），忽必烈在上都（今內蒙古正藍旗東北）設立回回司天臺，任命札馬魯丁為提點，負責編寫回回曆。皇慶元年（一三一二年），回回司天臺改稱回回司天監，主要工作就是每年頒行曆書，由回回司天監頒布的曆書就稱為回回曆。

元代新疆地區、今天寧夏的部分地區、南方的泉州等地，已經有許多信奉伊斯蘭教的民族居住，與西域交往也十分頻繁，須布官方回回曆是一種客觀的需要。

**簡儀（模型）**

簡儀的設計與製作者是元代天文學家郭守敬，於至元十三年（一二七六年）前後製成簡儀等十三種天文儀器。簡儀突破了渾儀環圈交錯不便觀測的缺點，將環組分別架立，裝置簡便，而效用更廣。是當時世界最先進的天文儀器。

登封觀星臺

觀星臺位於河南登封東南十五公里的告成鎮北。為元代天文學家郭守敬創建，是中國現存最古老，也是世界上目前著名的天文學建築。觀星臺由臺身與石圭、表槽組成，形成覆斗。臺高九．四六公尺，通高十二．六二公尺。可用來「晝測日影，夜考星極，以正朝夕」。告成觀星臺為元代全國觀測站的中心。

仰儀是郭守敬獨創的一種天文儀器。儀器的主體是個銅鑄的中空球面，看上去就像一口鍋，所以取名「仰儀」。在半球的口上刻著東、西、南、北四個方向，凹部刻有與觀測地緯度相應的縱橫網格。半球口上用一縱一橫的兩根竿子，架著一塊小木板。板上開一小孔，孔的位置正好在半球面的球心上方。陽光通過小孔，在球面上投下圓形的影像，映照在所刻的線格上，便可觀測太陽在天空中的位置。當發生日食時，仰儀面上的日像，也相應發生虧缺。因此，通過仰儀便可直接觀察日食的方向、虧缺部分的大小及各種食像的時刻。

圭表是測定二十四節氣的主要儀器，沿用已久。表是一根垂直於地面的標桿，當太陽在子午線上時，表投影在北方圭面上，量取影子的長度，便可推算節氣。舊式圭表的影像邊緣不清晰，影長不精確。用來量長度的尺，一般只能計算到分，推算時刻容易發生誤差。另外，只能觀測日影，而不能觀測光較弱的月、星影。

為了解決影界不清的問題，郭守敬同時創造了一種「景符」的儀器，利用小孔成像的原理，使日光通過一個薄鋼片上的小孔，射在圭面上，使影界變得清晰。研究中郭守敬發現，按比例推算二十四節氣發生誤差的重要原因之一，是圭表的表影長度不夠。於是，將圭表的表高加大到四十尺，比舊表增加五倍。為了改進量取長度的方法，又將原來只能精確到「分」位的數值，提到「厘」位，盡量減少誤差。郭守敬這些大膽的改革措施，提高了圭表的精確度，基本上彌補了唐宋以來圭表存在的缺陷。

這些儀器都具有實用、簡便、靈巧、精確的特點，可惜原物都早已損毀，沒有保存下來。

郭守敬等人根據大量觀測資料，並仔細研究了自西漢以來的七十種曆法，編製出了新曆法——《授時曆》。至元十八年（一二八一年），《授時曆》開始在全國頒布實施，使用時間長達三百六十三年（一二八一～一六四三年）。

《授時曆》是中國古代十分精密的一部曆法，與南宋楊忠輔製的《統天曆》一樣，以三六五．二四二五天作為一個回歸年，如果以小時計，是三六五天五小時四十九分十二秒，比

**通惠河漕運圖卷　元　佚名**

通惠河是古代挖建的漕運河道。由郭守敬主持修建。元世祖將此河命名為「通惠河」。最早開挖的通惠河自昌平縣白浮村神山泉經甕山泊（今昆明湖）至積水潭、中南海，自文明門（今崇文門）外向東，在今天的朝陽區楊閘村向東南折，至通州高麗莊（今張家灣村）入潞河（今北運河故道），全長八十二公里。通惠河開挖後，行船漕運可以到達積水潭，因此積水潭包括現今的什剎海、後海一帶，成為大運河的終點，商船百船聚泊，千帆競發，熱鬧繁華。元朝中後期，每年最高有二三百萬石糧食從南方經通惠河運到大都。這條河道在明朝和清朝都有維護，一直沿用到二十世紀初葉。

地球繞太陽公轉一周的實際時間只差二十六秒，經過三千三百二十年後才相差一天，和國際通用的公曆（即格里曆）完全相同。

另外，授時曆在數學上也有很大的貢獻。授時曆應用招差術推算太陽、月亮以及五星逐日運行的情況，早於歐洲四百年。康熙九年（一六七〇年），英國天文學家格列高里（James Gregory）最先對招差術作了在歐洲的首次說明。

## ⊙傑出的科學家

《授時曆》編成後，郭守敬集中精力從事著述，先後撰成《推步》《立成》《曆議擬稿》等天文書稿十多種，一百多卷。這些書籍包括極其珍貴的兩個星表，後來都失傳了，具體內容已經無從知悉。僅《授時曆經》《授時曆議》與簡儀、圭表等幾種儀器的構造和使用方法，由於載入《元史》，得以保存。

郭守敬創製的簡儀及其他後人譽為「臻於精妙」的天文儀器，曾經完整保存至清初。但是在康熙五十四年（一七一五年），卻被西方傳教士紀理安當作廢銅毀掉了。

除了上述貢獻以外，郭守敬並多次主持製造構造非常精巧複雜的機械計時器，其中陳設在大明殿裡的「七寶燈漏」，是初步脫離天文儀器範圍的機械計時器。

可以說郭守敬是當時在中國，乃至在十三世紀的整個世界上，在天文學、水利工程、地理學、數學和機械工程等方面都是首屈一指的傑出科學家。

# 王禎著《農書》

●時間：約西元一二七一～一三六八年
●人物：王禎

王禎曾任永豐縣（今屬江西）和旌德縣（今屬安徽）縣尹。任職期間勸課農桑，注重發展農業，修築水利工程，注意考察農業生產技術，於是積累了豐富的農業生產知識。任旌德縣尹時，綜合整理平日的積累，開始寫作《農書》。任永豐縣尹時完成了《農書》，時間大約是在皇慶二年（一三一三年）。

## ⊙為官首重農

元世祖忽必烈非常重視農業生產，早在中統元年（一二六〇年），忽必烈便設立了十路宣撫司，由通曉農事者主事，勸農生產。第二年，他又設立勸農司，置勸農使。至元七年（一二七〇年），元朝成立了專門負責農桑水利事宜的機構——司農司，主要職責是派遣勸農官到各地巡視農業生產情況，申報地方官在農事方面的政績。二十五年（一二八八年），元朝進一步在江南設立行大司農司和營田司。

司農司等農事機構的設立，推動元初恢復和發展農業生產。為了使農民掌握生產技術，提高農業產量，忽必烈派人到各地搜集古今農書，編寫農業書籍，至元十年（一二七三年）編成《農桑輯要》一書。王禎就是在這樣的重農思想的大環境中成長，對日後寫作《農書》有很大影響。

王禎，字伯善，山東東平人，生於至元八年（一二七一年）前後，是中國元代著名的農學家。元貞元年（一二九五年），王禎任旌德縣尹。六年後調任永豐縣尹，任職四年。前後十年的地方官生涯中，王禎實現了做為勤政為民的理想。農忙時，王禎親自到農村指導農業生產。把積累的豐富農業知識傳授農民，既教種植、管理以及收割桑、麻、稻、麥的方法，又親自畫出新式農具的圖樣，教導製造、使用。

王禎認為地方官不懂得農業知識，不熟悉農業生產，就難以盡到勸導農桑的責任。他搜羅歷代農書，反覆研讀，並且經常觀察各地的農事操作與農業生產用具，時時準備撰寫《農書》的資料。

王禎又將節省的俸祿開辦學校，修築道路與橋樑。元朝政治已經相當腐敗，多數「勸農官」都成了「吃農官」，在污濁世風中，王禎秉正為民，是個難得的好官清官。

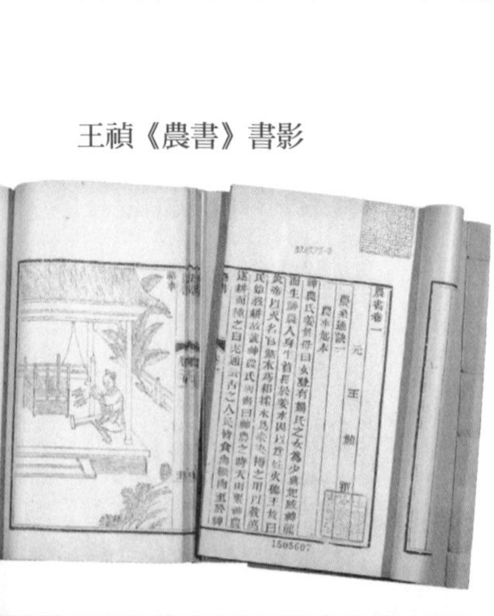

王禎《農書》書影

## ⊙編撰《農書》

王禎所著的《農書》內容分三大部分，書後附有「雜錄」。

第一部分〈農桑通訣〉，是關於農業的總論，包括農業史、授時、地利、耕墾、耙耮、播種、鋤治、糞壤、灌溉、收穫，以及植樹、畜牧、蠶桑等方面，比較系統完整。

王禎認為播種要「不違農時」，農作物的品種要「因地制宜」，根據環境的不同而選擇，主張精選良種，實行多種經營與輪種。在書中強調「人定勝天」的思想，說：「天時不如地利，地利不如人事。」主張興修水利，克服天災，以取得農業豐收。因此《農書》特別強調灌溉的重要性，並具體介紹了引水的方法，及建設圍田與圩田等方法。

《農桑輯要》書影

第二部分〈百穀譜〉，專門敘述各種農作物、瓜果、菜蔬、竹木等的種植栽培方法，最值得注意的是推廣棉花。

王禎竭力主張南、北方普遍種植棉花，解決百姓的穿衣問題，只要種植得法，南北方都可以獲得豐收。針對以為北方「水土不宜」，不適合種植棉花的看法，詳細介紹了種植棉花的方法，鼓勵在北方推廣種植棉花。

第三部分〈農器圖譜〉，主要介紹各種農業器具。共繪有三百零六幅各種農具、農業器械、運輸工具、灌溉工具、紡織機具圖，圖後附有文字說明，詳細介紹各種工具的來源、結構與使用方法。有許多是最新式的農具，如用四頭牛拉的犁、灌溉用的高轉筒車、牛轉翻車與割蕎麥用的推鐮等。

王禎的《農書》是一部劃時代的不朽之作。在古代中國的農學史上，《農書》與《氾勝之書》《齊民要術》《農政全書》，合稱「四大農書」。

王禎不僅是農學專家，而且在機械設計與印刷技術的革新方面也有突出貢獻。東漢時，杜詩製造出利用水力鼓風以鍊鐵的「水排」，但到元朝時已經失傳。王禎花費幾年時間查訪，終於重現了這種鼓風設備，並且加以改進，將古人用皮囊鼓風改為木扇（簡單的風箱）鼓風，加大了風力，提高了冶鍊水準。

在印刷方面，王禎創製了木活字。親自指導木工，花了兩年多時間雕刻了三萬多個木活字，試印了他編寫的六萬多字的《旌德縣志》。採用木活字印刷，一個多月印了一百部《旌德縣志》，並且品質很好。王禎總結製作木活字的方法及排版、印刷的經驗，寫成〈造活字印書法〉，附在《農書》後面，向人們推廣。

此外，又發明了「轉輪排字盤」，排字工只需坐著推動轉盤，便可以揀字排版，大大減輕了排版工人的作業。印刷史上這是一個創舉。

# 【武宗海山】

●時間：西元一二八〇～一三一一年
●人物：元武宗

成宗鐵穆耳病逝於大德十一年（一三〇七年），兒子德壽於大德九年（一三〇五年）十二月先於他病死。這樣皇位繼承就成了問題，元朝廷的貴族和大臣分成兩派，每派支持一個帝位候選人。

## ⊙儲位之爭

大德十一年（一三〇七年）正月，元成宗鐵穆耳病逝，太子德壽早卒，儲位空虛，元朝統治集團內部再次發生爭奪帝位的衝突。

石雕女媧 元

朝中分成兩派：一派以成宗皇后巴牙兀氏為首，支持安西王阿難答（成宗弟弟）即位，得到以中書左丞阿忽台為首的一批中書省大臣與中政院官員的支持。另一派以中書右丞相哈剌哈孫為首，支持成宗的二哥答剌麻八剌之子懷寧王海山與愛育黎拔力八達，得到宗王禿剌（察合台重孫）和牙忽都（拖雷後裔）的支持。

安西王阿難答參加過討伐海都之戰，立有戰功，年紀比海山大，並且帶來了歸降的阿里不哥之子明理帖木兒。而海山在討伐海都戰鬥更是戰功赫赫，曾襲擊海都之子察八兒，並且俘虜了察八兒的弟弟斡魯溫孫，明理帖木兒最初也是向海山投降的，並且依然指揮著元帝國最強大的軍隊。論戰功、血統，海山比阿難答更有資格成為皇位的繼位人。

但是，海山和愛育黎拔力八達要想奪得帝位，仍須得到中書右丞哈剌哈孫的支持。哈剌哈孫控制著中樞機構，元成宗患病後掌握著中央衛軍。哈剌哈孫以右丞相的身分，暗中拖延，不執行皇后巴牙兀氏的詔令，並且不讓巴牙兀氏一派使用印信及動用國庫。同時，派使者催促海山和愛育黎拔力八達盡快趕回京城。

海山的弟弟愛育黎拔力八達先趕到大都，立即採取行動，率哈剌哈孫交出的軍隊突襲宮廷，殺死阿忽台，囚禁阿難答與皇后巴牙兀氏，逮捕了大批親阿難答的官員。

海山率領三萬士兵，於大德十一年（一三〇七年）三月趕至和林。雖然愛育黎拔力八達控制了京城，居有利地位，但海山不僅年長，並握有較強的軍事力量。在母親答己的仲裁下，兄弟達成協議：愛育黎拔力八達放棄攝政地位，海山即位後封弟弟為皇太子作為回報。

五月間，海山在上都召集忽里勒台，大會宣告海山繼承帝位。即位以後，對官員進行了大規模更換，擁護最有力的哈剌哈孫也調往外地任職。

## 歷史詞典

### 《中原音韻》

《中原音韻》，共二卷，周德清撰。初稿完成於元泰定元年（一三二四年），元統元年（一三三三年）定稿並正式刻印。

周德清，字挺齋，江西高安人。元代戲曲家、語音學家。根據當時漢字的實際讀音，編成了具有劃時代意義的《中原音韻》一書。把漢字按字音分類，編成曲韻韻譜。《中原音韻》將調類歸結為「平分二義」、「入派三聲」，即將平聲分為陰平、陽平，入聲分別歸入平、上、去三聲。這樣，傳統的平、上、去、入四聲就變成了陰平、陽平、上、去四聲。對於《中原音韻》所代表的音系，一般認為是元代的大都音系，即當時的「雅音」（官話語音）。現代的普通話音系就是由此發展而來。

《中原音韻》一書出現的意義重大。作為曲韻專書。此書完全擺脫了傳統韻書的格式，開創了與《切韻》系韻書相對立的北音系韻書。它對我們瞭解宋元時代的語音、研究漢語語音史提供了寶貴的材料。

任命乞台普濟為中書平章政事，不久升任中書右丞相。尚書省設立後，中書省名存實亡，乞台普濟改任尚書右丞相，封「太傅」。不久乞台普濟辭去尚書右丞相，封為「安吉王」。

接替乞台普濟任尚書右丞相的是脫虎脫。上臺後著手整頓金融，發行了「至大銀鈔」，以代替貶值的「至元鈔」，並且鑄了「至大通寶」與「大元通寶」兩種銅錢，以博取人民的信任。但是脫虎脫並未毀棄「至元鈔」的版子，仍舊印發「至元鈔」，稱「至大銀鈔」為「銀鈔」，卻沒有賦予「兌現」的功能，仍舊禁止金銀與銅的使用與買賣。這樣的改革措施註定走向失敗。

**印金花卉羅夾衫　元**

長五十八．三公分，袖口寬三十三．五公分，前襟貼邊寬二．五公分，袖長四十三公分，腰寬五十三．五公分，一九七六年內蒙古察右前旗元代集寧路故城遺址出土。

海山的失誤在於太輕信盲從，開始時擯棄哈剌哈孫，重用乞台普濟，繼而將尚書省交給脫虎脫等人主持，中書六部無法正常運轉。結果求治得亂，事與願違。

海山將愛育黎拔力八達立為「太子」後，又任命為中書令兼領樞密院。由於海山往往直接下旨任用百官，愛育黎拔力八達擔任的所謂「中書令兼領樞密院」，實際上只是一個空銜，愛育黎拔力八達心中頗為不滿。

至大四年（一三一一年）正月，元武宗去世，時年三十一歲。留下的諸多問題，成了日後元廷政變迭生的誘因。

# 【仁宗即位】

●時間：西元一三一一年
●人物：元仁宗

武宗海山因弟弟愛育黎拔力八達助其即位，便封愛育黎拔力八達為皇太子。至大四年（一三一一年）正月，武宗去世，在位不過三年七個月。愛育黎拔力八達於武宗去世後，立即以「皇太子」、「中書令兼領樞密院」的地位掌握政權，廢除尚書省，捕殺脫虎脫等人，於三月十八日即位，是為仁宗。

## ⊙混亂的傳位之爭

元仁宗愛育黎拔力八達可以說是忽必烈之後，元朝十位皇帝中唯一的一位賢主。雖然對蒙漢隔閡仍未完全消除，卻很注意任用漢人、南人，在

石雕翼馬　元

中書省先後擔當過中書平章政事及要職的漢人有十五位之多。在位時國內局勢相對穩定，與所採取的政策有關。也正是他，恢復了廢棄多年的科舉制度。仁宗敬重儒學，用蒙文翻譯了《孝經》《烈女傳》《大學衍義》和《貞觀政要》等書。

仁宗信佛，對其他宗教也十分寬容。平生不好色，也不喜歡戰爭，不亂建宮殿廟宇，可謂儉用愛民。但有一個好酒的不好習慣，只活了三十六歲，很可能與喝酒傷身有關。

權臣鐵木迭兒是成吉思汗時的功臣者該的玄孫，成宗時擔任過同知宣徽院事，兼通政院使，武宗時當過宣徽使、中書平章政事、江西與雲南的行省平章政事。

仁宗當政時，鐵木迭兒任中書右丞相，仁宗不滿其行為，免去了職務。然而，仁宗的母親答己（興聖太后）喜歡鐵木迭兒，未得仁宗同意，便恢復了中書右丞相一職。不久，仁宗在興聖太后的壓力下，任命鐵木迭兒為太子太師。

當年，武宗海山與弟弟愛育黎拔力八達曾有約定：武宗不傳位給兒子和世㻋，立愛育黎拔力八達為「太子」，將來愛育黎拔力八達再傳位給和世㻋，繼而傳位給愛育黎拔力八達之子。但是，仁宗背棄了約定，延祐三年（一三一六年）十二月，立兒子碩德八剌為太子。

仁宗並不是不遵守當年的協議，實在是由於母親興聖太后與鐵木迭兒左右掣肘。早在延祐二年（一三一五年）十一月，鐵木迭兒慫恿下封和世㻋為「周王」，並於次年三月命和世㻋鎮守雲南，事實上卻將他流放。在雲南赴任途中，和世㻋在陝西謀劃「造反」失敗，只得改道向西北而去，逃到了察合台汗國。這事件為以後碩德八剌南坡被弒埋下了禍根。

延伸知識

## 杭州飛來峰石刻

在著名的杭州飛來峰的懸崖峭壁上，有從五代時期開始，一直到宋、元兩代五百多年時間內雕刻的佛教石刻造像三百三十八尊。

每個朝代的造像都有代表作，例如，五代時期的「西方三聖」、宋代的「盧舍那佛會」和「大肚彌勒」，而元代最有代表性的作品是龍泓洞畔的毗沙門天像。毗沙門天就是神話中的北方多聞天王，是佛的近侍，掌管錢財，有佛教財神的稱號。這尊毗沙門天像，天王全身披甲，手執寶幢，騎坐獅子。獅子張嘴瞪目，前腿八字形踏在蓮花寶座上，作欲騰越狀，威風凜凜，姿態生動，呈現了元代密宗造像的特點。

飛來峰石刻在時間上可以與唐代以前的北方石窟造像相銜接，是佛教造像藝術在南方的延續，因此在我國石窟造像史上有重要的地位。

耀州窯纏枝蓮紋香爐　元

英明的仁宗，因為孝順，並且始終擺脫不了權臣的迷惑，不能不說是元朝歷史上的一個悲劇。

仁宗統治期間，有一位名臣李孟（一二五五～一三二一年），字道復，號秋谷，後唐宗室沙陀貴族後裔，潞州（今屬山西）人，生長於漢中。成宗時做過禮部侍郎，後隨興聖太后與仁宗居住懷州（今河南沁陽）。成宗死後，隨同仁宗到了大都，並勸仁宗發動宮廷政變。武宗在位時，因不被同僚所容，在河南許昌隱居數年。至大三年（一三一〇年）召回，次年武宗死，李孟先後任中書平章政事、議事平章及翰林學士承旨。

李孟可謂一心為民，一心為政，常常知無不言，言無不盡。禍民的地方官被他免職，病民之政也被他廢除，可以說是仁宗朝的一位賢臣。最大貢獻是勸說仁宗在延祐二年（一三一五年）恢復了科舉制度，這一年李孟為主考官，錄取了護都沓兒為蒙古色目榜的狀元，張起岩為漢人南人榜的狀元。

李孟曾當過武宗與仁宗的老師，也是仁宗崇敬儒學的原因。李孟又擴充了「國子學」的教學內容，教導了不少蒙古子弟與漢人、南人子弟。

白釉黑彩玉壺春瓶　元

# 【周達觀與汪大淵】

●時間：西元一二九五～一三四九年
●人物：周達觀　汪大淵

元朝時來中國的馬可波羅世人皆知，但是當時到外國訪問或旅行的兩位旅行家知道的人可能就不多了，他們是周達觀和汪大淵。

## ⊙周達觀與《真臘風土記》

周達觀（約一二六六～一三四六年），字草庭，自號草庭逸民，浙江永嘉（今溫州）人。

元貞元年（一二九五年），周達觀隨使團赴真臘（今東埔寨）訪問。第二年二月，使團離開寧波，二十日自溫州坐海船出發，乘東北風，沿福建、廣東沿海，經海南島進入交阯海（今北部灣），費時二十五天，於三月十五日到達占婆（今越南中部）。又經半月，抵達湄公河口，遇上逆風，使團轉舟內河，藉著西南風，於七月到達真臘。之後南北縱行，周遊今磅清楊、洞里薩湖、暹粒、吳哥等地。

石雕麒麟 元

周達觀在真臘居留一年多，於大德元年（一二九七年）六月由吳哥啟程，仍循海道返國。回國後，根據親身經歷，寫了《真臘風土記》一書。

在《真臘風土記》中，周達觀以獵奇的眼光與敏銳的觀察力，記錄了

永樂宮壁畫八仙渡海圖（局部） 元

十三世紀末葉的柬埔寨各方面的事物。不僅是元代的一部重要域外地理著作，有一定的地理價值，而且書中記載可以彌補柬埔寨正史的不足，對研究柬埔寨歷史具有重要意義。

## 歷史詞典

### 儒學大師吳澄

吳澄（一二四九～一三三三年），字幼清，晚年更字伯清，元代的理學大師。

吳澄繼承了朱熹的「太極」說，用以說明宇宙萬物的本原。同時，並認為「太極」也是人道的極則，是社會的倫理道德原則。在理氣觀方面，吳澄把「太極」和「理」（道）均看作是宇宙萬物的本體，只是在用法上有所區別。

吳澄沿襲了「天地之性」與「氣質之性」的說法，認為人性得之於天而為「天地之性」，無有不善，因為「天地之性」就是「天理」。但又認為，當純善的「天地之性」附於每個具體的人時，隨著各人氣質的清濁不同而有善惡之分，因而有了「氣質之性」。但在如何識得天理以恢復天地之性的問題上，卻未能遵循格物窮理的方法，而是主張從自身中發現和擴充仁義禮智，接近於陸九淵的先識本心的內心工夫。

由上所述，不難看出吳澄的理學思想是在「和會朱陸」中形成並且有所發展。其「致內之知」的觀點，影響了後來陽明心學的「致良知」。

關於十三世紀時的柬埔寨歷史文化的記載甚少，因此研究柬埔寨文字記載的學者，幾乎無一例外都要利用這本書，特別是其中關於故都吳哥的記載，非常受人重視。可以說《真臘風土記》是研究柬埔寨吳哥極盛時期的珍貴歷史文獻，周達觀也成了柬埔寨很多人所知曉的一位歷史人物。後來柬埔寨人為了紀念他，在吳哥窟專門為他建造了塑像。

《真臘風土記》所記載的內容十分廣泛，共有四十一項，但文字極為簡練，只有八千多字。與地理有密切關係的有：「總敘」「城廓」「正朔時序」「耕種」「山川」「出產」「貿易」「草木」「飛鳥」「走獸」「蔬菜」「魚龍」「蠶桑」等項，對柬埔寨盆地的氣候、水文、土地利用、耕種收穫、水旱季移居以及浮稻的特殊生長情況詳細描述。

柬埔寨位於中南半島，屬熱帶季風氣候，降雨主要靠西南季風，雨季開始於五月，至十月底結束，午後多熱雷雨。從十一月至翌年四月為旱季，乾燥少雨。《真臘風土記》記載：「四時常如五六月天，且不識霜雪」，一年「可三四番收種」，「半年有雨，半年絕無」，「每日下雨，午後方下」。又說洞里薩湖雨季漲水時，「巨樹盡沒，僅留一杪」，旱季湖水退落時「僅可通小舟」，居民特別是漁民，隨著水勢漲落而形成季節性移居。這些關於氣候、水文與耕作特色的描述，不僅是當時情況的真實反映，而且對現今的水文研究也有一

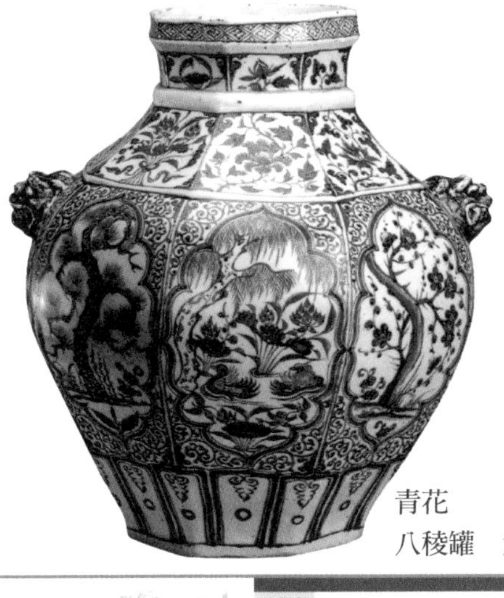

青花八稜罐　元

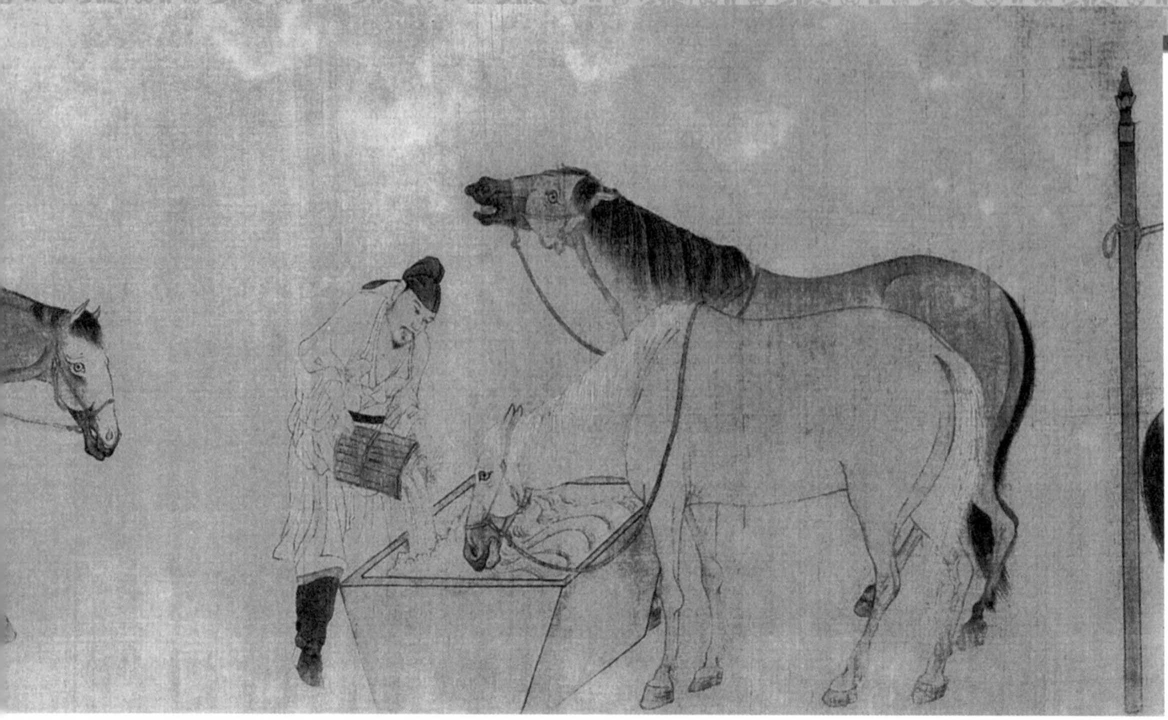

定的史料價值。

除了地理方面，《真臘風土記》並記載了當時柬埔寨的歷史、生活風俗習慣、社會制度等。周達觀描寫，吳哥城周圍二十里，城中有金塔一座，旁邊有石塔二十餘座，石屋一百多間，東邊有金橋一座，橋左右有金獅子兩個。石屋下面有八尊金佛，金塔的北面有一座銅塔，高於金塔，塔下也有石屋數十間。銅塔的北面是王宮，王宮裡也有一座金塔。讀過《真臘風土記》的中國商人，據此給當時的柬埔寨取了個「富貴真臘」的名字。

從《真臘風土記》裡，可以看到當地中國商人和華僑活動的情況。柬埔寨很早就有中國僑民，元朝時僑民尤多，有不少是水手。因為柬埔寨氣候溫暖，糧食豐富，房屋容易建造，做生意也容易賺錢，所以就世世代代留居。

柬埔寨人稱來自中國的手工藝品與生活用品為「唐貨」，金銀器、銅器、絲綢、真州錫器、溫州漆盤、泉州青瓷、紙張、檀香、麝香、麻布、雨傘、鐵鍋、木梳、針、明州（今浙江寧波）蓆子、桐油等，都是柬埔寨人最喜愛的商品。

## ⊙汪大淵和《島夷志略》

汪大淵，字煥章，江西南昌人，約生於至大四年（一三一一年），卒年不詳。

至順元年（一三三〇年）冬，汪大淵從泉州港出發，開始第一次海上航行，歷時四年，於元統二年（一三三四年）夏秋間返國，航行範圍以印度洋為主。至元三年（一三三七年）冬，再次從泉州出發，進行第二次海上航行，歷時二年，於五年（一三三九年）

飲飼圖　元　任仁發

全卷縱二十九．七公分，橫一八六．五公分。任仁發（一二五五～一三二七年），松江府青龍鎮（今屬上海市）人，善於畫馬，人物和花鳥畫也有很高成就。

夏秋間返國，航行區域主要在南洋諸地。至正九年（一三四九年），根據兩次旅行，寫成了《島夷志略》一書。

《島夷志略》擇重要地方立以條目，全書共一百條，除最後一條「異聞類聚」記載傳聞或其他書籍外，其餘九十九條，「皆親所遊歷，耳目所親見」，材料翔實。書中分條記述各地山川、習俗、景觀、物產、貿易、趣聞等內容，所載外國地名達兩百多個。《島夷志略》中最早使用「東洋」與「西洋」兩個地域概念。《島夷志略》不僅為以後的航海與對外貿易提供了豐富的經驗，也是研究元代的海外貿易、中外關係及當時亞、非地區歷史的珍貴資料。

釉裡紅開光式荷塘花鳥紋玉壺春瓶　元

六十多年以後，明朝鄭和七次下西洋，航行路線與汪大淵大致相同。汪大淵的兩次出海航行，遊歷南洋諸島及印度洋沿岸各地，行程最遠達東非海岸，遊歷之廣，是之前留有姓名的中國航海家所無法匹敵的。

吳哥古蹟浮雕

# 奸相鐵木迭兒

●時間：西元一二九五～一三二三年
●人物：鐵木迭兒

武宗海山沉溺酒色，坐上皇位不到四年，就撒手西去了，年僅三十一歲。按照原先的約定，至大四年（一三一一年）三月，弟愛育黎拔力八達在大都即皇帝位，是為仁宗。仁宗上臺後尊孔崇儒，力行漢法。曾對大臣說：「我重用儒者，是因為儒者能堅定維護三綱五常。」實行科舉選士，重用漢人，但在與奸臣鐵木迭兒的相處中，卻始終不占優勢。

## ⊙罷官下臺

鐵木迭兒歷經五朝，由於深受太后答己寵愛，雖然平時作惡多端，卻一直官運亨通。武宗在位時，鐵木迭兒在雲南任官，因玩忽職守受到處分，但答己力保。武宗死後，答己趁仁宗尚未執政，召鐵木迭兒回京，任中書右丞相。仁宗天性慈孝，在母親面前十分軟弱，因此即位後也只得承認既成事實。

鐵木迭兒居相位才兩年，就因罪罷官，但通過太后的關係，不久又官復原職。復相後的鐵木迭兒更加肆無忌憚，受賄賣官，強占民田，無所不為。一人得道，雞犬升天，幾個兒子也都先後當上了大官，朝中大臣都禮讓三分。

當時，富人張弼因殺人關入牢中，向鐵木迭兒送了五萬貫錢。鐵木迭兒派家人通知官員，將張弼放了出來。事情揭發後，中書平章事蕭拜住、中丞楊朵兒只、上都留守賀勝聯合御史臺四十餘名官員，聯名彈劾鐵木迭兒，指責鐵木迭兒欺下瞞上，亂政害民，要求處死，以洩民憤，所列罪狀，都有根據。

仁宗未繼位前，即不滿鐵木迭兒

金蜻蜓頭飾　元

橫七．七公分，蜻蜓的頭胸腹均經橫壓、捶打，捲成筒狀造型，立體感強，製作手法細膩，形象真實，腹下留出兩條針柄，別插方便。

搜山圖　元　佚名

《搜山圖》流傳有幾種本子，此卷為時間較早，技法較好但不完整的藏本之一。根據民間傳說，表現二郎神搜山降魔的故事。據《增修灌縣志．人物．仙釋》的記載和戲曲傳本，二郎神是人們把為民除害的隋代嘉州太守趙昱加以神化的傳奇人物，具有「斬蛟」「降妖」的本領。此圖描繪二郎神率領力士神將搜山除魔的情景（畫中二郎神未出現）。畫面動感強烈，氣氛緊張，寓意正義必定戰勝邪惡。構思新奇，展示了豐富的想像力。

青白釉僧帽瓷壺　元

的所作所為，早就想除掉，但又不敢得罪母后，於是提升御史中丞蕭拜住為中書右丞，以牽制削弱鐵木迭兒的勢力。這次，仁宗看到大臣的聯名奏摺後，怒不可遏，下詔逮捕鐵木迭兒。鐵木迭兒見勢不妙，逃到太后的宮中躲藏。投鼠忌器，仁宗也毫無辦法，鬱悶不已。可是又不敢惹母親生氣，只得將鐵木迭兒罷相了事。

## ⊙上臺續惡

罷相不到一年，鐵木迭兒又東山再起，不僅官復原職，更當上了太子太師。朝野上下一片嘩然，大臣十分氣憤，參政兼御史中丞趙世延率諸御史彈劾幾十例違法之事，另有御史上疏認為他無法輔佐太子。但由於太后多方庇護，仁宗還是對這個頭號奸臣無可奈何。

石雕神鳥　元

延祐七年（一三二〇年）正月，仁宗去世。三月，仁宗之子碩德八剌即位，是為英宗。仁宗死後的第四天，太后一道懿旨，鐵木迭兒又當上了中書右丞相。大權在手的鐵木迭兒，開始大肆迫害曾經上書彈劾的諸位大臣。

鐵木迭兒假傳太后旨意，將蕭拜住、楊朵兒只下獄，罪名是曾違背太后的懿旨。楊朵兒只問道：「以我們的職權，要殺你並不難。如果我們真的不遵從太后的旨意，你還能活到今天嗎？」

鐵木迭兒見罪名難以成立，又找來兩位御史證明楊朵兒只的「罪行」。楊朵兒只對兩人說：「你們兩位也是御史，不應做下流的勾當。」兩人無言，低頭不語。

鐵木迭兒抓不住把柄，以太后的名義，硬是將蕭拜住和楊朵兒只當眾斬首。

不久，鐵木迭兒又找了藉口，殺了曾彈劾他的賀勝，罪名是「便服迎詔」大不敬。賀勝死後，百姓圍住屍體痛哭，焚燒紙錢為他送行。

鐵木迭兒又將同樣彈劾他的趙世延押到大都，嚴刑拷打。英宗知道後，兩次赦免趙世延，但鐵木迭兒還是將趙世延關進死牢，逼他自殺。

趙世延在大牢裡兩年，在大臣的呼籲下，終於獲釋。鐵木迭兒聽到說：「這是朝臣欺騙皇上。」英宗說：「這是我的旨意。」趙世延才得以虎口逃生。

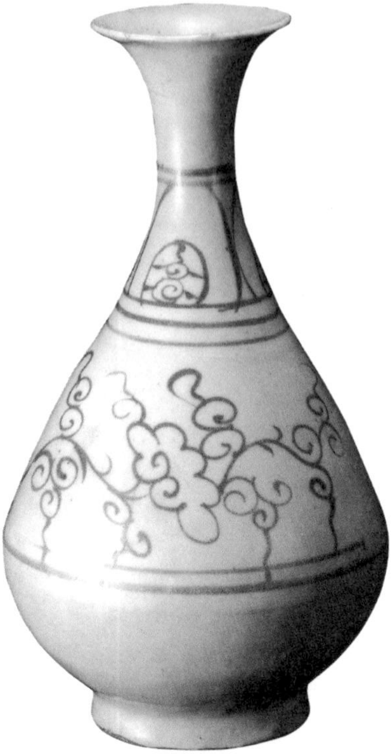

釉裡紅玉壺春瓶　元

高二十七．四公分，口徑八公分。出土於內蒙古赤峰市，為目前內蒙古地區僅見的元代釉裡紅器。

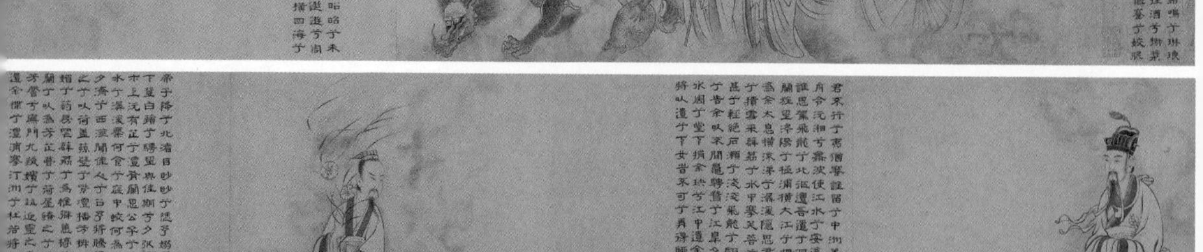

九歌圖　元　張渥

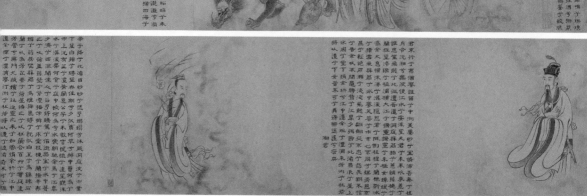

此《九歌圖》卷共十一段，每段一圖，畫屈原像及楚辭《九歌》中的〈東皇太一〉〈雲中君〉〈湘君〉〈湘夫人〉〈大司命〉〈少司命〉〈東君〉〈河伯〉〈山鬼〉〈國殤〉十章內容。此卷筆法流暢工整，秀勁宛轉，線條纖細飛揚，呈現了元代的白描風格。形象稍有差別。

# 南坡之變

●時間：西元一三二三年
●人物：元仁宗　元英宗

元成宗做了十三年的皇帝，所立的皇太子先死，姪子愛育黎拔力八達最有可能繼承皇位。但是愛育黎拔力八達卻沒有做皇帝，卻將皇位讓給了哥哥海山，海山就是元武宗。

## ⊙英宗即位

武宗與仁宗的母親答己（興聖太后）控制慾很強，信仰喇嘛教，有著濃厚的游牧貴族的思想意識，親信有鐵木迭兒、失列門等人。

鐵木迭兒因為支持武宗做皇帝，答己提升為右丞相。鐵木迭兒倚仗皇太后的寵信，經常違法。仁宗即位，屢次想要懲處，答己都從中阻撓，只免去鐵木迭兒右丞相一職。但沒過多久，鐵木迭兒又受封為太子太師。

元仁宗愛育黎拔力八達在位九年，算得上是忽必烈以後元朝少見的賢君。仁宗孝順，為了不讓母親答己生氣，無形中受到束縛。仁宗是繼忽必烈之後積極推行「漢法」的元朝皇帝，卻「觸犯」了答己與鐵木迭兒等人的利益，因此答己等人非常不滿。

仁宗與哥哥武宗約定：海山「百年之後」，由愛育黎拔力八達繼位，再由海山之子繼位。武宗做了不到四年的皇帝便死了，仁宗繼承汗位。按照約定，仁宗應當傳位給武宗的兒子和世㻋，但是答己等人認為仁宗十三歲的兒子碩德八剌年紀更輕，性格懦弱，容易控制，便策劃擁立碩德八剌為皇太子。初時仁宗仍有猶豫，經過鐵木迭兒的推動，最後也就同意了。和世㻋封為周王，派往雲南鎮守邊陲。

令答己和鐵木迭兒想不到的是，碩德八剌比父親更熱心於推廣漢族文

銀鏡架　元

元代墓出土的銀鏡架。整體造型好似一把豪華的交椅，凡是橫棖均出頭，凡是出頭均作卷雲雕飾。上部如靠背，中間高，兩側低，板面雕滿花飾，下部為支架的腿，形如交椅腿。前面又有一塊雕花板，極為精美。

化。他出生在洛陽附近的懷州王府，正是宋代大儒程顥、程頤的故鄉，從小受士大夫式的教育，熟讀儒家經籍。立為皇太子之後，漢族知識分子又施加了很深的影響，碩德八剌比父親更想用漢族文化治理國家。

仁宗於延祐七年（一三二〇年）去世，十七歲的碩德八剌繼承皇位，是為英宗。死後第四天，碩德八剌尚未正式登基，答己便迫不及待將鐵木迭兒復職，重新擔任右丞相。鐵木迭兒對仁宗的親信大臣大肆進行清洗，撤職、處死了許多人。等碩德八剌於三月初十即位時，鐵木迭兒已經大權在握。碩德八剌年紀雖輕，卻不能接受。

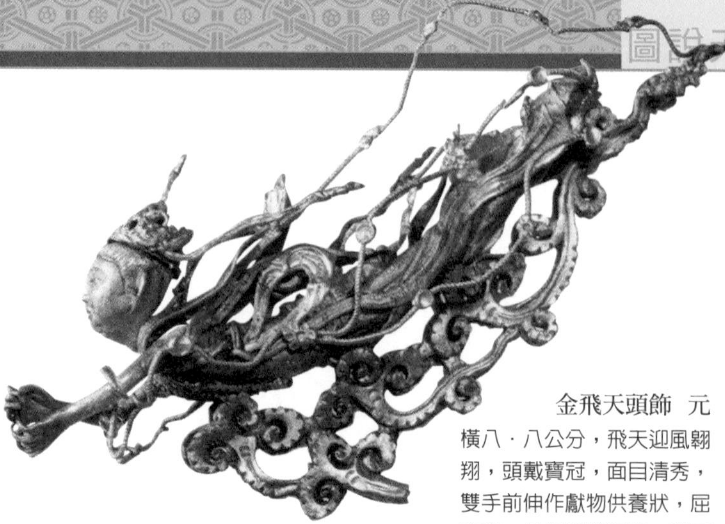

金飛天頭飾　元

橫八．八公分，飛天迎風翱翔，頭戴寶冠，面目清秀，雙手前伸作獻物供養狀，屈右腿，帔帛裙帶飄曳，身下祥雲為柄，結構巧妙。

## ⊙懲治鐵氏家族

兩個月後，英宗將與鐵木迭兒一黨的左丞相合散免職，改任木華黎的曾孫拜住。鐵木迭兒與合散、失列門等人勸說興聖太后發動政變，廢除英宗，改立英宗的弟弟安王兀魯不花為帝。但是事情洩露，英宗先發制人，率宮中衛士將合散與失列門等人捕殺。不久安王兀魯不花也被殺。

鐵木迭兒雖然仰仗興聖太后，沒有治罪，但也明白當前的形勢，於是稱病在家，不敢再過問政事。

至治元年（一三二一年），鐵木迭兒趁拜住離京，想要入宮朝見英宗。英宗謝絕說：「你年紀老了，應該保重，不必朝見，明年元旦再來吧！」鐵木迭兒怏怏而退。

第二年元旦鐵木迭兒再也沒敢見英宗，不久便病死家中。同年十月，興聖太后也亡故。

鐵木迭兒、興聖太后死後，英宗在拜住的協助下，放手推行「新政」。大量起用漢族知識分子，實行「助役法」，從地主收取助役費，補貼農民。制訂和頒布《大元通制》，逐步完善法制。政策對鐵木迭兒的餘黨都是沉重的打擊。

至治三年（一三二三年）五月，英宗下詔廢除鐵木迭兒的封爵。七月，將鐵木迭兒的長子宣政院使八里吉思處死，將另一個兒子鎖南撤職，並沒收家產。

## ⊙鐵失行刺

掌管禁衛軍的御史大夫鐵失是鐵木迭兒的義子，鐵木迭兒死後，成了

## 有元一代詞人之冠

薩都剌（約一三〇〇～一三四八年？），字天錫，號直齋，回族人，一說蒙古族人。代州雁門（今山西代縣）人。泰定四年（一三二七年）進士及第，歷官京門錄事司達魯花赤、江南行御史臺掾史等職。傳說晚年曾投方國珍幕府。著有《雁門集》。

薩都剌的文學創作以詩歌為主，風格清麗俊逸，也有豪邁奔放的作品。詩的內容多數是遊山玩水、歸隱賦閒、慕仙禮佛、酬酢應答。但有些詩涉及元代社會黑暗現實，同情貧苦人民的苦難，譴責統治者的驕奢淫逸，另有些詩表達詩人為民請命、勵精圖治的政治思想。山水詩也頗見功力，尤其是描寫塞外風光的詩篇，粗獷有致，或婉麗，或灑脫，韻味較濃。

詞作雖不多，但有很大的影響，後人曾推崇薩都剌為「有元一代詞人之冠」。如代表詞作〈百字令·登石頭城〉：「石頭城上，望天低吳楚，眼空無物。指點六朝形勝地，唯有青山如壁。蔽日旌旗，連雲檣櫓，白骨紛如雪。一江南北，消磨多少豪傑。　寂寞避暑離宮，東風輦路，芳草年年發。落日無人松徑冷，鬼火高低明滅。歌舞樽前，繁華鏡裡，暗換青青髮。傷心千古，秦淮一片明月。」

餘黨的頭目。英宗沒有斬草除根，將鎖南與鐵失留下，最終引來殺身之禍。

至治三年（一三二三年）夏，英宗到上都避暑，沿途護衛的軍隊由鐵失直接控制的阿速衛兵充當。鐵失等人決定在回大都的途中行刺，同時派斡羅思趕往北方，準備說服晉王也孫鐵木兒接替皇位。

也孫鐵木兒是元世祖忽必烈之子真金的長孫，駐守在蒙古的起源地。當斡羅思等人前來勸說時，晉王非但不肯，反將斡羅思綁了，送往上都。但當斡羅思押至上都時，英宗已經在返回大都的路上。

八月五日，英宗離開上都，向大都進發，在上都以南三十里的南坡店過夜。夜裡，阿速衛兵值夜，鐵失與鎖南等十六人，手拿兵刃，闖進英宗大帳，殺死英宗，拜住也同時遇害。鐵失等人隨即擁立也孫鐵木兒為帝，是為泰定帝。泰定帝即位一個多月後，將鐵失一夥全部處死。

王禎發明的轉輪排字盤（模型）

# 兩都之爭

●時間：西元一三二三～一三二九年
●人物：倒刺沙　燕鐵木兒　元文宗

鐵失等人刺殺了英宗碩德八剌以後，鐵失一夥帶著皇帝的璽綬來到晉王也孫鐵木兒處，請他繼承皇位。也孫鐵木兒順水推舟，於至治三年（一三二三年）陰曆九月初四即位，就是泰定帝。

## ⊙倒刺沙專權

至治三年（一三二三年）十月十一日，泰定帝出其不意，將鐵失、也先鐵木兒等同黨一起捕殺。

泰定帝標榜遵照忽必烈的辦法行事，又保留了英宗改革的部分成果。泰定帝崇信佛教，一再受戒，並且讓皇后與兒子也受戒，朝中之事全部交給親信回回人倒刺沙處理。

倒刺沙在也孫鐵木兒即位前即跟隨左右，即位以後任中書左丞相。倒刺沙大權獨攬，糾合遼王脫脫、梁王禪等打擊異己，培植親信，引起蒙古貴族的不滿。

武宗海山次子懷王圖帖睦爾原本住在建康（今江蘇南京）。致和元年（一三二八年），懷王的衛士也先捏向倒刺沙報告，稱懷王有篡位之心，必須提防。於是，倒刺沙藉泰定帝下旨，命懷王遷至江陵（今屬湖北）。

陰曆七月，泰定帝病逝，時年三十六歲。泰定帝生前為防止身後皇位繼承之爭，即位幾個月後便立五歲的兒子阿速吉八為太子。

泰定帝死後，倒刺沙遲遲不讓阿速吉八即位，引起百官不滿。留守京師大都的燕鐵木兒乘機發難，但燕鐵木兒想擁立為帝的並非阿速吉八，而是懷王圖帖睦爾。

燕鐵木兒是武宗舊臣，擔任過武宗的警衛，後升為禁軍首領。泰定帝時，任僉樞密院事（樞密院是元朝最高軍事機構，僉樞密院事為高級官員，地位僅次於正副樞密院長官），掌管樞密院的大印，留守京城。

泰定帝死後，燕鐵木兒與西安王阿剌忒納失里密謀，準備擁立懷王圖帖睦爾為帝。阿剌忒納失里召集大臣議事，趁機發動政變，誅殺逮捕異己。

燕鐵木兒與阿剌忒納失里控制了朝廷，命令士兵重重守住宮門，不讓

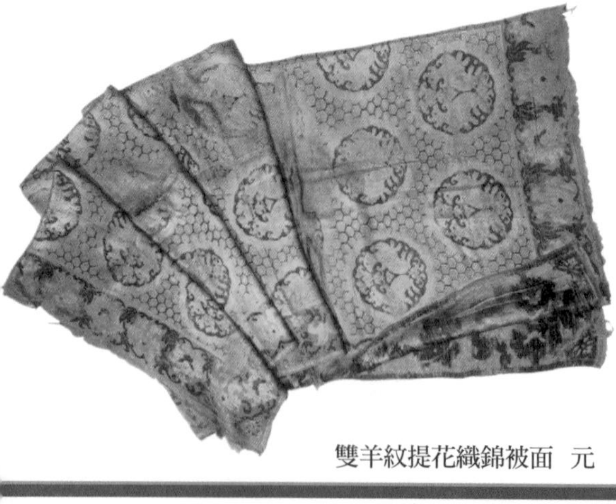

雙羊紋提花織錦被面　元

消息走漏。又遣心腹趕往江陵迎接懷王來京，命武宗舊臣河南行省平章政事伯顏在途中接應。又暗中通知正在上都的弟弟撒敦、兒子唐其勢，立刻趕回大都。

在上都的倒刺沙得知燕鐵木兒等人發動政變的消息後，決定先發制人，先將燕鐵木兒在上都的同黨全部捕殺。接著，讓年僅九歲的皇太子阿速吉八登上皇位。又派遣大將失著率軍進攻大都，可是這支軍隊還沒到達古北口，便被燕鐵木兒的軍隊擊敗。

圖帖睦爾到達大都後，即被燕鐵木兒與西安王擁立為帝，改年號為天曆，圖帖睦爾就是文宗。即位之前，圖帖睦爾與諸臣約定，待迎接逃難至察合台汗國的哥哥和世㻋來京後，便讓位於他。

圖帖睦爾雖然已在大都即位，在上都的倒刺沙卻不肯罷休。不久，上都的軍隊從榆林（今屬陝西）方向攻來，被撒敦擊敗。接著，雙方又在榆河、昌平、古北口、密雲一帶展開激戰，上都軍隊死傷慘重，全面敗退。

大都軍隊將上都包圍，梁王王禪見情勢不好，趁夜色爬城牆逃走。倒刺沙見局勢失控，便放棄抵抗，打開城門，捧著玉璽投降。阿速吉八乘亂逃跑，不知去向。後來，王禪等人全部被抓，與倒刺沙一起處死。至此，雙方為皇位繼承的大規模衝突終於結束。

元文宗圖帖睦爾為了履行禪讓的諾言，派使臣前往察合台汗國，接其兄周王和世㻋回大都。

天曆二年（一三二九年）正月，和世㻋在和寧即位，是為明宗。然而，明宗僅僅做了一個月皇帝便暴卒了。身為「皇太子」的圖帖睦爾又重新登上帝位，這一事件史稱「天曆之變」。

元朝關於皇位繼承的紛爭一直不斷，「天曆之變」是其達到「高潮」的標誌。

## 歷史詞典

### 奎章閣學士院

元文宗的漢文化修養超過之前的所有元朝皇帝，書法、繪畫都頗有造詣。曾經輾轉流落江南、海南和荊湖，對民情也有相當瞭解。由於政治和經濟環境的限制，文宗在執政的四年時間裡，只能專心以追求振興文治的表面效果為滿足。通過建立奎章閣學士院和修撰《經世大典》，將幾乎所有的名儒都籠絡在周圍，用虛崇文儒的手段以收攬漢地民心。

奎章閣是元代大都皇宮內收藏文物書畫、圖書寶玩的殿閣，在興聖殿西廊。天曆二年（一三二九年），文宗在此建立了奎章閣學士院，設大學士、侍書學士、承旨學士、供奉學士等職，文宗的意圖是想要藉此標榜以儒治國。但事實上，奎章閣學士院雖有為朝廷以儒治國張本的虛名，實際上卻變成聚名人學士，入侍侍從，觀覽經書，鑑賞文物的場所。

青釉石榴花紋盤　元

# 【脫脫更化】

●時間：西元一三四〇～一三四四年
●人物：脫脫　伯顏　元順帝

泰定帝死後，權臣燕鐵木兒和諸王迎立圖帖睦爾即位。圖帖睦爾因為哥哥和世㻋是長子，於是迎立和世㻋即位，和世㻋即位於和林，即為明宗。明宗立圖帖睦爾為皇太子，但明宗在前往大都的路上死了，做了不到一個月的皇帝，人們懷疑是圖帖睦爾害死的。

## ⊙皇位更迭，權臣當道

明宗死後，文宗圖帖睦爾重新即位。文宗做了五年皇帝，於至順三年（一三三二年）病死。圖帖睦爾病危時，立詔傳位給明宗之子。明宗有兩個兒子，長子妥懽貼睦爾十三歲，明宗生前曾說過非親生的，次子懿璘質班當時只有七歲。文宗死後，燕鐵木兒見懿璘質班年幼，容易控制，便力主為帝。

「內府」銘白瓷瓶　元

小皇帝懿璘質班繼位，是為寧宗。但是，寧宗只做了四十三天皇帝便病死了。燕鐵木兒又提出立文宗之子燕帖古思為帝，但是文宗皇后堅持秉承文宗的遺願，拒絕燕鐵木兒的提議，力主妥懽貼睦爾即位。

文宗初年，妥懽貼睦爾的母親被害死後，流放到高麗（今朝鮮）的大青島上，後來遷到靜江（今廣西省桂林市）。於是，燕鐵木兒把妥懽貼睦爾從靜江接回京城。不久，燕鐵木兒病死。

元統元年（一三三三年）六月，元順帝妥懽貼睦爾即位。當時燕鐵木兒雖死，家族勢力仍然十分強大。順帝表面尊重燕鐵木兒家族，暗中扶植伯顏。同月，順帝任命伯顏為中書右丞相，加封太師、秦王，任燕鐵木兒之弟撒敦為中書左丞相，位在伯顏之下。

至元元年（一三三五年），燕鐵木兒族人不甘居於伯顏之下，密謀政變。伯顏事先得到情報，先行準備，擒獲並處死密謀者，抄沒家產，徹底摧垮了燕鐵木兒家族。隨之，伯顏家族的勢力迅速上升。

伯顏有著狹隘的蒙古貴族獨尊的意識，對漢人、南人充滿鄙視與猜忌，在專權的時期，下令停止科舉考試。然而，姪子脫脫後來卻成了賢相，也是有元一代的名臣。而且驕橫的伯顏沒有想到，有一天姪子會「大義滅親」，將自己趕下臺。

## 延伸知識

### 學者揭傒斯

揭傒斯（一二七四～一三四四年），字曼碩，號貞文，江西豐城杜市鄉大屋場村人，元代著名文學家、史學家。五歲從父就讀，刻苦用功，晝夜不懈，十二三歲博覽經史百家，至十五六歲時已文采出眾，尤其擅長詩詞、書法。

元延祐元年（一三一四年），揭傒斯由布衣授為翰林國史院編修。三年（一三一六年），升應奉翰林文字同知制誥。四年（一三一七年），遷升為國子助教。不久，又升為侍講學士，主修國史，管理經筵事務，為皇帝擬寫制表。

揭傒斯詩文造詣較深，與虞集、柳貫、黃溍號為「儒林四傑」，與虞集、楊載、范梈並稱「元詩四大家」。

《千頃堂書目》載有《揭文安公集》五十卷，明初已缺十三卷。尚存古代全集本有三種：《四庫全書》本（十四卷）、《四部叢刊》本（十四卷，又補遺詩一卷）、《豫章叢書》本（十八卷）。

揭傒斯有兩子一女，長子揭被，次子揭廣陽，女揭楊湘。揭傒斯死後葬於富州富城鄉富陂之原（秀市鄉水洲村對面山坡上）。追封為豫章郡公，諡號文安。

## ⊙大義滅親，伯顏失勢

脫脫（一三一四～一三五五年），字大用，在伯父伯顏家中成長，幼時師從浙江名儒吳直方。脫脫十五歲擔任泰定帝太子阿速吉八的侍衛官，後任親軍都指揮使。至元四年（一三三八年），任御史臺（最高的監察機構）御史大夫。

伯顏獨秉國政，命姪子脫脫出入內廷，監視順帝，與順帝的嫌隙日深。多年來順帝懾於伯顏威勢，敢怒不敢言，擔心隨時會被伯顏廢除（伯顏確有廢妥懽貼睦爾而立文宗之子燕帖古思的想法）。脫脫與老師吳直方商議後，決定向順帝進言「大義滅親」的計畫，順帝歡喜萬分。

至元六年（一三四〇年）初，伯顏親率兵衛，邀請順帝外出打獵，順帝進退兩難。脫脫暗中讓皇太子燕帖古思代替，伯顏想趁此機會，挾持皇太子，號召天下兵馬，擁皇太子即位。不料剛走出京城，脫脫便把京城裡伯顏的親信全部抓住，並連夜把皇太子接回京城。接著以順帝的名義下詔，宣布伯顏的罪狀，降為河南行省平章政事。

伯顏接到詔書，急忙趕回京城，城門緊閉，脫脫在城樓上將他訓戒一番。伯顏狼狽南下，途中又接到命令，改發配至南思州陽春縣（今屬廣

通惠河古河道遺蹟

雲南麗江黑龍潭

東省），走到江西時病死。

## ⊙脫脫更化，名留青史

伯顏死後，脫脫的父親馬札兒台出任中書省右丞相，脫脫任知樞密院事。不到半年，脫脫接替了父親的職位。至正元年（一三四一年），順帝命脫脫當政，改元至正，宣布「更化」，歷史上稱為「脫脫更化」。

脫脫進行多項改革，主要措施有：一，恢復伯顏廢黜的科舉制。元朝建立直到仁宗時才推行科舉，伯顏掌權後，為阻止漢人當官，下令廢止。脫脫再次恢復。二，置宣文閣，恢復太廟四時祭祀。三，平反昭雪冤獄。四，開馬禁，為農民減負，放寬政策。脫脫上臺以後，免除百姓拖欠的各種稅收，放寬了對漢人、南人的政策。此前民間禁止養馬，脫脫予以廢除。五，主持編寫宋、遼、金三史。

中國歷來有修前朝歷史的傳統，元朝建立後，宋、遼、金三朝史一直沒有正式編修過，至正三年（一三四三年）三月，順帝詔修遼、金、宋三史，脫脫任總裁官。脫脫編制了漢族史學家歐陽玄、揭傒斯等人，畏兀兒族人廉惠山海牙、沙剌班，党項人余闕，蒙古人泰不花等，一起參加修史，開創了各族史家合作修史的先例。後來，這三部史書列入《二十四史》，二十四史中只有《宋史》《遼史》《金史》三部是由少數民族人主編的，並且也只有這三史是漢族與其他少數民族歷史學家共同完成的。

經過脫脫四年多的改革，元朝末年的昏暗政治一度轉為清明，成績不錯。至正四年（一三四四年），脫脫因病辭相。

至正九年（一三四九年），再次起用脫脫。當時災荒頻仍，國庫吃緊，為解救危機，脫脫更改鈔法，印行至正交鈔，並整治河患。十二年（一三五二年），率兵擊敗徐州紅巾軍。十四年（一三五四年），因朝中政敵彈劾，流放雲南。至正十五年（一三五五年）遭人毒害。

脫脫是元朝後期頗有作為的政治家，脫脫一死，元朝再無起色，直至滅亡。

剔紅漆盒和花卉盤　元

雕漆就是在器胎的表面厚厚塗上漆，並且趁未乾之際，下筆雕刻花紋，最後烘乾、打磨。根據所塗漆的顏色不同，雕漆可分為剔紅、剔黃和剔彩（將各種顏色的漆混合再塗上）幾種。

# 【挑動黃河天下反】

●時間：西元一三五一年
●人物：韓山童　劉福通
徐壽輝

元朝末年，有一首歌曲這樣唱道：「堂堂大元，奸佞專權。開河變鈔禍根源，惹紅巾萬千。官法濫，刑法重，黎民怨。人吃人，鈔買鈔，何曾見。賊做官，官做賊，混愚賢。哀哉可憐！」是當時社會的真實呈現。

## ⊙賈魯開河

脫脫上臺後，變更伯顏的政策，恢復科舉，招攬漢官，一度博得了「賢相」的名聲。但此時元朝財政面臨崩潰，脫脫被迫發行新的紙鈔，聚斂財富，引起物價暴漲，「斗米斗珠」，民不聊生，紛紛起來造反。

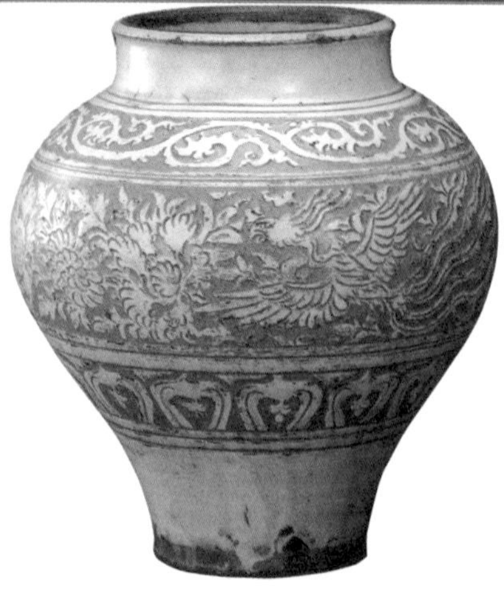

白釉飛鳳紋剔花罐　元

「開河」是元末人民造反的導火線。自元順帝至正四年（一三四四年）始，黃河連年氾濫，災民遍野。十一年（一三五一年）四月，脫脫派工部尚書賈魯負責開挖和疏濬河道。

賈魯徵發十五萬民工，日夜工作，監工經常扣發口糧，修河所用的物資也就近攤派到遭受水災的災民身上。治理黃河本來是一件利國利民的好事，卻反而天怒人怨。民間宗教組織「白蓮教」趁機動員河工叛亂，掀起了燎原烈火。

雜劇演出壁畫　元

## ⊙「白蓮教」與紅巾軍

「白蓮教」的基礎是佛教淨土宗的分支「彌勒宗」，又摻雜了明教的部分信仰，主張念佛修行，即可往生極樂淨土。又宣揚世道混亂到極點後，將有「彌勒佛降生」，「明王出世」，前來拯救萬民。「白蓮教」主要在江淮一代傳播，信徒很多，主要的傳教者，淮東有韓山童，淮西有彭和尚。

韓山童及其信徒劉福通、杜遵道等人謀劃造反，首先散播流言，聲稱「明王」即將出世。然後刻了一個石人，只鑿了一隻眼睛，背上刻字：「莫道石人一隻眼，此物一出天下反。」悄悄埋在黃河河道中。

至正十一年（一三五一年）五月，河工在疏濬河道時，挖出了此物，一時間人心惶惶，「白蓮教」的信徒紛紛尋找韓山童問計。

韓山童見時機成熟，便在白鹿莊聚集了三千教徒，殺黑牛白馬，祭告上天。韓山童自稱「宋徽宗八世孫」，劉福通則冒充北宋大將劉光世後裔，眾人共推韓山童為「明王」，以頭紮紅巾為號，待時起事。

不料消息洩露，元朝大軍鎮壓，韓山童被捕身亡。劉福通、杜遵道衝出重圍，正式舉起反元的大旗，攻占潁州（今安徽阜陽）。他們發布文告，聲討社會不公，並準備「虎賁三千，直抵幽燕之地；龍飛九五，重開大宋之天」。

不久，彭和尚也在淮西煽動徐壽輝、陳友諒等起兵，各地白蓮教徒紛紛響應。參加者皆頭裹紅巾，便名「紅巾軍」。

至正十一年（一三五一年），徐壽輝稱帝，建國號「天完」，意思是要壓倒「大元」。四年後，劉福通找到韓山童之子韓林兒，擁立為「小明王」，建國號為「宋」。元朝派兵鎮壓，卻屢屢失敗。

至正十二年（一三五二年），元相脫脫親率大軍南征，聯合地區武力，首先攻克徐州。元軍繼續推進，在漢水流域又平定了布王三與孟海馬的部隊。次年十一月，彭和尚戰死在瑞州，紅巾軍遭受重大挫折。

延伸知識

### 黃河決口

元順帝至正四年（一三四四年）五月，天降大雨，黃河暴漲，在白茅堤（今河南蘭考東北）、金堤一帶決口，沿河郡邑全部遭災。災情之重，受災地區之廣，歷史罕見。由於元政府沒有採取果斷治河措施，洪水不斷向北蔓延。

至正五年（一三四五年）正月，黃河又一次決口，先是淹沒濟寧路，繼而北侵安山（今山東東平西），匯入運河，不僅使運河漕運面臨中斷，而且河間、山東兩鹽運司所屬的幾十個鹽場也有被淹沒的危險。元大都賴以生存的糧食和生活用品將要用竭，元朝財政收入的重要來源鹽稅面臨著危機。

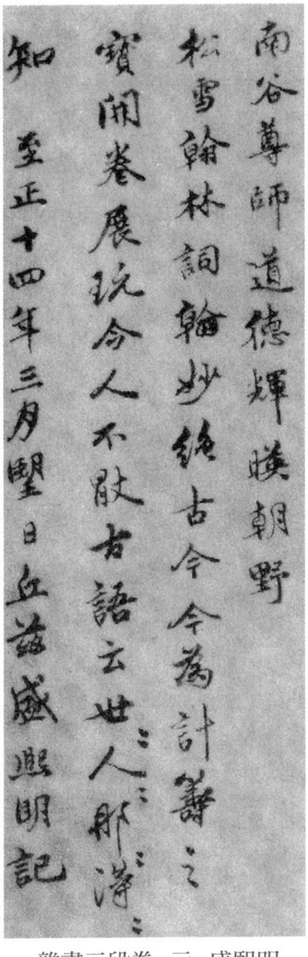

雜書三段卷　元　盛熙明

# 【劉福通三路北伐】

●時間：西元一三五五～一三六一年
●人物：劉福通

劉福通起兵之後，力量逐漸壯大，元政府幾次征剿均失敗。此時對劉福通構成最大威脅的是兩支「勤王」的地方武力，首領分別為察罕帖木兒和李思齊。察罕帖木兒的祖先是畏兀兒人，元初定居在今河南沈丘。李思齊則是漢人，住在今河南羅山。他們各自組織了一支部隊，專門襲擊紅巾軍，劉福通被迫採取守勢。

## ⊙劉福通擁立小明王

面對紛繁複雜的局勢，劉福通改變策略，穩紮穩打，擊退了察罕帖木兒與李思齊的襲剿。

四繫龍鳳紋大罐　元

至正十五年（一三五五年）二月，劉福通把在碭山（今安徽省碭山縣）避難的韓林兒接到亳州（今屬安徽），擁立為帝，正式建立政權，號召恢復宋朝，所以建國號為「宋」，年號龍鳳，韓林兒也稱作「小明王」。「小明王」是「明王出世」的意思，意為「光明已經來到人間」。

韓林兒又任命杜遵道、盛文郁為宰相，羅文素、劉福通為平章政事（副宰相），劉福通的弟弟劉六為知樞密院事（最高軍事長官）。不久，由於杜遵道獨斷專行，與劉福通不和，劉福通將其殺死，自己當了丞相，後來又加封為「太保」，人稱「劉太保」。

宋政權建立後，元朝調集大軍加緊鎮壓。至正十五年（一三五五年）六月，河南行省平章答失八都魯率諸王藩將兵馬，全力進攻許州長葛。劉福通嚴密部署，擊退了元軍的進攻，答失八都魯率殘部退至中牟。紅巾軍乘勝追擊，奪取元軍營寨、輜重，並且俘獲答失八都魯之子孛羅帖木兒。正當紅巾軍慶祝勝利時，遭到元將劉哈剌不花突襲，猝不及防，傷亡慘重，孛羅帖木兒被奪回。

此後，劉福通命部將趙明達進攻嵩州、汝州、洛陽，從孟津渡口北渡黃河，進攻懷慶路（今河南沁陽），黃河以北大為震動，官吏富商舉室逃亡，人心大亂。為了阻止紅巾軍的進攻，安定人心，元朝不得不從豫南調察罕帖木兒前來應戰。紅巾軍寡不敵眾，趙明達敗走。

十二月，答失八都魯又率部進攻太康，繼而進圍亳州，情勢十分危急。劉福通先將小明王移置安豐，重

延伸知識

## 賈魯治理黃河

元順帝至正年間，黃河反覆決口，運河受阻，鹽場被毀，受災的百姓飢民相食，反抗不止，形勢十分嚴峻。

至正十一年（一三五一年）四月初四日，元順帝正式批准治河，任命賈魯（一二九七～一三五三年）為工部尚書兼總治河防使，徵發汴梁（今河南開封）、大名十三路民夫十五萬人，廬州（今安徽合肥）等地戍軍十八翼二萬人，作為治河的勞力。

從四月開始動工，到七月完成了疏濬黃河故道的工程，開始堵塞黃河故道下游上段各個決口、豁口，修築北岸堤防，八月二十九日放水進入黃河故道。九月七日，開始堵水工程，到十一月十一日終於使龍口堵合，黃河恢復了原來的河道，賈魯在治河工程上成功了。

然而，韓山童、劉福通等卻利用開河機會發動了變亂。當時的一首〈醉太平小令〉中寫道：「堂堂大元，奸佞專權，開河變鈔禍根源，惹紅巾萬千。」時人把開河變鈔看作是人民亂事爆發的根源，其實元朝社會問題由來已久，開河變鈔只是總爆發的導火線而已。

新部署，對抗元軍。次年三月，劉福通部與答失八都魯激戰於太康、亳州之間，元軍戰敗，亳州解圍。

劉福通在與元朝作戰時，十分注意利用宋政權的名義，招納各路人民，並且支持建立地方政權。先後投入劉福通麾下的有應天（今江蘇南京）的朱元璋部、淮安（今江蘇淮安）的趙均用部、益都（今山東益都）的毛貴部等，這三支隊伍逐漸成為宋政權的核心力量。

至正十六年（一三五六年）二月，朱元璋攻占集慶（今屬江蘇南京）。七月，宋政權乘勢建立江南等處行中書省、江南等處行樞密院，任命朱元璋為行省平章。十月，趙均用攻取淮安，宋政權設淮安等處行中書省，任命趙均用為行省平章。此後，為了更有效節制各路紅巾軍，宋政權開始在占領後較為鞏固的地區，繼續設置行省機構。

### ⊙紅巾軍三路北伐

至正十七年（一三五七年）夏，劉福通派三路大軍北伐，以中路為主力，圍攻大都，試圖推翻元朝。

西路軍最早出發，先是由李武、崔德率領，後來由白不信、大刀敖、

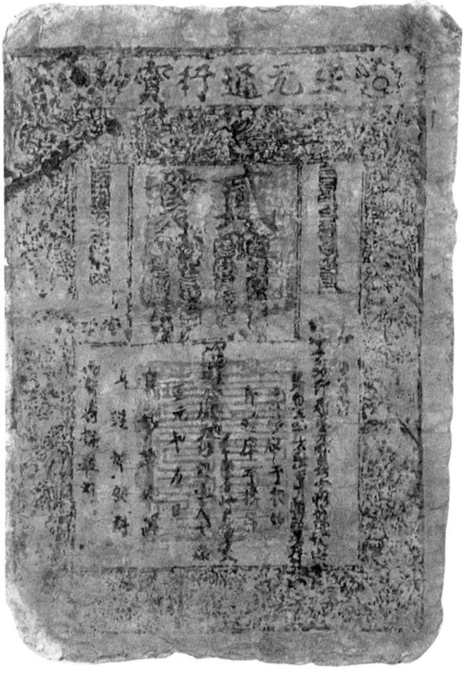

至元通行寶鈔　元

元代「至元通行寶鈔」是元世祖至元二十四年（一二八七年）頒發於全國的紙幣。紙幣呈黑灰色，係棉、麻、桑皮合製的一種韌度極大的紙張印製而成。票面基本完整，字跡和印章均模糊不清，版心邊框纏枝花卉紋。

繡花夾衫圖案特寫

李喜喜等率領。西路軍經河南到達陝西，被察罕帖木兒打敗，一部分進入寧夏境內。之後，李武、崔德因一直無戰功，曾受到劉福通斥責，至正二十一年（一三六一年）五月，向李思齊投降。

中路軍由關先生、破頭潘等人率領，越過太行山，進入山西。原來的計畫是從山西配合東路軍毛貴進攻大都，由於元軍的堵截，只得轉戰並攻克上都（今內蒙古正藍旗東北）。接著中路軍又攻克金寧（今內蒙古翁牛特旗），進克遼陽（今屬遼寧），作為基地，進入高麗（今朝鮮）。後來關先生等人在高麗戰死，破頭潘等退守遼陽，戰敗被俘，中路軍也歸於失敗。

三路北伐軍中，只有毛貴率領的東路軍戰績最為輝煌，對元朝的威脅最大。毛貴先奪取元朝海船，從海路攻下膠州（今屬山東），短短幾個月內占領了山東大部分地區。為了把山東經營成為北伐大都的基地，毛貴在政治、軍事、經濟上都採取了一系列措施。毛貴任益都行省平章，在行省之下建立地方政權，命紅巾軍將領管理，又設立「賓興院」，吸納元朝投降的官員繼續任職，將當地治理得井井有條。

至正十八年（一三五八年）二月，毛貴率軍北上，元朝立刻調動守衛濟南的大將董摶霄、董昂霄兄弟，準備攔截毛貴。董摶霄連夜北上，初到南皮（今屬河北）魏家莊駐紮，毛貴兵殺到，董摶霄陣亡。

接著毛貴連續攻克青、滄兩州（兩地今屬河北）。三月，攻克薊州（今天津市薊縣），前部抵達柳林（今北京市通州南），兵鋒直逼大都。「京

繡花夾衫　元
素羅地，刺繡圖案極多樣，共九十九個，分佈於兩肩及前胸部分。最大的一組是一對仙鶴，一飛一立，十分生動。夾衫上並繡出鳳凰、牡丹、兔、鹿、魚、龜等許多動物、花卉。最引人注目的是表現人物的故事：有一女子盤坐於柳下，凝視水中的鴛鴦，一男子倚坐於楓樹下，另有一女子於山間乘驢而過。這件夾衫是元代刺繡藝術的傑作。

繡花夾衫圖案

師人心大駭，在廷之臣或勸乘輿北巡以避之，或勸遷都關陝，眾議紛紛」。然而毛貴孤軍深入，元軍四方來援，被劉哈剌不花擊敗，退回濟南。

## ⊙汴梁之戰

劉福通在發動三路北伐的同時，企圖倚托比較鞏固的益都、曹州兩行省，以奪取汴梁，作為都城。

至正十七年（一三五七年）六月，劉福通首攻汴梁，不下。八月，奪取大名、衛輝（今屬河南）兩路，形成對汴梁包圍的態勢。十月，元朝增派知樞密院事達理麻失里攻打雷澤、濮州，敗死於劉福通，節制河南元軍的答失八都魯被迫退至石村。次年，劉福通再次進攻汴梁，元守將竹貞逃遁，劉福通迎來韓林兒，定都在汴梁。

由於三路北伐最終失敗，元軍抽出兵力，一步一步縮小對汴梁的包圍圈，劉福通只好孤軍奮戰，衝破重圍，保護韓林兒逃至安豐。

至正二十三年（一三六三年）二月，投降元朝的原江浙反元首領張士誠，趁安豐空虛，派大將呂珍來襲。劉福通向朱元璋求救，並堅持抵抗。朱元璋親率大軍擊敗呂珍與原天完政權的廬州（今安徽合肥）守將左君弼，救出小明王與劉福通，將二人安置在滁州。

至正二十六年（一三六六年）十二月，朱元璋命廖永忠迎小明王、劉福通至應天（今南京），途經瓜步時，廖永忠將二人沉入水中。

五子登科畫像石　元

# 【朱元璋崛起江淮】

●時間：西元一三五二～一三五六年
●人物：朱元璋

元順帝至正四年（一三四四年），淮河流域發生了百年不遇的大旱，蝗災和瘟疫接踵而來。濠州鍾離（今安徽鳳陽）人朱重八的父母、兄長在饑荒中先後去世，朱重八以吃樹皮草根度日，後在附近的皇覺寺剃度做了和尚。當皇覺寺也斷了糧，朱重八只好到處流浪，靠化緣過日子。

## ⊙朱元璋濠州投軍

至正十二年（一三五二年）二月，郭子興占領濠州，舉旗造反。閏三月，朱重八投奔郭子興，由於英勇善戰，屢建戰功，深得郭子興的賞識，從親兵提升為小軍官，並將義女馬氏嫁給他。朱重八這時才改名叫元璋，字國瑞。

十三年（一三五三年）夏，朱元璋回到家鄉招兵買馬，少年時代的夥伴徐達、周德、吳良等紛紛前來投奔。這些人與後來加入的鄧愈、常遇春、胡大海等，成了朱元璋的得力大將。此時郭子興升朱元璋為鎮撫。第二年，朱元璋的隊伍擴大到兩萬多人。

與此同時，朱元璋也吸收了一批讀書人，如馮國用、馮國勝兄弟。正是在他們的影響下，朱元璋有了奪取天下之志。當時朱元璋雖然還是寄人籬下的小軍官，但目標已經瞄準金陵，準備另起爐竈，獨打天下。行動引起了郭子興兩個兒子的猜忌，曾設局試圖毒死朱元璋，朱元璋識破，成功逃脫。

十五年（一三五五年）三月，郭子興病死。亳州宋政權以韓林兒為帝，任命郭子興之子郭天敘為都元帥，郭子興妻弟張天祐為右副元帥，朱元璋為左副元帥。郭天敘年輕，沒有經驗，張天祐有勇無謀，優柔寡斷，只有朱元璋算得上智勇雙全，又有精兵強將與謀士，朱元璋實際上成了這一地區宋軍的實際統帥。

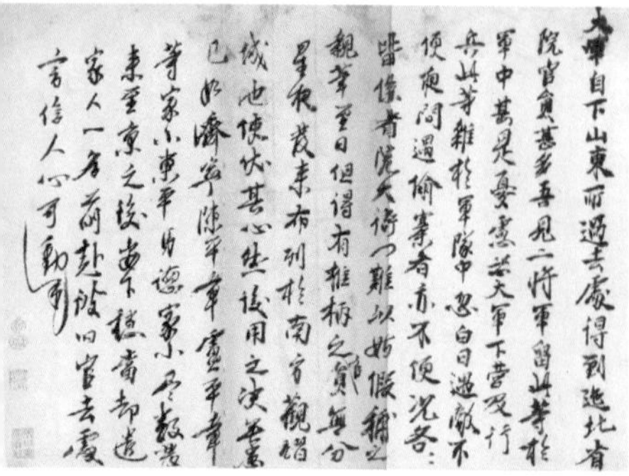

大軍帖　明　朱元璋

行筆自然流暢，儀態生動。風神獨具特色，如康有為《廣藝舟雙輯，行草第二十五》所評：「明太祖書雄強無敵。」惟筆畫稍欠法度，然雅拙中不乏挺拔。

## ⊙朱元璋規畫江淮

隨著力量的壯大，朱元璋決定從和州（今安徽和縣）渡江，攻打采石、太平（今安徽當涂），然後進逼集慶（今江蘇南京）。正當發愁缺少戰船時，以雙刀趙、李扒頭為首的巢湖水軍前來商量合作。朱元璋十分高興，準備親自前往巢湖會談。

但李扒頭起了歹念，想乘朱元璋

赴宴商談時，將他殺害，吞併他的部眾。朱元璋得知，裝病不去，反請李扒頭前來。朱元璋溺死李扒頭，雙刀趙聞訊，逃奔徐壽輝，巢湖水軍全都歸順了朱元璋。接著朱元璋憑藉巢湖水師，攻下了采石、太平。

朱元璋厲兵秣馬，準備進攻集慶。這時元朝軍隊分兩路包圍了太平：一路以大船封鎖長江江面，截斷朱元璋的退路，一路由地方武力陳埜先攻打太平。形勢危急，朱元璋將府庫中的金銀分賞給有功的將士，以鼓舞士氣，又派徐達繞到陳埜先的背後突襲。陳埜先腹背受敵，被俘投降。

七月起，宋軍向集慶發起了三次進攻。第一次，由張天祐帶領陳埜先攻城，陳埜先新降，對朱元璋並未誠服，命部下佯裝進攻，實際並未盡力，導致張天祐大敗。

九月，郭天敘、張天祐率陳埜先第二次攻打集慶，陳埜先暗中與集慶守將福壽勾結，在請郭天敘、張天祐赴宴時，將兩人綁送給了福壽。福壽隨即處死了二人，乘機反攻，宋軍大敗，損失了兩萬多兵力。陳埜先在追殺時，被地方武裝誤殺。郭、張死後，郭子興的部隊全部歸朱元璋統領。

至正十六年（一三五六年）三月，宋軍第三次攻打集慶，由朱元璋指揮。朱元璋首先擊敗陳埜先之子陳兆先部，將集慶圍住。福壽幾次試圖突圍失敗，退回城中防禦。朱元璋加緊攻城，集慶城最終攻破，福壽死於亂軍之中。

占領集慶以後，朱元璋貼出安民告示，安撫城內百姓。隨後將集慶城改名為應天府，以表示「上應天命」。不久，宋政權在應天府設立江南等處行中書省，任命朱元璋為平章。

青玉龍紋雙耳活環樽　元

# 斯所謂好男子也

●時間：？～西元一三七五年
●人物：擴廓帖木兒

因為內部爭奪而滅亡的王朝，在中國歷史上數不勝數，由蒙古族建立，曾經強盛一時的元朝也是如此。擴廓帖木兒是元朝最後的名將，因為內鬥，也無法阻止元王朝衰敗。

## ⊙元政權的終結

元朝末年，朝廷最倚重的將領主要是孛羅帖木兒與察罕帖木兒，各自擁兵數十萬，相互傾軋非常嚴重，經常發生衝突。至正二十二年（一三六二年），察罕帖木兒被降將刺殺，養子擴廓帖木兒代掌兵權。擴廓帖木兒本是漢人，本名王保保，年輕氣盛，孛羅帖木兒相當輕視，對抗不斷升級。就在這種形勢下，至正二十四年（一三六四年），大規模內戰爆發了。

八思巴字《百家姓》書影

元順帝與太子愛猷識理達臘素來不合，各結外援，順帝傾向孛羅帖木兒，太子則竭力拉攏王保保。至正二十四年（一三六四年）七月，孛羅帖木兒攻入大都，對太子黨大開殺戒。太子微服逃往王保保軍中，次年三月，在太原宣布討伐孛羅帖木兒。

孛羅帖木兒為人粗暴強橫，進入大都以後，專擅朝政，順帝也逐漸不滿。這時王保保大軍東進，孛羅帖木兒節節敗退，順帝眼見情勢不佳，便將孛羅帖木兒刺死，召太子還朝。

朱碧山款銀槎杯　元
朱碧山，元代著名工藝大師，所製銀槎杯代表了元代製銀工藝的最高水準。

順帝皇后奇氏想和太子裡應外合，逼順帝禪位，便密令王保保率大軍護衛太子入大都。王保保不贊成，離城三十里便將主力部隊返還防區，只帶少部兵馬，於二十五年（一三六五年）九月進入大都，隨即任太尉、中書左丞相，主持朝政。

然而，王保保在大都不到兩個月，便坐位不穩。由於不肯擁立太子登基，遭到皇后與太子的嫉恨，加上蒙古權貴都輕視他，王保保只得請命南征。

閏十月，順帝任命太子為兵馬大元帥，坐鎮大都，王保保為河南王、兵馬副元帥，代太子親征江淮地區，征伐反元兵馬。

王保保雖然兵強馬壯，又有元帥頭銜，但以李思齊為首的關中諸將拒不聽從指揮。李思齊曾跟隨察罕帖木兒征戰，視王保保如子姪，又怎肯接受指揮呢？

事權不能統一，無法南征，王保保被迫首先討伐李思齊等關中諸將，殺得難解難分。

順帝與太子都想報仇，暗中策反王保保麾下大將關保、貊高、李景昌等人，並於至正二十七年（一三六七年）八月正式下詔，削奪王保保一切官職，號召各軍討伐。

王保保被迫退守太原，關保、貊高合兵緊追，在太原城下列陣。王保保雖然兵少，但毫無懼色，對諸將說：「貊高為人不夠謹慎，經常以身犯險，匹夫而已。」派妻舅毛翼領兵祕密出城，尋機偷襲貊高軍陣。

兩軍交鋒之前，貊高只帶著數十名騎兵巡查陣列。毛翼探得消息，立即變更旗號，偽裝成貊高的部隊，悄悄佈列陣尾。貊高走到毛翼部隊前，眾軍上前，活捉了貊高。主帥被擒，貊高軍立刻潰散。

毛翼又綁著貊高來到關保陣前，關保的士兵也都是王保保的舊部，見狀四散奔逃，王保保率軍追殺，又捉住了關保。

王保保砍下關、貊二人的腦袋，送去大都。順帝慌了神，痛罵太子，殺了主張討伐王保保的官員，又下詔恢復王保保一切職位。李思齊也急忙寫信給王保保，表示願意接受指揮。

然而，天下大勢已經發生了變化。至正二十七年（一三六七年）十月，朱元璋派遣大軍北伐。次年正月，朱元璋在應天府（今江蘇南京）稱帝，建立明朝。明軍先取河南，經山東直插元朝統治中心大都。八月，攻克大都，元朝滅亡，王保保也被迫逃往漠北。

後來，朱元璋問眾臣：「我朝誰為好男子？」眾臣有說徐達的，有說常遇春的，朱元璋都笑笑搖頭，最後說：「未若王保保，斯所謂好男子也。」但就是這樣的好男子，也終因內部傾軋而功敗垂成。

**延伸知識**

### 元廷內亂

脫脫死後，元順帝更加厭倦朝政，宮廷內部爭權激烈，加速了元朝的滅亡。

元順帝不理朝政以後，皇太子與母親奇氏皇后排擠政敵老的沙，老的沙逃到孛羅帖木兒軍中躲避。皇太子以擴廓帖木兒（漢名王保保）為外援，強令孛羅帖木兒交出老的沙，孛羅帖木兒不從。元廷下令命擴廓帖木兒出兵討伐孛羅帖木兒。至正二十五年（一三六五年），孛羅被元順帝派人刺死。同年，元順帝封擴廓為河南王，總領天下兵馬。

擴廓帖木兒與孛羅帖木兒爆發衝突以來，元廷花費八年時間用於內耗之中。在這段時間，朱元璋積極備戰，削平群雄。元廷的腐敗統治為自己挖掘了墳墓。

# 元代青花瓷

元代景德鎮的湖田窯燒製出的青花瓷器，胎質細密潔白，顏料有進口和國產兩種青料，燒成的顏色深淺不一。

元代中、晚期青花瓷器，大致可分為兩大類。一類多為小件器物，胎壁輕薄，不甚精細，多為青白、乳白半透明或影青釉。青花的顏色灰暗迷濛，紋飾稀疏但奔放灑脫。常見器物有高足杯、碗、盤、香爐、小罐、蒜頭瓶、玉壺春瓶等，多為日常生活用品。

另外一類青花瓷器，以大件器物為多，其共同特點是大器者胎體厚重，小件輕薄，色白緻密，透明釉白中閃青，青花顏色濃豔鮮亮，色濃處有黑褐色斑點。該類器件畫工精良，紋飾層次多，有的甚至多達十來層，畫得很滿，但繁而不亂，經常是在纏枝菊、蕉葉、纏枝蓮、纏枝牡丹之間夾雜雲鳳、雲龍、雜寶、海水江牙等，將毫不相干的紋飾組合在一件器物上。

▲青花八卦紋筒爐

爐呈筒式，直壁，平底。口及底無釉。青花紋飾，外壁上下飾青花線四道，器身飾八卦及蓮瓣紋。此器形制和紋飾均單純樸實，繪工粗獷，八卦紋亦不規整。

▲青花纏枝牡丹紋雙魚耳罐

▼青花穿花鳳紋執壺

◀青花白麟鳳紋花口盤

盤菱花口。通體青花地留白花紋飾，盤心飾麒麟及鳳紋，寓意「威鳳祥麟」以示天地祥和。空間襯以蓮花及雲紋，外環飾忍冬紋，裡壁飾網紋地纏枝牡丹紋，口沿飾忍冬紋，外壁飾纏枝蓮紋。

### 青花花卉纏枝牡丹紋大梅瓶(連蓋)

高四十七・三公分，瓶小口，寬唇平折，短頸，豐肩，肩以下漸收，近底足部稍外撇。口上附蓋，蓋頂飾寶珠紐。瓶外通體以青花裝飾，主題裝飾為纏枝牡丹紋，外襯卷草、仰蓮、覆蓮、扁菊花、弦紋及雲紋等輔助紋飾。全器紋飾多達九層，層次分明，主題突出。

### 青花玉壺春瓶

撇口，細長頸，圓腹，圈足外撇。通體青花裝飾，內口沿處飾一圈卷草紋，外壁多層次裝飾，腹部主題紋飾為荷蓮圖。其胎骨潔白細膩，釉汁光潤，白中閃青，造型優美，青花色澤淡雅，畫面層次分明，紋飾清晰。

### 青花魚藻凸花牡丹大盤

此盤菱花口板沿，兜腹圈足，口沿、內壁青花地留白，凸起纏枝花卉，盤心青花繪魚藻紋。如此碩大的盤子，適應阿拉伯人的生活習慣，應為元代景德鎮窯專為西亞燒製的外銷瓷器。

### 青花象耳龍鳳紋瓶（一對）

一高六十三・五、口徑十四、足徑十六・六公分，一高六十四、口徑十四・二、足徑十六・八公分，元景德鎮窯。盤口、長頸、溜肩、腹瘦長、高圈足。肩部對稱二象耳、腹、足間二道凸稜。這對瓷瓶，國內外學者定為「至正型」標準器，作為鑑別元代青花的依據。該器造型規整端秀，亭亭玉立，紋飾豐富。繪畫精妙，青花色質濃豔。釉白中泛青。瑩潤光澤，為元青花瓷器之佳作，有較高的科學和藝術價值。

# 【馬端臨著《文獻通考》】

●時間：西元一二五四～一三二三年
●人物：馬端臨

馬端臨（一二五四～一三二三年），字貴與，饒州樂平（今屬江西）人。父親馬廷鸞在宋末度宗朝曾任右丞相兼樞密使，後與權臣賈似道不和，便辭官還鄉，專心著書，著有《讀史旬編》，這是一部史書，以十年為一旬，從帝堯寫到後周顯德七年，共編為三十八帙。

## ⊙自幼好學

在父親馬廷鸞的督促下，馬端臨自幼師從精通朱子學的曹涇，接受嚴格的教育。宋代官制規定，大臣的子弟可以不經科舉而入仕途，當然名額有等級限制，這一制度叫蔭補。十九歲的馬端臨便有資格享受這一特權，但不願藉父輩之蔭，仍參加科舉考試，二十歲時漕試第一。

元軍攻陷臨安時，馬端臨才二十三歲。宋亡後，馬端臨隱居家中，閉門讀書著述。先協助父親編寫《讀史旬編》，在此過程中，馬端臨從治學方法到史料源流都得到不少教誨。馬廷鸞的舊同事留夢炎在元朝任吏部尚書，曾力邀馬氏父子出仕，但被婉言拒絕。

父親去世後，馬端臨曾擔任慈湖書院與柯山書院的山長，但時間都很短。之後又擔任台州（今屬浙江）儒學教授，也只做了三個月。此後一直在家鄉著書講學，據說訪者甚眾，「有所論辯，吐言如湧泉，聞者必有得而返」。

## ⊙心血傾《通考》

馬端臨生平最大的成就當屬鉅著《文獻通考》。

大約在至元二十二年（一二八五年）前後，馬端臨開始著手編撰，歷時二十多年方才完成。仁宗延祐四年（一三一七年），朝廷派人尋訪有德之士，訪得《文獻通考》，進呈朝廷，皇帝當即下令官府刊刻。馬端臨見著作刊印流行，十分高興，帶著手稿趕往饒州（今江西鄱陽）參與校對。英宗至治二年（一三二二年），全書刊印告竣。次年，馬端臨死於家鄉，享年七十歲。

宋代是一個史家輩出的時代，多部貫穿古今的通史面世，如司馬光的《資治通鑑》、鄭樵的《通志》等

**北京白塔寺白塔**

遼代曾在此建造磚塔，後倒塌。至元八年（一二七一年）元世祖在原塔基處構築起這座高大壯觀的白塔。白塔是由尼泊爾工藝師阿尼哥參與設計建造，歷二十二年建成。塔高五十·九公尺，臺基高九公尺，上圓下方，通體塗以白堊。上飾十三圈相輪，頂部華蓋直徑達九·七公尺，鎏金塔刹高四·二公尺，將尼泊爾塔型與我國的傳統裝飾融為一體，高聳壯觀。塔前有妙應寺，故有妙應寺白塔之稱。一九七八年維修白塔時，發現塔頂珍藏有清代乾隆年間裝入的大量經文、金佛、珍珠、寶石等。該寺為全國重點文物保護單位。寺內有天王殿、七佛寶殿、雲神通殿及珍藏文物等，可供參觀遊覽。

等。馬端臨深受宋代史學思想的影響，對司馬光十分佩服，但覺得還缺少一部制度通史，立志以此作為終身事業。他對杜佑的《通典》也頗為讚賞，《文獻通考》即參照《通典》的體例，又有所發展。

《文獻通考》共三百四十八卷，分門別類論述歷代典章制度，上起上古，下至南宋寧宗嘉定末年。全書共分二十四考，每一考前有一段小序，說明著述的原則、考訂的意義等，每考之下又分若干子目，每一目的內容都按時間先後排列。《文獻通考》並非單純羅列材料，而是有敘述，有考訂，有論斷，將杜佑創立的典志體與鄭樵提倡的會通之意密切結合。

全書各類目的內容按文、獻、考三個層次排列，以宋代史事為例，頂格排行者，即所謂「文」，也就是「敘事」部分，大多取材於宋朝的國史與會要。低一格排行者，即所謂「獻」，也就是「論事」部分，引用宋人的評論，從中也可看出作者的思想傾向。低兩格排行者，即所謂「考」，是作者的議論，內容包括梳理歷史演變的線索、評判是非、考辨史料與解釋名物等。文、獻、考三部分結合，資料按時間先後排列，次序井然，不僅便於檢索，且便於瞭解歷史發展的概貌。

作為遺民，馬端臨對宋朝的滅亡有著切膚之痛。詳細記載了宋代部分的歷史，探討宋代社會制度的得失，希望能從中找到南宋亡國的根源，大概也是藉此以寄托對故國的哀思吧！

## 歷史詞典

### 《經世大典》

《經世大典》是元文宗時官修的一部政書，全名為《皇朝經世大典》，共八百八十卷，有目錄十二卷，公牘一卷，纂修通議一卷。

天曆二年（一三二九年）冬，奎章閣學士院建立後，當即受命與翰林國史院官一同纂修《經世大典》。參考唐宋會要的體例，收集本朝典故編寫。編書的工作由趙世延、虞集等人主持。至順元年（一三三〇年）四月十六日開始設局編寫，到至順二年（一三三一年）五月一日成書。

全書分十篇：帝號、帝訓、帝制、帝系四篇為「君事」，由蒙古編修擔任纂修。治典、賦典、禮典、政典、憲典、工典六篇為「臣事」，由虞集等編纂。在各篇目之前有序文說明主要內容，便於讀者瞭解。《經世大典》將官文書中的蒙語直譯體改寫為漢文文言，並刪去公文中的吏牘繁詞，體例整齊。

《經世大典》書成之後沒有刻印，僅有清抄以後進上的寫本，所以今天已經失傳了，只有少量內容在《永樂大典》和其他資料中保存。

《經世大典》的內容大都來自有關機構的檔案，史料價值極高，可惜保存至今的只是極少一部分。

# 【元修三史】

●時間：西元一三四三～一三四五年
●人物：脫脫

常言道，一部二十四史從何說起。常人卻未必知道，宋、遼、金三史都是在元代修成的。

## ⊙平息「正統」爭論

元初，忽必烈曾下詔修宋、遼、金三朝史書，但一直都停留在議論階段，議論的焦點是宋、遼、金三朝究竟誰是正統。有人主張以宋為正統，立帝紀，以遼金為竊據，入載記，有人主張以遼、北宋、金為北史，南宋為南史，漢人則主張以宋為正統。三方各持一詞，爭執不下。

至正三年（一三四三年），元順帝重開史局，宋、遼、金各修一史，皆為正統，命丞相脫脫為都總裁，鐵木兒塔識、賀惟一、張起巖、歐陽玄、揭傒斯等為總裁官。編寫時由史官撰成初稿，然後由總裁官筆削定稿。至正四年（一三四四年）《遼史》《金史》完成，次年《宋史》修成。

丞相都總裁脫脫曾任同知樞密院事。至元六年（一三四〇年），在順帝的支持下，脫脫父子發動政變，趕走專權的右丞相伯顏，父子相繼擔任中書右丞相。脫脫廢除伯顏舊政，恢復科舉，重開經筵，利用儒術治理國家，史稱「脫脫更化」。三史的修撰就是在這一政治背景下開展的。

脫脫首先主張三史各為正統，平息了延續六十多年的爭論，使修史工作得以順利開展。同時，脫脫推薦歐陽玄等人，在其協助下初步編組了修史人員。為了籌措修史經費，脫脫調用江南三省的學田錢糧，作為修史工作的經濟基礎。三史的修成與脫脫的努力是分不開的。

在眾多編纂者中，歐陽玄是修三史的主要人物。歐陽玄（一二七三～一三五八年），瀏陽（今屬湖南）人，自幼熟讀經史百家，尤其精通程朱理學，曾任藝文少監，奉詔修《經世大典》，後任翰林直學士，參與編修四朝實錄。至正三年（一三四三年），任翰林學士，兼三史總裁，從「發凡舉例」，初稿修定，以至論、贊、表、奏皆其屬筆。每當史官有悻悻露才、議論不公者，歐陽玄不多費口舌，待其呈稿改定便是。

## ⊙潦草《宋史》《遼史》

宋代的史官制度十分完備，有史館修紀傳體的《國史》，有實錄院修編年體的《實錄》，有文件彙編性質的《會要》，並有記載皇帝宗室支派的《玉牒》，內有記錄皇帝生活、勤政流水賬的《起居注》，外有宰相府的《時政記》，每一類史料都體系完備，堆積如山，修一部完備的宋史應該不是難事。可是直到元末，宋、遼、金三史才草草完工。

數士人風騷，論詩文雅緻，宋朝都算首屈一指。宋代有優良的修史傳統，有許多優秀的歷史著作，宋人以進史館修史為榮，元修《宋史》卻草草成章，且差錯百出，後人稱為二十四史中最差的一部。這個罪狀應當記在元人賬上。

《宋史》四百九十六卷，在二十四史中篇幅最大，上起太祖建隆元年（九六〇年），下至祥興二年（一二七九年），記載了兩宋三百一十九年的歷史，詳細反映了當時的政治、軍事、經濟、文化各方面的情況，其中有不少珍貴的史料。

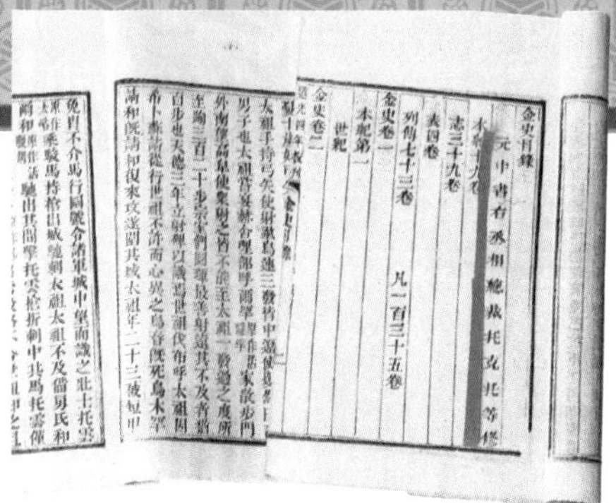

《金史》 書影

執筆者歐陽玄等人深受道學影響，《宋史》的編撰原則便遵循「先儒性命之說」，「先理致而後文辭，崇道德而黜功利」。執筆之前，作者便先扳起了臉孔，書自然不會好看。更何況這樣一部鉅作，在短短的兩年半內完成，只能盡量利用宋代已有的史學成果，修史過於倉促，不及仔細考證研究，不僅有許多記事的錯誤，甚至編次混亂，出現一人兩傳、一文數見、次序顛倒等低級錯誤。因此，歷代對《宋史》的批評是最多的。

《遼史》一百一十六卷，也寫得比較粗疏。

## ⊙最佳官修《金史》

《金史》一百三十五卷，獲得了最佳官修正史的美譽。金享國不如遼，而其風俗迥異。《金史．文藝傳》曰：「金用武得國，無以異於遼，而一代制作能自樹立唐宋之間，有非遼世所及，以文而不以武也。」破遼後，金國諸王子皆學習漢語、契丹文，宗室中能文能武者頗多。

金朝的史官制度也十分完備，修有國史、日曆、起居注、實錄等。女真人起初並無文字，其祖先事蹟沒有記錄，金太宗時修國史，遍訪老人，獲知不少先朝佚事，補出始祖以下十帝。《金實錄》也頗為詳明。金亡時，元將張柔攻下汴京，「獨入史館取《金實錄》並祕府圖書」。金才子元好問聽說《金實錄》在張萬戶家，曾打算到張家當僕人，以讀實錄撰國史，朋友勸阻才罷。

金左右司郎中王鶚即將被殺，張柔聽說有才，極力營救，車載而還。王鶚後來遍覽《金實錄》與遼史，元世祖時擔任翰林學士承旨，兼領國史院。至元元年（一三三五年），王鶚上疏請修遼、金史，擬有修金史大綱，並親筆撰史，已初具規模，但未及刊印。元末修成的《金史》，主要抄自王鶚舊稿及元好問等所著野史，因而短短一年，卻成佳作。

清代趙翼說：「是書敘事最詳覈，文筆亦極老潔，迴出《宋史》《遼史》之上。」

# 【王實甫與《西廂記》】

●時間：元中後期
●人物：王實甫

愛情是文學作品永恆的主題。浪漫詩人元稹在西元八〇〇年左右的唐代寫了一篇傳奇小說〈會真記〉，說的是張生與崔鶯鶯的戀愛故事。宋光宗紹熙年間（一一九〇年左右），說唱家董解元將三千字的〈鶯鶯傳〉擴大為五萬字的說唱文學《西廂記諸宮調》。大約又過了近一百年，元代的作家王實甫將這篇愛情故事演繹成戲曲。

## ⊙平民作家

王實甫，生卒年不詳，元代易州人。曾做過縣官，聲譽很好。後來升任陝西行臺監察御史，由於與上司關係不好，便棄官而去。不久，便完成了不朽劇作《西廂記》。

王實甫的劇作，見於載錄的有十四種。現存的除《西廂記》外，尚有《麗春堂》，描寫金章宗時丞相完顏樂善仕途沉浮的故事，《破窯記》描寫呂蒙正始貧終富及與劉月娥曲折的婚姻。這些劇作成就不大，但僅僅一部《西廂記》，便足以使他「天下奪魁」。

《西廂記》插圖

## ⊙有情人終成眷屬

《西廂記》記述了一個傳統的才子佳人故事，劇情大意是：唐貞元年間（七八五～八〇五年），前朝崔相國病逝，夫人鄭氏帶著女兒鶯鶯、侍女紅娘等人，護相國靈柩回鄉，中途暫住普救寺。洛陽書生張珙（字君瑞）赴長安趕考，路過河中府，前往看望同窗好友白馬將軍，順便遊覽普救寺，與鶯鶯相遇，驚其豔麗而生情，遂借住寺中。

張生的住所與鶯鶯所住的西廂僅一牆之隔。一天晚上，鶯鶯與紅娘在園中燒香禱告，張生隔牆高聲吟詩一首：「月色溶溶夜，花陰寂寂春；如何臨皓魄，不見月中人？」鶯鶯和道：「蘭閨久寂寞，無事度芳春；料得行吟者，應憐長歎人。」經過詩歌唱和，二人彼此心生愛戀。

一日，山寇孫飛虎兵圍寺院，逼鶯鶯成婚，崔夫人聲稱願將女兒嫁給獻計退兵者。張珙修書請白馬將軍退敵，不料，崔夫人言而無信，只讓張珙、鶯鶯兄妹相稱。張生因此致病。

溪凫圖軸　元　陳琳

紅娘出謀，讓張生月下彈琴，打動鶯鶯。紅娘代傳書簡，鶯鶯詩約張珙，幽會西廂，私訂終身。老夫人察覺後，拷問紅娘，紅娘如實相告並曉以大義。老夫人無奈，只得允婚，但逼張生須上京考試，如考不中，仍不嫁女。

張生與鶯鶯長亭惜別，上京應試，並金榜題名。然而崔夫人之姪鄭恆造謠，稱張生已做了衛尚書女婿，逼崔夫人將鶯鶯嫁給他。就在此時，張生回到普救寺，在白馬將軍的幫助下，揭穿了鄭恆的陰謀，與鶯鶯喜結連理，有情人終成眷屬。

## ⊙辭家之雄

張生與崔鶯鶯的故事，自唐代以來版本甚多，但數王實甫的《西廂記》特別動人。對比董解元的《西廂記諸宮調》，便可立判高下。如「長亭送別」這一情節，《董西廂》這樣寫：

> 馬兒登程，車兒歸舍，馬兒往西行，坐車兒往東拽，兩口兒一步離得遠如一步也。

王實甫的《西廂記》寫得極其精采：

> 碧雲天，黃花地，西風緊，北雁南飛。曉來誰染霜林醉？總是離人淚。（〈端正好〉）

歷代文人對王實甫的《西廂記》評價極高。明代戲曲評論家何元朗認為：「王實甫才情富麗，真辭家之雄。」王世貞云：「北曲當以《西廂》壓卷。」明初賈仲明稱：「作詞章風韻美，士林中等輩伏低，新雜劇，舊傳奇，《西廂記》天下奪魁。」就連曹雪芹也借林黛玉之口，稱讚「詞句警人，餘香滿口」。

《西廂記》歷經數百年而不衰，不在於反對傳統禮教，也不在於開了後世才子佳人戲「落難公子中狀元」的俗例，而是「願普天下有情人都成眷屬」的良好願望，獲得了自古至今廣大觀眾的共鳴。這才是《西廂記》久演不衰、天下奪魁的真正原因。

# 【衣被天下黃道婆】

●時間：元
●人物：黃道婆

黃道婆，又名黃婆，中國元代著名的棉紡織革新家。元貞年間，她製成了一整套捍、彈、紡、織工具（如攪車、椎弓、三錠腳踏紡車等），大大提高了當時的紡紗效率。在織造方面，用錯紗、配色、綜線、挈花工藝技術，織製出有名的烏泥涇被，推動了松江一帶棉紡織技術和棉紡織業的發展，促進了當時植棉和紡織技術的發展。

## ⊙離鄉背井

黃道婆，生於南宋末年淳祐年間（約一二四五年），「道婆」是後人對她的尊稱。

繅絲圖　元

最早提到黃道婆事蹟的，是元末明初陶宗儀所著的《南村輟耕錄》。《輟耕錄》成書於元末，書中記載黃道婆生活在元初松江府以東約五十里處的烏泥涇。

南宋末年，多災多難，戰亂頻仍，民不聊生。黃道婆十二三歲時，為生活所迫，當童養媳，偏偏又遇上刻薄的婆婆、蠻橫的丈夫。一天，由於勞累過度，織布時速度慢了點，公婆、丈夫便以此為藉口，將她毒打，鎖在柴房裡，不給飯吃，不讓睡覺。

黃道婆無處訴苦，便橫下一條心，在房頂掏了一個洞，逃到停靠在黃浦江邊的一艘帆船上，隨船到了海南島南端的崖州，從此開始了不平凡的生活道路。

黃道婆到了海南島後，與當地黎族人民一起日出而作，日落而息，努力學習和掌握當地先進的棉紡織技術。黎族同胞的細心傳授，黃道婆虛心刻苦學習，瞭解並熟悉了紡棉與織布的工序。黃道婆並融合、吸收了家鄉織布技術的長處，逐漸成為有著精湛技術的紡織能手。

日月如梭，物換星移，在海南生活的黃道婆不覺已度過了三十多個春秋。元成宗元貞年間（一二九五～一二九七年），黃道婆身背踏車、椎弓等紡織工具，踏上了北歸的路途。

## ⊙改進棉紡技術

烏泥涇毗鄰東海，黃道婆離鄉前，當地農業很不發達，棉紡織技術更是落後。黃道婆回鄉後，決意改變家鄉棉紡織生產的落後情況。陸續採取措施，向家鄉人傳授在崖州學到的整套棉紡織技術，結合傳統的紡織工藝，進行改革，創造了一套新技術：

一、改良棉種，用從崖州帶回的棉種，培育適合當地種植的優良棉種，取代原有的棉種。

二、改良捍棉機具，用雙把手搖軋棉的攪車代替原有的手工剝脫棉籽。

三、改良彈弓，用檀木椎（或稱糙）往來敲擊四尺多長的繩弦大彈弓，代替原來的一尺四五寸長的指撥線弦小弓。

四、改良紡車，縮小紡麻絲的三錠腳踏車竹輪直徑，調整踏桿支點與竹輪偏心距，製成一手紡三根紗的腳踏三錠紡車，代替手捻紡墜紡紗或單錠手搖紡車紡紗。

五、改良織造工藝，借鑑吸取黎族織造「崖州被」的經驗與方法，發展漢族民間固有的傳統織造工藝。講究「錯紗、配色、綜線、挈花」的織布技法，被褥、帶、悅等織物上織出「折枝」、「團鳳」、「棋局」、「字樣」等圖案，創造具有江南特色的「烏泥涇被」。

這些織物具有獨特的風格，很快成為當時異常珍貴的品種，稱為「雲布」，風行一時。由於烏泥涇棉布銷售日廣，當地農家與手工業者的生活大獲改善，烏泥涇很快變成了一個富庶的知名村鎮。

黃道婆創造的棉紡織新工藝長期流傳於世，推動了上海地區棉紡織業的日益繁榮，以及棉織業在與上海縣相鄰的松江、青浦一帶的普及。黃道婆逝世後，松江府地區很快成為全國植棉業的中心，並贏得了「松郡棉布，衣被天下」的讚譽。

據清代褚華《木棉譜》記載：松江府地區普遍栽種的「杜花」與「紫花」，均為黃道婆傳下來的棉種。盛行於明清兩代、匹值萬金的棉織龍鳳、鬥牛、麒麟等袍服材料，也是沿用黃道婆的方法生產的。

棉紡織業的發展使松江府地區的人民生活得到了改善，後人無不感激黃道婆的功德。民間傳誦著一首歌謠：「黃婆婆！黃婆婆！教我紗，教我布，兩隻筒子兩匹布。」表達了對這位紡織家的敬仰與讚頌。鄉人為她造墓樹碑，建祠塑像，進祀香火，奉敬如神。

黃道婆塑像

歷史詞典

## 草棉種植傳入中原

棉花種植在中國有著悠久的歷史，南宋時代，南方已經廣泛種植木棉。宋末元初，由於草棉的引進推廣，植棉業迅速發展。草棉具有早熟、生長期短等優點，適合在各地種植。元政府提倡植棉，曾設「木棉提舉司」，專門徵集棉布。其時每年徵收棉布約十萬匹。

宋代農書中敘述植棉技術的很少，到了元代，《農桑輯要》一書明確標出「新添栽木棉法」，教授植棉的具體技術措施。除耕、耙、施肥外，尚有關於種子淘選、浸種、拌種、催芽技術，棉花移栽，保持稀疏通宜的留苗補苗措施等等。

# 【朱思本考察天下】

●時間：西元一二七三～順帝至元間
●人物：朱思本

朱思本（一二七三～？，約死於元統、至元年間），元朝地理學家和地圖製圖學家。字本初，號貞一。至元十年（一二七三年）出生於江西臨川（今撫州）。祖父以科舉入仕，於南宋末年任淮陰縣令。恰逢宋滅元立，朝代更替之際，因不滿新的統治者，父親堅決不仕元。其父厭世遁跡，薄視名利，家道因此中落。長輩的處世心態，對年幼的朱思本也產生了極大的影響。

## ⊙遁世入道

朱思本從小生活貧苦，很早便懂得為家分憂。祖輩豐富的藏書，使他自幼即受到良好的教育，從小「家學有所從」。朱思本很有才學，但由於朝代更迭，對現實不滿，所以決心遁入道門，不滿十四歲，便曾到信州（今江西上饒）龍虎山學道。

階梯式滴漏　元代

自道教第四代張天師據龍虎山傳教，龍虎山成為道教正一教派的中心。元世祖忽必烈平定江南時，召見第三十六代天師張宗演，命他主領江南道教。後來張宗演的徒弟張留孫留在大都，建造崇真宮，專掌祠事，並被授予玄教宗師。至元二十四年（一二八七年），張宗演徒弟吳全節前往大都，協助張留孫處理教務。

朱思本便在此時上山學道，至大德元年（一二九七年）的十餘年時間，一直潛心學道，加上他相當高的文化素養，朱思本的地位不斷上升。

大德三年（一二九九年），玄教宗師張留孫命朱思本離開龍虎山，到大都做助手。朱思本離開龍虎山之前，曾賦詩曰：「胡為捨此去，乃與塵俗縈，人生有行役，豈必皆蠅營。」表明了無意追求權勢，不做蠅營狗苟之人的決心，接受徵召，意在考察「山川風俗，民生休戚，時政得失，雨潮風雹，昆蟲鱗介之變，草木之異」。

## ⊙遊歷半壁河山

朱思本利用職務關係，遊歷考察各地先後達二十年之久，足跡遍及今華東、華北、中南地區，幾乎走遍中國半壁河山。他的遊蹤主要分兩個階段：

第一階段，大德三年（一二九九年）離開龍虎山前往浙江，登會稽山觀覽風光，後西向轉入湖南，縱遊洞庭湖及周邊地方。繼而北上，經湖北襄樊、江陵等地，至泗水、淮河流域。在中原等地輾轉遊覽，到達陝西東部、山西等地，以及山東的汶、沂、泗、沭諸河流域，最北到達遼寧一帶，最後入京。

第二階段，從至大四年到延祐七年（一三一一～一三二〇年），奉詔南下，代祀名山大川。朱思本先到河南，祀祭中嶽嵩山及道觀寺廟。爾後南下，到達南嶽衡山的祝融峰，祀祭完畢後，前往廣東沿海一帶。

從龍虎山出發北上大都的途中，朱思本留意考察當地的民生休戚、時政得失、山川風俗，甚至自然界的雨潮風雹、昆蟲草木變異現象，詳細記載。在江浙一帶，朱思本目睹了當地遭受水災與瘟疫，人民流離失所，亡者不可勝計的悲慘情景。這位久居深山的道士，真正接觸到了社會，對「人生休戚，時政得失」開始有了一定的瞭解。

大德十一年（一三〇七年），吳全節被授予玄教嗣師，朱思本擔任吳全節的助手，有了跟隨吳全節祭祀全國各地名山大川的機會。至大四年（一三一一年），朱思本開始長達十年的考察活動，周遊各地，代天子祭祀名山大川，同時擔負朝中大夫交代「質諸藩府，博采群言，隨地為圖」的任務。朱思本原本就有意糾正前人地圖

延伸知識

## 清真寺的普遍興建

元代由於早期對中亞地區的征服，以及中西交流的繁盛，大量的伊斯蘭教徒進入中國，有的是旅居的商人，有的是定居在當地的工匠，也有不少人供職於蒙古朝廷。隨著大量伊斯蘭教徒的進入，於是逐漸修建專用的禮拜寺。

當時，西域來的伊斯蘭教徒均被稱為「回回」，已經分佈在中國的各個地區，因此，清真寺的修建在當時也是極為普遍的，幾乎每個大的地方都有清真寺。元代以前的清真寺主要分佈在南方沿海地區，入元以後，北方和內地的清真寺才逐漸增多。有元一代，回回人都在各地不停修建清真寺。

山居圖　元　黃公望

的錯誤，重新繪製。經過十年的努力，朱思本終於繪成長寬各七尺的《輿地圖》。可惜，此圖已佚，僅存明代羅洪先所繪《廣輿圖》，保存了此圖的大概面貌。

## ⊙繪製《輿地圖》

朱思本為了繪製《輿地圖》，在實地考察、搜集資料、製圖方法等方面都付出了大量的心血。

首先，朱思本在外出代祭各地大山名川時，利用一切機會，沿途進行廣泛的實地考察，每到一處，都要「訊遺黎，尋故跡，考郡邑之因革，核山河之名實，驗諸滏陽、安陸石刻《禹跡圖》、樵川《混一六合郡邑圖》」，掌握了大量的第一手資料，獲得了豐富的地理知識。

其「訊」「尋」「考」「核」「驗」的考察方法符合近代嚴格的科學原則：「訊」即向當地百姓詢問，「尋」即尋找遺址、遺蹟，「考」即考證各地郡邑的沿革，「核」即核實河流山川的名字正確性，「驗」即根據考察來檢驗古代地圖真實性。這種孜孜不倦的治學精神，確保取得科學的結論。從中發現「前人所作，殊多乖謬」，更加強了重新繪製地圖的決心。

其次，廣泛吸收和利用前人有關地理學方面的研究成果。朱思本利用職務之便，經常到朝中有關部門與地方政府的相關機構，查閱前人的地理著述、地方檔案資料，以及總志、方志中的材料。仔細閱讀《水經注》《通典》《元和郡縣志》《元豐九域志》與《元一統志》，「參考古今，量校遠近」，將所學知識與實地考察所得資料，進行比對篩選，去偽存真，從前人的著作中吸取有價值的成果。

秋江待渡圖　元　盛懋

朱思本也注意利用藏文等少數民族文字寫成的地理著作。為了編繪比較精確的《輿地圖》，朱思本在搜集材料方面不遺餘力。對考察不到，資料上又無法查閱的西北沙漠與諸蕃異域的情況，堅決不輕信入朝使節或出使歸來所講述的內容，寧缺勿濫，呈現了從嚴求實的科學態度。

最後，運用「計里畫方」的繪圖方法。明末義大利傳教士利瑪竇傳入西方經緯網畫法之前，「計里畫方」是中國古代繪製地圖的重要方法。關於此法始於何時，有多種說法，有的說始於宋代，有的說始於西晉，還有說始於西周，無一定論。

「計里畫方」是將若干條橫豎線構成互相垂直的方格，直接繪入圖中。魏晉時，地理學家裴秀創造了「製圖六體」法：「分率」（比例縮尺）、「道里」（實際里數）、「準望」（方位）、「高下」、「方邪」、「迂直」（即地貌地形與實際里數的關係）。裴秀的《禹貢地域圖》即以計里畫方繪製而成的。

唐貞元年間（七八五～八〇五年），此法得到賈耽的重新提倡。至元時（一二六四～一二九四年），「計里畫方」法雖未中斷，卻有湮沒之虞。朱思本的《輿地圖》被明代羅洪先縮繪增廣，並大量刊行後，「計里畫方」法又為之一振，產生廣泛的影響，支配了明清地圖繪製達二百多年。

朱思本是一位起衰振微、承先啟後的地圖學家，同時對地理學也有許多重要貢獻。在吸收了大量前人的成果與當時的新資料的基礎上，根據社會發展的需要，以元代的政區為框架，編撰了全國總志《九域志》，共八十卷，成為地理學上的一部重要著作。

朱思本在中國地圖製圖學史上有重要地位，《輿地圖》精確度超過前代，是我國製圖史上的傑作，影響深遠。

歷史詞典

### 《河源志》

黃河是中國北方的一條大河，是中華古代文明的搖籃。自古以來，人們便極重視黃河發源地的考察。

至元十七年（一二八〇年），元世祖忽必烈派人深入青海，進行了中國歷史上第一次有組織的河源實地考察活動。經過考察，認為星宿海就是黃河的河源，在河源地區詳細考察了星宿海、扎陵湖、鄂陵湖以及河源的幾個支流，第一次實地勘察了黃河河源地區的地理情況。

延祐二年（一三一五年），元侍讀學士潘昂霄根據河源考察的記錄撰寫成《河源志》。潘昂霄，字景梁，號蒼崖，濟南人。《河源志》對河源地區的地理狀況、星宿海、扎陵湖、鄂陵湖的狀態進行詳細記述。除此以外，《河源志》並記錄了河源地區人口稀少、土地貧瘠的狀況，以及當地野生動物的出沒情況。同時，本書並否定了蒲昌海為黃河之源的舊說法。

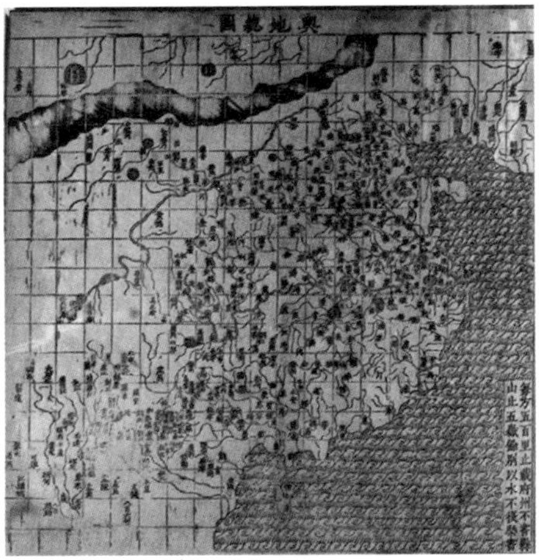


**《廣輿圖》之輿地總圖**

《廣輿圖》是中國四百多年前的第一本刻本地圖集。繪製年代可能是明嘉靖二十年（一五四一年）前後，計有地圖四十五幅，附圖六十八幅，總共一百一十三幅。其總圖、兩直隸和十三布政司圖，主要根據朱思本《輿地圖》，並參考了其他地圖，用計里畫方法縮編而成。其他的九邊圖、漕河圖、四級圖等都是羅洪先補充編繪的。《廣輿圖》繪畫工整，刻鐫精細，第一次採用了二十四種地圖符號。很多符號已抽象化、近代化，對增強地圖的科學性，豐富地圖內容有重要作用。

# 張士誠建周降元

●時間：西元一三五四年
●人物：張士誠

張士誠為人持重寡言，輕財好施，延攬八方之士。但缺乏遠見，用人不當，而且一直表現出動搖、投降的政治傾向，在降元與叛元之間搖擺不定。尤其是占領平江後，整個張士誠統治集團驕奢懈怠，漸失民心，最終走上了敗亡的道路。

## ⊙起兵割據

至正十一年（一三五一年）五月，泰州人王克柔密謀造反，消息走漏，被高郵知縣李齊逮捕，解往揚州。王克柔好友李華甫、面張四計畫謀救克柔，張士誠得知後，便與李華甫等人合謀。

十三年（一三五三年）正月，張士誠與弟士義、士德、士信及李伯昇等十八人，聯合李華甫等行動，先殺死弓兵丘義，搶掠當地富戶，並引兵進入附近鹽場，大批鹽丁加入，張士誠實力不斷壯大，不久攻克泰州。

銅火銃　元
元代創製了世界最早的金屬管形火器。這個銅火銃為早期青銅火銃，屬管狀火器，是從梨花槍等火器發展而來。

張士誠攻占泰州後，元河南行省遣李齊前往招降，被張士誠拘押。沒過多久，張士誠與李華甫互鬥，李齊乘機逃走。見勸降不果，河南行省派兵鎮壓張士誠，結果失敗。萬般無奈，河南行省再派李齊前往泰州勸降。張士誠權衡利弊，便決定率部投降。

這時元淮南江北行省參政趙璉在泰州駐紮，趙璉命張士誠打造戰船，準備率兵赴濠州、泗州鎮壓郭子興。張士誠卻懷疑趙璉有所不利，便趁趙璉沒有防備，半夜發兵攻殺趙璉，大肆搶掠泰州府庫，率部進入得勝湖結寨，並分兵攻克了興化縣。

五月，張士誠突襲高郵，高郵城中大小官員棄城而逃。攻占高郵之後，張士誠實力大增，銳不可當。無奈之下，元朝再次下詔招降張士誠，仍派李齊前去勸降。可惜，這次李齊的運氣沒有前兩次好，招降不成，反為張士誠所殺。此後，元朝屢屢派人勸降，都沒有成功。

六月，元朝見屢招張士誠不降，決定派兵鎮壓。淮南行省平章政事達識貼睦邇在淮南、淮北等地召募壯丁，並率領漢軍、蒙古軍防守淮安。也先不花任淮西添設宣慰副使，負責進攻泰州，淮南行省平章政事福壽攻興化。

樞密院都事石普向朝廷上奏，願領兵三萬，進攻高郵，剿滅張士誠。元廷任命石普為山東義兵萬戶府事，招募義兵一萬多人，南下攻打張士

杭州水門

元末張士誠占領杭州後，改築杭州城，並專築水門五座。圖為鳳山水門。

誠。石普先占領寶應，接著乘勝直攻高郵，在高郵城即將攻破時，因同行諸將嫉恨石普，不予配合，致使石普孤軍作戰，最終陣亡。高郵一役，元軍的腐敗不堪，可見一斑。

元軍屢攻高郵不能得手，張士誠勢力漸穩，便於至正十四年（一三五四年）正月，正式建立政權，國號大周，改元天祐，自稱誠王。下令釋放囚犯，免除百姓賦稅，徵用儒士，發展農業，興修學校，逐漸完善政權的各項功能。

元朝對張士誠的進攻一直沒有停歇。至正十四年（一三五四年）二月，元廷任命湖廣行省平章政事苟兒為淮南行省平章政事，攻打高郵，結果大敗而歸。

## ⊙決戰高郵

張士誠憑據高郵，將勢力發展到運河要道，嚴重影響了江南財富與糧食通過運河北運大都，等於截斷了元朝的財源，因而元朝為了解決財政問題，奪取高郵便迫在眉睫。

至正十四年（一三五四年）九月，右丞相脫脫親自掛帥，進攻高郵。脫脫統率諸王、諸省軍馬，號稱百萬，直逼高郵。十一月，脫脫大軍抵達高郵，張士誠連戰皆敗。接著元軍又連破六合、鹽城、興化等地，高郵城破指日可待。

這時，京城裡的佞臣哈麻一夥與脫脫不和，唆使監察御史彈劾，稱「出師三月，略無寸功，傾國家之財以為己用，半朝廷之官以為自隨」。昏庸的元順帝十分生氣，竟將脫脫罷官削職，改任河南行省左丞相太不花、中書平章政事月闊察兒、知樞密院事雪雪等人為統帥。

詔書下達後，前線元軍大亂，張士誠不戰而勝。從此元軍主力喪失大半，再也沒有力量聚集如此眾多的軍隊前來鎮壓。

## ⊙張士誠降元

高郵之役後，元朝認為鎮壓一時難以奏效，轉而採取招安的手段對付張士誠。至正十五年（一三五五年）四月，翰林待制烏馬兒等赴高郵招安，張士誠不降。五月，淮南行省平章政事咬住、淮東廉訪使王也先迭兒再赴高郵招安，張士誠仍然不降。

至正十六年（一三五六年）二月，張士誠之弟張士德攻占平江府。三月，張士誠自高郵抵達平江，改平江府為隆平府，定為都城，改承天寺為王宮，設三省、六部、百司，勸農獎學。任陰陽術士李行素為丞相，張士德為平章，蔣輝為右丞，潘元明為左

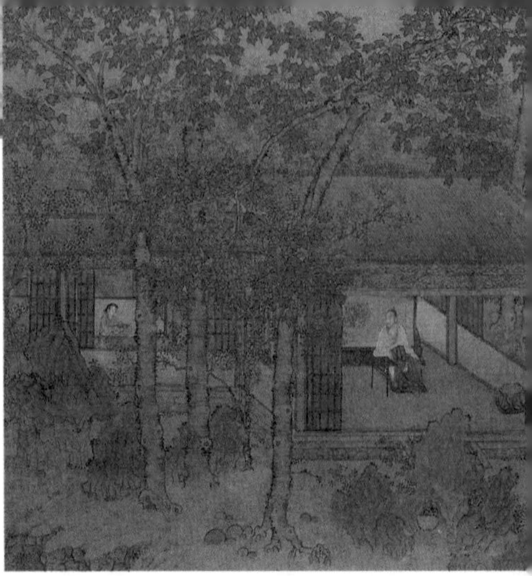

**百尺梧桐軒圖　元**

此圖上題款為趙孟頫所作，但大多數專家置疑，認為不是趙氏作品。後經著名文博專家傅熹年先生撰文考證，確認此圖為元末作品，畫中的主人公應該是張士誠的弟弟張士信。

丞，史文炳為樞密院同知，鍛工周仁為隆平太守。周政權移至平江後，舊官吏、富戶、儒生紛紛前來投靠，張士誠一律重用。然而張士誠軍事失利時，這批人便紛紛勸說張士誠降元。

十七年（一三五七年）八月，張士誠向元朝請降。初時張士誠索要王爵，江浙行省左丞相達識貼睦邇不許。張士誠又請封三公，於是封張士誠為太尉，張士德任淮南行省平章政事，張士信任同知行樞密院事，其餘都各授其職。

十八年（一三五八年）五月，張士誠與苗軍楊完者聯手，攻打嚴州（今浙江建德），大敗而歸。其後屢攻江陰、常州等地，均失敗。

十九年（一三五九年），朱元璋與張士誠在餘杭、諸暨、江陰、湖州、建德、紹興、杭州、常州等地展開爭奪戰，對諸暨的爭奪最為激烈。正月，朱元璋部將胡大海攻占諸暨。六月，張士誠部將呂珍決水堰灌城，胡大海反灌，呂珍敗退。二十年（一三六〇年）九月、二十二年（一三六二年）三月，呂珍、張士信兩度攻城，都被擊退。

直到二十三年（一三六三年）秋，雙方在江南的勢力基本上維持原樣。張士誠則趁劉福通三路北伐，蘇北、魯南空虛之機，將勢力擴張到濟寧，甚至連朱元璋的老家濠州也被張士誠占領。

張士誠受元朝封爵，必受制於元朝。由於海運及河運中斷，十八、十九年（一三五八～一三五九年）京師發生大饑荒。十九年（一三五九年）九月，元朝不惜以御酒、龍衣賞賜張士誠，以徵其運糧。從二十年到二十三年（一三六〇年～一三六三年），張士誠出糧，方國珍出船，每年運糧十一萬至十三萬石至京師，為搖搖欲墜的元朝補充元氣，延長了統治時間。

張士誠占據平江，尤其投降元朝後，貪婪追求財富與享樂。張士誠政權的實際上操縱在部分官吏與政客手裡，為了滿足私慾及運糧支持元朝統治，加緊對控制區百姓的剝削壓迫，墮落成割據一方的地方政權。

二十三年（一三六三年）二月，張士誠派呂珍突襲宋政權的都城安豐（今安徽壽縣）。宋政權三路北伐失利，繼而汴梁失守，被迫退至安豐，已處於孤立無援的境地。劉福通向朱元璋求援，朱元璋不顧陳友諒乘機進攻的危險，毅然親往救援，擊退呂珍，救出小明王韓林兒與劉福通，安置在滁州。朱元璋退兵後，張士誠占領安豐。

九月，張士誠自稱吳王，請求元廷批准，遭到拒絕。之後元廷再向張士誠徵糧，張士誠便不再給，從此與元朝斷絕關係。

二十四年（一三六四年）八月，張士誠逼迫江浙行省左丞相達識貼睦邇讓位給其弟張士信，達識貼睦邇移居嘉興，不久被鴆殺。張士信當了江浙行省左丞相後，只顧尋歡作樂，過著荒淫的生活。

## ⊙兵敗被殺

張士誠稱吳王後，為了突破朱元璋的包圍，派投降的原朱元璋將領謝再興進攻東陽（今屬浙江），派李伯昇率六十萬大軍四攻諸暨，又派張士信攻打長興，都未獲勝。至正二十五年（一三六五年），又派李伯昇、謝再興五攻諸暨，再遭敗績。

龍泉青瓷露胎印仙人花卉紋八稜瓶　元

十月，朱元璋滅漢政權，開始發動削平群雄的大規模戰爭，第一個目標便是張士誠。

朱元璋消滅張士誠的戰爭，主要分三個階段：第一階段占領張士誠在蘇北、淮河流域的勢力範圍，第二階段占領江南地區的重要城市，形成對平江的包圍，第三階段圍攻平江。

二十五年（一三六五年）十月，命徐達、常遇春、胡廷瑞、馮國勝、華高等率馬步舟師，水陸並進，攻取淮東、泰州等處。次年四月，徐達等攻占泰州、通州、興化、鹽城、高郵、淮安、濠州、徐州、宿州、沛縣、邳州、安豐等地，奪取了張士誠在蘇北和淮河地區的全部占領區。

五月，朱元璋發布《平周檄》，列舉張士誠八大罪狀。

八月，朱元璋令徐達為大將軍、常遇春為副將軍，率師二十萬進攻張士誠。至十一月，徐達等先後攻占湖州、杭州、紹興、嘉興等地，只有無錫仍為張士誠部將莫天佑駐守，已完成對平江的包圍。張士誠的重要將領呂珍、李伯昇、張天騏、潘元明等均投降朱元璋。

十一月，開始圍攻平江。朱元璋採用葉兌的鎖城法，由徐達、常遇春、華雲龍、湯和、王弼、張溫、康茂才、仇成、何文輝等分兵駐守各門，各方之外，城四周築長牆圍困，架木塔（名曰敵樓）三層，監視城中動靜，每層可施弓弩火銃，又用襄陽砲日夜轟擊。張士誠依仗城堅，死命堅守。

至正二十七年（一三六七年）六月，張士誠數次突圍不成，張士信在閶門督戰時被石砲擊斃。九月，徐達破葑門，常遇春破閶門，張士誠部將周仁、潘元紹等投降。張士誠先令妻妾自盡，然後自縊，氣未絕，押往應天，還是自縊身亡，終年四十七歲。

不久，朱元璋軍攻克無錫、常熟，張士誠政權徹底滅亡。

# 元末群雄

●時間：元朝末年
●人物：韓林兒　劉福通　徐壽輝　陳友諒　明玉珍　方國珍

元朝末年，政局腐敗，天災不斷，民不聊生。至正十一年（一三五一年），韓山童與劉福通首舉大旗，隨後徐壽輝、郭子興、張士誠、方國珍等人紛紛起兵，這些草莽英雄不等天下太平，紛紛稱王稱帝，一時間群雄並起，戰亂不休。

## ⊙韓林兒、劉福通

韓林兒（？～一三六七年），欒城（今屬河北）人，元末白蓮教領袖韓山童之子。劉福通，潁州（今安徽阜陽）人，元末北方紅巾軍領導人。

元朝末年，社會問題空前嚴重，特別是元朝政府的變鈔、開河等決策，更是耗盡了國力與民力。白蓮教教主韓山童趁機以獨眼石人的歌謠鼓動人民造反，於至正十一年（一三五一年）五月，與其信徒劉福通等人聚眾數千，準備舉事。

黑釉「葡萄酒瓶」　元

然而，消息走漏，還沒開始便遭到元廷的鎮壓，韓山童被捕遇害，年幼的韓林兒與母親楊氏逃脫。不久，逃出重圍的劉福通聚集紅巾軍攻占潁州，又先後占據了河南、安徽兩省的許多城鎮，紅巾軍一度達十萬餘人，聲勢浩大。

至正十五年（一三五五年）二月，劉福通將韓林兒迎至亳州（今安徽），號為小明王，建國號宋，改元龍鳳。此時的韓林兒十分年輕，缺乏政治經驗與軍事指揮能力，只是作為白蓮教主嫡子的象徵。三年後，紅巾軍攻克北宋舊都汴梁，宋政權遷都汴梁。迅速發展的北方紅巾軍成了元朝的心腹大患，元廷名將察罕帖木兒等人先後率大軍圍攻汴梁。不久，汴梁失陷，韓林兒與劉福通逃往安豐（今安徽壽縣）。這時被元朝收編的紅巾軍張士誠部又來進攻，形勢萬分危急，幸得朱元璋率兵來救，韓林兒與劉福通才倖免於難。

至正二十四年（一三六四年），朱元璋取得鄱陽湖大捷後，命部將廖永忠自滁州迎韓林兒與劉福通到應天（今江蘇南京），途中將二人溺死。

儘管韓林兒在元末群雄中並非雄才大略，但其父韓山童的首倡之功與韓林兒作為宋政權名義上的領袖，仍

花瓣式鎏金耳杯　元

為史學家所稱道。《明史・韓林兒傳》中寫道：「林兒橫據中原，縱兵蹂躪，遮蔽江、淮，十有餘年。太祖（朱元璋）得以從容締造者，藉其力也。帝王之興，必有先驅者資之以成其業，夫豈偶然哉！」究其深意，完全把韓林兒、劉福通與秦末戰爭的先驅陳勝、吳廣相提並論，算是相當高的評價了。

## ⊙徐壽輝

徐壽輝（？～一三六〇年），蘄州羅田（今屬湖北）人，原是販賣土布的小商販。身材魁偉，為人正直，在當地百姓中有很高的威望。至正十一年（一三五一年）五月，北方白蓮教的韓山童、劉福通等人發動幾萬黃河民工，一直攻到大別山腳下的光山縣。對元朝統治早就不滿的徐壽輝，見時機已到，便與麻城鐵匠鄒普勝、江西宜春縣和尚彭瑩玉等人，在天堂寨發起，徐壽輝被擁戴為首領。

徐壽輝率領部隊，一舉攻克羅田縣城。九月，占領蘄水。十月，徐壽輝定都蘄水，立國號為「天完」（「大」上加「一」為「天」，「元」上加「宀」即「完」，表示壓倒「大元」），建元「治平」，設置統軍元帥府、中書省、樞密院以及中央六部等軍政機構。

徐壽輝創建政權後，得到了貧苦人民的擁護，很快發展到幾十萬人。天完政權派出兩路大軍向江西、湖南前進，迅速控制了湖北、湖南、江南廣大地區。

正當徐壽輝部快速壯大，士氣日盛時，天完政權內部卻發生了分裂。徐壽輝部將陳友諒掌管軍政大權，自稱漢王，將徐壽輝心腹部將逐一殺害。至正二十年（一三六〇年），陳友諒暗置伏兵，將徐壽輝誘騙至太平（今安徽當涂）附近的采石鎮，將其殺

延伸知識

### 方國珍反元

方國珍鹽販出身。元至正八年（一三四八年），方國珍聚眾數千人，在海上和元廷對抗。方國珍劫奪運糧船隊，嚴重威脅了元朝的統治。元朝廷多次招降方國珍，方國珍也多次降元，在降元以後，方國珍曾擔任浙東行省參知政事、海道運糧萬戶等職。但屢降屢反，在海上一直擁有獨立的武力，長期割據在浙東地區。至正二十七年（一三六七年），方國珍投降朱元璋。

帝師膽巴碑碑額　元　趙孟頫

害。

陳友諒在采石五通廟即皇帝位，國號大漢，天完政權滅亡。

秋舸清嘯圖　元　盛懋

## ⊙陳友諒

陳友諒（一三二〇～一三六三年），沔陽玉沙縣人，自幼習武，祖上皆為漁民。至元六年（一三四〇年）五月，陳友諒到玉沙縣城應試武科落榜。至正十年（一三五〇年）八月，陳友諒在洪湖率漁民千餘人舉事，三年間發展至兩萬餘人。之後陳友諒投靠徐壽輝，封為中書省平章政事兼都元帥。

至正二十年（一三六〇年），陳友諒自行稱帝，建國號為大漢，年號大義。隨後，陳友諒率軍東下，攻打朱元璋的根據地應天（今江蘇南京），被朱元璋擊敗，悻悻而退。

經過兩年的準備，陳友諒於至正二十三年（一三六三年）五月，再次率領二十五萬大軍、戰艦五百餘艘，進攻洪都（江西南昌）。朱元璋全軍來救，以火攻之策大敗陳友諒的艦隊，戰鬥中陳友諒被流箭射中頭部致死。次年，朱元璋率大軍進攻武昌，陳友諒之子陳理投降，大漢政權滅亡。

## ⊙明玉珍

明玉珍（一三二九～一三六六年），隨州（今湖北隨縣）人，世代務農，本姓旻，後因信奉明教而改姓「明」。

至正十二年（一三五二年），明玉珍參加徐壽輝領導的天完紅巾軍，任統軍元帥。明玉珍作戰勇猛，右眼因負傷失明。

後來明玉珍領兵西征，由巫峽入蜀，占領重慶，摧毀了元朝在四川及周邊地區的統治。陳友諒殺害徐壽輝

陳友諒墓

後，明玉珍毅然斬殺陳友諒來使，三軍縞素，為徐壽輝發喪，並積極準備討伐陳友諒。

至正二十三年（一三六三年），明玉珍在部下的勸說下，在重慶稱帝，國號大夏，年號天統，建立統治機構，開科取士，規定賦稅十分取一，在管轄範圍內較早實現了社會安定、生產恢復與發展。至正二十六年（一三六六年），明玉珍病逝於重慶。五年後，大夏被明軍所滅。

### 歷史詞典

#### 《世醫得救方》

《世醫得救方》是元代醫學家危亦林所撰。危亦林（一二七七～一三四七年），字達齋，南豐（今屬江西）人，出身醫學世家，自幼學醫，成年以後曾擔任南豐醫學教授，學識淵博，醫術高超。以五代臨床積累的豐富經驗及家藏名醫諸方，參考元代醫學十三科目，歷時十年，編成《世醫得救方》十九卷。後經江西醫學提舉司送太醫院審核，在至正五年（一三四五年）時刊行。

《世醫得救方》對醫學各科均有論述，但對骨傷科的貢獻最大。其成就主要有四個方面：一、骨折部位診斷分類的進步。二、骨折脫位整復法的創新。三、動靜結合的治療思想，危氏主張固定和活動互相結合，十分強調骨折脫位復位後的適當活動，以防關節黏連。四、麻醉術在骨折脫位整復中的正確使用。首次把追加使用蔓陀羅的全身麻醉術用於骨科臨床。《世醫得救方》是我國古代重要的醫學著作。

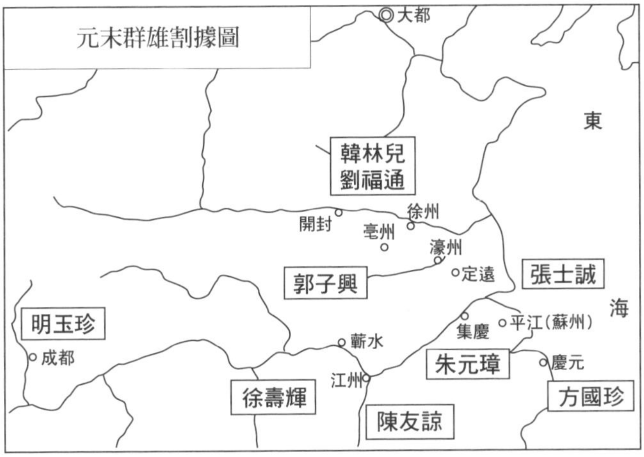


## ⊙方國珍

方國珍（一三一九～一三七四年），台州黃巖（今屬浙江）人，相貌奇特，身體魁梧，世代以販賣私鹽為業。至正八年（一三四八年），方國珍與兄方國璋、弟方國瑛、方國珉，聚集數千人，劫奪元朝漕糧，騷擾浙東沿海州縣。

不久，方國珍兄弟接受招安，元朝授予方國珍慶元定海尉。至正十年（一三五〇年），勢力膨脹的方國珍不願受元廷節制，四處劫奪財物，元廷被迫出兵鎮壓。此後，方國珍為了官職財物，屢降屢叛，成了明末群雄中最反覆無常的割據勢力。

隨著勢力的發展，方國珍占據了慶元（今浙江寧波）、溫、台三路共六州十一縣，在浙東沿海站穩了腳跟。至正十九年（一三五九年），方國珍見朱元璋的勢力漸強，便向朱元璋奉表請降，授福建行省平章。同時，首鼠兩端的方國珍又接受了元廷的封爵，不斷從海路運送糧食接濟大都。

至正二十七年（一三六七年），朱元璋大軍攻入浙東，方國珍投降，授廣西行省左丞之職。明洪武七年（一三七四年），方國珍病死，時年五十六歲。

# 元朝覆亡

●時間：西元一三六八年
●人物：元順帝

元朝末年，群雄蠭起，統治階層內部卻爭權奪利，混戰不已。元順帝妥懽貼睦爾面對內憂外患，無力回天，只好任由元朝一步步滑向滅亡的深淵。

## ⊙病入膏肓

至順三年（一三三二年）八月十二日，文宗圖帖睦爾病故。圖帖睦爾在位時沒有作為，一切聽從燕鐵木兒，只是名義上的皇帝。

纏枝牡丹青花瓷罐　元

元文宗生前曾將兒子古納答剌交給燕鐵木兒作為養子，改名為燕帖古思。文宗死後，燕鐵木兒想立燕帖古思為帝，但文宗皇后燕帖古思的親生母親不答失里卻不同意，主張立明宗的小兒子七歲的懿璘質班。

至順三年（一三三二年）十月初四，燕鐵木兒立懿璘質班為帝，是為寧宗。寧宗在位只有五十天，於十一月二十五日去世。燕鐵木兒再次要求立燕帖古思為帝，不答失里仍然不同意，又主張立明宗長子十三歲的妥懽貼睦爾。

燕鐵木兒表面不敢表示反對，暗地卻從中作梗。妥懽貼睦爾是燕鐵木

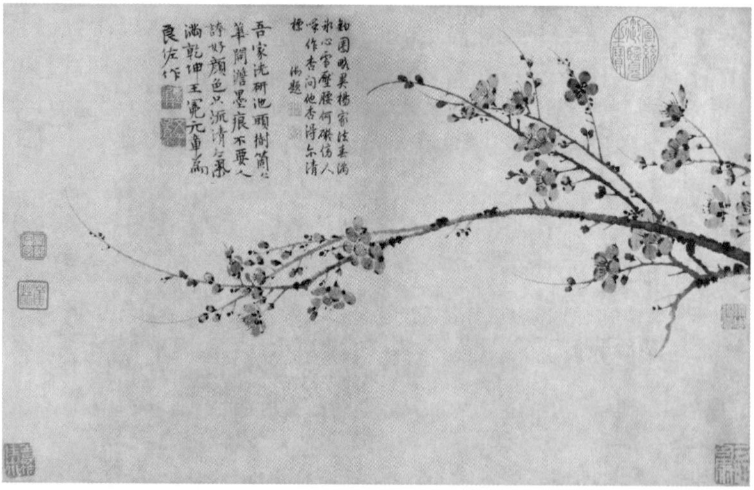

墨梅圖　元　王冕

王冕工詩善畫，亦能治印，尤以墨梅知名。畫梅師法宋仲仁和尚和揚無咎，並有創新，對後世影響甚大。所作梅花，有疏有密，或疏密得當，以繁密見勝。枝幹交錯，蕊萼分枝，主次分明，層次清晰，往往密中有疏，多而不繁。此幅《梅花圖》與王冕以往的畫梅圖都有所不同，不是以繁密取勝，而是以疏秀簡潔見長。畫家僅選取梅花半枝，梅影清風便撲面而來。

兒的女婿，繼位應該有利。但是，燕鐵木兒擔心妥懽貼睦爾會追問父親明宗的死因，更害怕妥懽貼睦爾知道真相後會報殺父之仇。所以，直至燕鐵木兒病死，妥懽貼睦爾才能即位，便是順帝。

順帝統治時期，元朝已經病入膏肓，內政混亂，外寇蠭起，雖然做了三十八年皇帝，是元朝在位最長的君主，卻也是「亡國」之君。元朝雖然不是直接毀在他的手中，卻也實在無力回天。

延伸知識

### 元代的天妃崇拜

天妃，一名「天后」、「媽祖」，是中國沿海地區民間信仰中的海神。多數記載都認為天妃為莆田人，姓林，傳說保護漁民在海上的安全。從南宋開始，天妃就不斷受到朝廷的冊封。元代至元年間（一二六四～一二九四年），封為天妃，至正十四年（一三五四年），又加封為輔國護聖庇民廣濟福惠明著天妃，使天妃信仰逐漸由漁民船工的民間信仰變成了由國家承認的官方信仰。

順帝皇太子愛猷識理達臘見時局混亂，有了奪取帝位的念頭。順帝的寵信大臣左丞相哈麻（即毒死脫脫者）也想勸順帝禪位，哈麻的妹夫禿魯帖木兒獲悉，向順帝報告。順帝授意御史大夫搠思監揭露哈麻的罪行，發配廣東。哈麻在往廣東的路上被打死。

皇太子奪位不成，便與生母順帝「第二皇后」高麗女子奇氏商量，想讓左丞相太平出面幫忙。奇氏先派太監朴不花向太平示意，太平不從。奇氏親自出馬，太平還是不肯。不久，太平便被奇氏設計殺害。

這時，與劉福通作戰的將領察罕

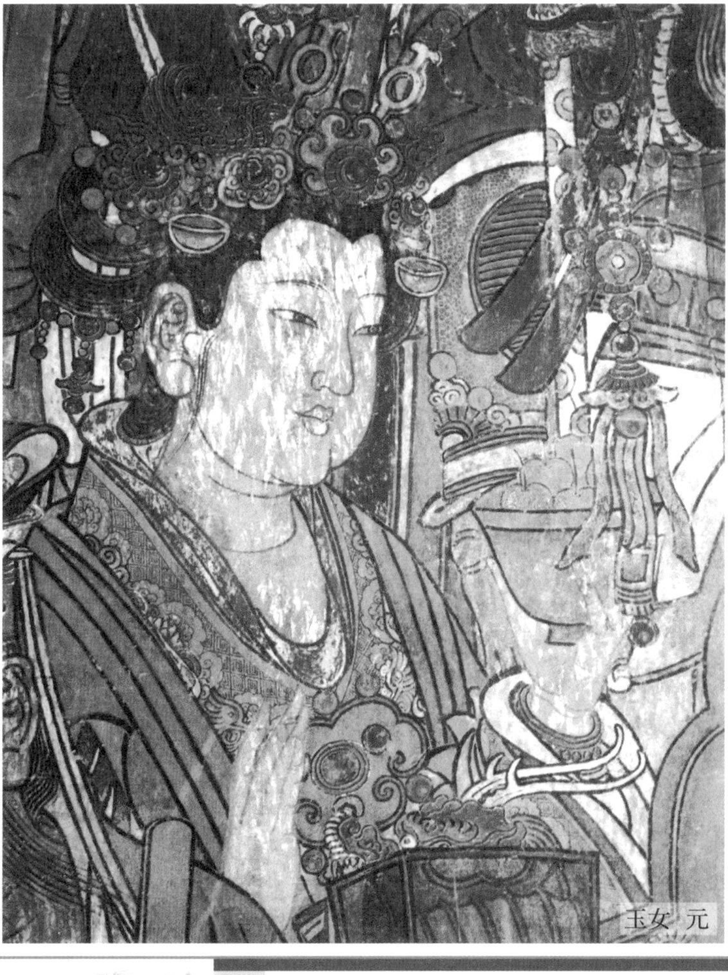
元 玉女

帖木兒已遇刺身亡，養子擴廓帖木兒（漢人，本名王保保）稱霸河南，孛羅帖木兒占領山西，二人為爭奪勢力範圍互相攻伐。京城裡，御史大夫老的沙準備殺害太監朴不花，皇太子愛猷識理達臘母子先發制人，攻擊老的沙，老的沙逃到山西孛羅帖木兒軍。皇太子向孛羅帖木兒要人遭拒，便命搠思監下令削去他的官爵，解除軍權。

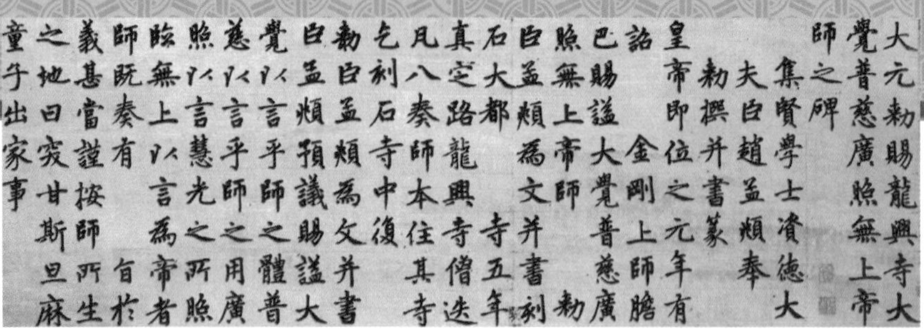

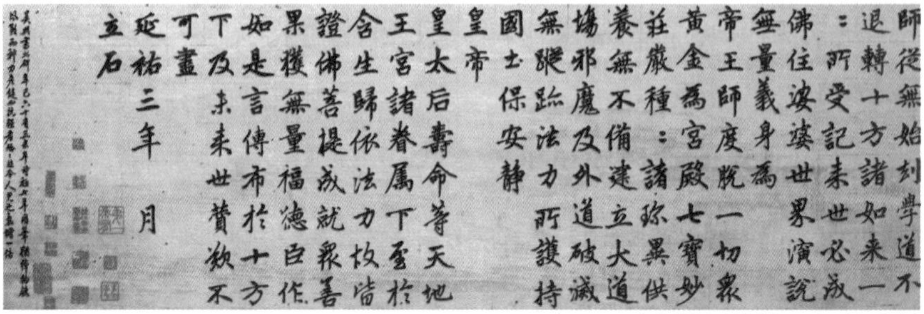

帝師膽巴碑卷　元　趙孟頫

孛羅帖木兒於是造反，軍隊一直攻到居庸關，進逼大都。順帝只得將搠思監、朴不花二人交出。皇太子愛猷識理達臘向河南的擴廓帖木兒求救，擴廓帖木兒立即攻打太原。孛羅帖木兒留下太原空城，直奔大都。兵臨城下，順帝只得任命孛羅帖木兒為右丞相，統率天下兵馬。

孛羅帖木兒獨攬大權以後，下令削去擴廓帖木兒官職。擴廓帖木兒出擊，孛羅帖木兒大敗。順帝趁機設計殺死孛羅帖木兒，改任擴廓帖木兒為右丞相。這時奇氏又要擴廓帖木兒出面，逼順帝禪位，擴廓帖木兒不肯，太子母子便懷恨在心，再加上順帝本來就對擴廓帖木兒不信任，擴廓帖木兒只好請求到外地帶兵。順帝封擴廓帖木兒為河南王，統率天下兵馬，南下與朱元璋作戰。不久又罷免擴廓帖木兒的兵權。

永樂宮壁畫神化赴千道會　元

元朝內部的混亂正好給朱元璋機會，成功消滅了陳友諒、張士誠兩股勢力，準備北伐。

至正二十七年（一三六七年）十月，朱元璋任命徐達為征虜大將軍，常遇春為副將軍，率領二十五萬大軍北伐。同時分出部分兵力繼續南征，消滅浙江的方國珍、福建的陳友定以及湖廣地區的割據勢力。北伐軍一路勢如破竹，席捲河南、河北。

至正二十八年（一三六八年），朱元璋在應天稱帝，國號「大明」，年號「洪武」。

閏七月，明軍會集德州，水陸兩軍沿運河北上，占領長蘆，攻克青州，到達直沽，近逼大都。

七月二十八日夜，元順帝放棄大都，逃奔上都。八月初二，徐達率明軍進入大都。元朝滅亡。

元順帝於至正三十年（明洪武三年，一三七○年）四月死於應昌。皇太子愛猷識理達臘繼位，是為昭宗，仍沿用「大元」國號，史稱「北元」。北元在愛猷識理達臘之後，皇位又傳了六次，延續了三十四年。

延伸知識

### 五年更五帝

元朝的帝位爭奪異常激烈。致和元年（一三二八年），泰定帝死於上都，上都的大臣擁立太子阿剌吉八繼位，是為天順帝。而大都方面則擁立元武宗的兒子，兩都之戰爆發，上都方面失敗，天順帝失蹤。

帝位的爭奪又在元武宗的兩個兒子之間展開。武宗長子和世㻋首先稱帝，和世㻋就是元明宗。但和世㻋暴死，弟圖帖睦爾登上皇位，是為文宗。文宗的統治持續了不到五年，至順三年（一三三二年）文宗逝世。明宗幼子懿璘質班即位，是為寧宗，寧宗數月後病死。明宗長子妥懽貼睦爾又被立為皇帝，就是元末代皇帝元順帝。

七佛圖（局部） 元

## 元

西元一二〇六～一三六八年

| 廟號 | 帝王原名 | 年號 | 西元 |
|---|---|---|---|
| 太祖 | 鐵木真 | （二十二年） | 一二〇六～一二二七年 |
| 睿宗 | 拖雷（監國） | （三年） | 一二二七～一二二九年 |
| 太宗 | 窩闊台 | （十三年） | 一二二九～一二四一年 |
| 太宗后 | 乃馬真后（稱制） | （五年） | 一二四二～一二四六年 |
| 定宗 | 貴由 | （三年） | 一二四六～一二四八年 |
| 定宗后 | 海迷失后（稱制） | （四年） | 一二四八～一二五一年 |
| 憲宗 | 蒙哥 | （九年） | 一二五一～一二五九年 |
| 世祖 | 忽必烈 | 中統（五年） | 一二六〇～一二六四年 |
| | | 至元（三十一年） | 一二六四～一二九四年 |
| 成宗 | 鐵穆耳 | 元貞（三年） | 一二九五～一二九七年 |
| | | 大德（十一年） | 一二九七～一三〇七年 |
| 武宗 | 海山 | 至大（四年） | 一三〇八～一三一一年 |
| 仁宗 | 愛育黎拔力八達 | 皇慶（二年） | 一三一二～一三一三年 |
| | | 延祐（七年） | 一三一四～一三二〇年 |
| 英宗 | 碩德八剌 | 至治（三年） | 一三二一～一三二三年 |
| 泰定帝 | 也孫鐵木兒 | 泰定（五年） | 一三二四～一三二八年 |
| | | 致和（一年） | 一三二八年 |
| 天順帝 | 阿速吉八 | 天順（一年） | 一三二八年 |
| 明宗 | 和世琜 | 天曆（一年） | 一三二九年 |
| 文宗 | 圖帖睦爾 | 天曆（三年） | 一三二八～一三三〇年 |
| | | 至順（三年） | 一三三〇～一三三二年 |
| 寧宗 | 懿璘質班 | 至順（一年） | 一三三二年 |
| 順帝 | 妥懽貼睦爾 | 至順（一年） | 一三三三年 |
| | | 元統（三年） | 一三三三～一三三五年 |
| | | 至元（六年） | 一三三五～一三四〇年 |
| | | 至正（三十年） | 一三四一～一三七〇年 |

掐絲琺琅獸耳三環尊　元／明

| 南宋 | | | |
|---|---|---|---|
| 寧宗 | 開禧二年 | 一二〇六年 | 大蒙古國建立，鐵木真稱成吉思汗。 |
| 寧宗 | 開禧三年 | 一二〇七年 | 成吉思汗征西夏。 |
| 寧宗 | 嘉定二年 | 一二〇九年 | 再征西夏，西夏納女求和。 |
| 寧宗 | 嘉定四年 | 一二一一年 | 成吉思汗攻金。 |
| 寧宗 | 嘉定八年 | 一二一五年 | 蒙古取金中都。 |
| 寧宗 | 嘉定十二年 | 一二一九年 | 成吉思汗西征。 |
| 理宗 | 寶慶三年 | 一二二七年 | 成吉思汗去世。蒙古滅西夏。 |
| 理宗 | 紹定二年 | 一二二九年 | 窩闊台即大汗位。 |
| 理宗 | 端平元年 | 一二三四年 | 蒙古滅金。 |
| 理宗 | 端平二年 | 一二三五年 | 始建和林城。長子西征。 |
| 理宗 | 端平三年 | 一二三六年 | 耶律楚材奏立中原賦稅制度。 |
| 理宗 | 淳祐元年 | 一二四一年 | 窩闊台死。 |
| 理宗 | 淳祐二年 | 一二四二年 | 乃馬真氏稱制。 |
| 理宗 | 淳祐八年 | 一二四八年 | 貴由死。斡兀立海迷失稱制。 |
| 理宗 | 淳祐十一年 | 一二五一年 | 蒙哥即大汗位。 |
| 理宗 | 寶祐元年 | 一二五三年 | 旭烈兀西征。忽必烈征服大理。 |
| 理宗 | 寶祐五年 | 一二五七年 | 蒙哥親征南宋。 |
| 理宗 | 開慶元年 | 一二五九年 | 蒙哥死於軍中。 |

| 朝代 | 帝王 | 年號 | 公元 | 大事 |
|---|---|---|---|---|
| 南宋 | 理宗 | 景定元年 | 一二六〇年 | 忽必烈即汗位。 |
| | 理宗 | 景定三年 | 一二六二年 | 益都李璮反，敗死。 |
| | 理宗 | 景定五年 | 一二六四年 | 阿里不哥降。改元至元，改燕京為中都。 |
| | 度宗 | 咸淳四年 | 一二六八年 | 立御史臺，發兵圍荊襄，海都之亂。 |
| | 度宗 | 咸淳五年 | 一二六九年 | 改中書省為尚書省。 |
| | 度宗 | 咸淳七年 | 一二七一年 | 建國號「大元」。 |
| | 度宗 | 咸淳八年 | 一二七二年 | 併尚書省入中書省，改中都為「大都」。 |
| | 度宗 | 咸淳九年 | 一二七三年 | 元軍破樊城，宋襄陽守將呂文煥降。 |
| | 度宗 | 咸淳十年 | 一二七四年 | 伯顏率大軍攻宋，東征日本。 |
| | 恭宗 | 德祐元年 | 一二七五年 | 馬可波羅來華。 |
| | 恭宗 | 景炎元年 | 一二七六年 | 南宋幼主趙㬎請降，元軍取臨安。 |
| 元 | 世祖 | 至元十六年 | 一二七九年 | 元軍取厓山，南宋亡。 |
| | 世祖 | 至元十八年 | 一二八一年 | 頒行《授時曆》，再征日本，失敗。 |
| | 世祖 | 至元十九年 | 一二八二年 | 王著刺殺阿合馬。 |
| | 世祖 | 至元二十年 | 一二八三年 | 元軍征緬國。 |
| | 世祖 | 至元二十一年 | 一二八四年 | 元軍征安南、占城。起用盧世榮理財。 |
| | 世祖 | 至元二十三年 | 一二八六年 | 頒行《農桑輯要》。 |
| | 世祖 | 至元二十四年 | 一二八七年 | 諸王乃顏叛，忽必烈親征，起用桑哥理財。 |
| | 世祖 | 至元二十六年 | 一二八九年 | 海都進攻漠北，忽必烈親征，復和林。 |
| | 世祖 | 至元二十八年 | 一二九一年 | 罷桑哥，頒行《至元新格》。 |
| | 世祖 | 至元三十年 | 一二九三年 | 大運河通航。 |
| | 世祖 | 至元三十一年 | 一二九四年 | 忽必烈死。皇孫鐵穆耳繼位，是為成宗。 |

| 元 | | | |
|---|---|---|---|
| 成宗 | 大德五年 | 一三〇一年 | 貼堅古山會戰，元廷與西北宗藩約和。 |
| 成宗 | 大德七年 | 一三〇三年 | 《大元大一統志》編成。 |
| 成宗 | 大德十一年 | 一三〇七年 | 元成宗死，海山即位，是為武宗。 |
| 武宗 | 至大二年 | 一三〇九年 | 復置尚書省。頒行至大銀鈔。 |
| 武宗 | 至大四年 | 一三一一年 | 元武宗死，愛育黎拔力八達即位，是為仁宗。廢武宗新政。 |
| 仁宗 | 皇慶二年 | 一三一三年 | 下詔行科舉。 |
| 仁宗 | 延祐七年 | 一三二〇年 | 元仁宗死，子碩德八剌即位，是為英宗。 |
| 英宗 | 至治三年 | 一三二三年 | 頒行《大元通制》。南坡之變，泰定帝即位。 |
| 文宗 | 天曆元年 | 一三二八年 | 泰定帝死。兩都爭戰。 |
| 文宗 | 天曆二年 | 一三二九年 | 和世球即位，是為明宗，八月死，圖帖睦爾再次即位，是為文宗。 |
| 文宗 | 至順二年 | 一三三一年 | 《經世大典》修成。 |
| 文宗 | 至順三年 | 一三三二年 | 元文宗死，立明宗子懿璘質班，即位一月即去世，是為寧宗。 |
| 順帝 | 元統元年 | 一三三三年 | 妥懽帖睦爾即帝位，是為順帝。 |
| 順帝 | 至元元年 | 一三三五年 | 唐其勢政變被誅。伯顏罷科舉。 |
| 順帝 | 至元六年 | 一三四〇年 | 罷黜伯顏，復科舉，脫脫出任中書右丞相。 |
| 順帝 | 至正三年 | 一三四三年 | 詔修宋、遼、金三史。 |
| 順帝 | 至正十年 | 一三五〇年 | 更改鈔法。 |
| 順帝 | 至正十一年 | 一三五一年 | 賈魯治河，紅巾軍事件爆發。 |
| 順帝 | 至正十三年 | 一三五三年 | 張士誠聚事。高郵之戰。 |
| 順帝 | 至正十五年 | 一三五五年 | 劉福通立韓林兒為小明王，建國號宋，改元龍鳳。 |
| 順帝 | 至正二十年 | 一三六〇年 | 陳友諒殺徐壽輝，稱帝，建國號漢，改元大義。 |
| 順帝 | 至正二十三年 | 一三六三年 | 鄱陽湖大戰，陳友諒死。 |
| 順帝 | 至正二十四年 | 一三六四年 | 朱元璋稱吳王。 |
| 順帝 | 至正二十八年 | 一三六八年 | 朱元璋稱帝。八月，明軍攻入大都，元朝滅亡。 |

國家圖書館出版品預行編目資料

圖說元朝 ／ 龔書鐸，劉德麟主編. — 第三版.
— 臺北市：知書房出版社；新北市：
商流文化發行，2014.08　面；　公分
　　ISBN 978-986-5747-49-7 (精裝)
　　　　978-986-5870-77-5 (平裝)

1.元史　2.通俗史話

610　　　　　　　　　　　　　103012580

圖說天下 08

# 圖　說　元　朝

主　　編 ／ 龔書鐸、劉德麟
責任編輯 ／ 陳聖元
發 行 人 ／ 謝俊龍
出　　版 ／ 知書房出版社
　　　　　　106台北市安居街118巷17號
　　　　　　Tel：(02)2364-0872　Fax：(02)2364-0873
總 經 銷 ／ 商流文化事業有限公司
　　　　　　235 新北市中和市中正路752號8樓
　　　　　　Tel：(02)2228-8841　Fax：(02)2228-6939

製　　版 ／ 漢藝有限公司　Tel：(02)2247-7654
出版日期 ／ 2014 年 08 月　第三版第一刷
訂　　價 ／ 精裝349元　平裝320元

※本書如有缺頁、製幀錯誤，請寄回更換※